地域に学ぶ関東大震災

千葉県における朝鮮人虐殺 その解明・追悼はいかになされたか

田中正敬・専修大学関東大震災史研究会［編］

日本経済評論社

凡　例

○　千葉県における関東大震災と朝鮮人犠牲者追悼・調査実行委員会は、原則として本文中は「実行委員会」と表記した。

○　同実行委員会編［一九八三］『いわれなく殺された人びと――関東大震災と朝鮮人』（青木書店）は、『いわれなく殺された人びと』と表記した。

○　同実行委員会準備会、歴史教育者協議会船橋支部、千葉県自治体問題研究所船橋支所共編［一九七八］『関東大震災と朝鮮人船橋市とその周辺で――自治研版 船橋の歴史 資料編第一集』（千葉県自治体問題研究所船橋支所設立準備会）は、『第一集』と表記した。

○　同実行委員会、千葉県歴史教育者協議会、千葉県自治体問題研究所船橋支部共編［一九七九］『関東大震災と朝鮮人 習志野騎兵連隊とその周辺――資料編第二集』は、『第二集』と表記した。

○　同実行委員会・委員長編集・作成［二〇〇九］『関東大震災八五周年 千葉県における関東大震災と朝鮮人犠牲者追悼・調査実行委員会資料集　増補改訂版』は、『資料集』と表記した。

○　外国の地名・人名については、その発音におおむね近いと思われるルビを付した。

○　一部に差別的な表現があるが、これは原資料の記述を尊重したことによるものである。

語られない「現実」——関東大震災下の朝鮮人虐殺事件の概要と本書の目的

私たち専修大学関東大震災史研究会は、専修大学大学院文学研究科歴史学専攻の東アジア近現代史ゼミナールに集う教員と大学院生有志により、二〇〇八年に作られ、その共同研究として生まれたのが本書である。本書は、千葉県で一九二三年の関東大震災時に発生した朝鮮人虐殺事件を解明し、犠牲者の追悼を続けている「千葉県における関東大震災と朝鮮人犠牲者追悼・調査実行委員会」（以下、実行委員会と略称）の活動の歴史に学び、活動の記録化を目的としている。具体的には実行委員会に案内していただいた八千代市・習志野市・船橋市でのフィールドワーク記録に重点をおき、実行委員会の活動や歴史について、朝鮮人虐殺の追悼・調査に関わった方々への聞き取りの記録を収録した内容となっている。

(1) 郷里・釜石より関東大震災を思う

二〇一一年三月一一日、東日本大震災が発生した。筆者が郷里・岩手県釜石市の駅前に降り立ったのは、三・一一から一六日目の三月二七日だった。

東京からバスを乗り継いで到着した釜石駅前の雰囲気は、意外にも以前と同じであった。しかし、駅から市街地へと向かうと、目に入ってきたものは高く積み上げられたガレキ、川に沈む車、道に横たわる漁船などであった。震災報道で見ていたはずの光景を目の当たりにして、言葉を失った。

東日本大震災は、東北地方から関東地方の広範囲に甚大な被害をもたらした。地震・津波により多くの人が亡くなり、現在も多数の行方不明者がいる。筆者の実家も被災し、知人も亡くなった。幼い頃より勝手知った街並みの変わり果てた姿に、途方に暮れるしかなかった。

今回の震災は天災だけではなく、人災である福島第一原子力発電所事故が現在も被害を拡大させており、未だ震災は進行中である。原発事故は、原発周辺の住民の生活を奪い、「避難指定区域」内の住人は福島県内外への避難を余儀なくされている。また、原発事故以降、放射能への恐怖から福島の物産への風評被害、避難者への差別意識も広がった。震災で被災し、さらに原発事故で避難を余儀なくされ、避難先では差別的な目で見られる。このような差別の広がりは、放射能汚染の拡大とともに、深刻な問題である。

メディアが伝えた津波にのまれる家屋や走行中の車などは、多くの視聴者に生々しく伝えられ、衝撃を与えた。その後メディアは時間の経過に伴い、津波から生還した人や前向きに復興に取り組もうとする人びとを取り上げ、これを被災地の現状として伝えている。しかし、筆者が現地で見た被災地の状況は、この現状とはあまりに大きなギャップがあった。

そのギャップとは現地の人びとが語る話にあった。筆者がよく聞いた話はメディアが伝えた前向きな現状とは対照的に、凄惨な話や諦念、絶望感を表すものがほとんどであった。釜石に向かうバスで隣り合った男性は、釜石へ行くと話すと、三月一二日の朝の話を始めた。家が流されたこと、若い男性の遺体を見たこと、先の見えない今後のことなどを淡々と語った。被災状況と人の死を淡々と語るのは、現地の多くの人びとに共通しており、そのなかには世間話をするかのように自分の身内の死について語る人もいた。その淡々と、語られる話とメディアが伝える被災地の前向きな話との違いに、違和感を持たずにはいられなかった。加えて、現地の人びとに共通していたのは、語る内容について、「まだ信じられねえけど」と続けて言うのであった。現状を把握しきれないなかで、三・一一以後を現実として受け止めるしかないとする現地の人びと。筆者自身もこれまで、伝えられる内容のみを「現実」として被災地を捉え、人びとの心情を無視していたのではないのか、と思うようになった。

メディアは、筆者が会ったような人びとが語る現実を表に出していないように感じる。しだいに被災地の情報が少なくなり、あったとしても「明るい」話題が中心となるなかで、その一部の情報のみで、被災地が復旧・復興したと思われ、被災者たちが世間から取り残されてしまうのではないかと不安に駆られる。

一部の情報のみで事柄が形づくられていくことは、東日本大震災に限らず、本書が扱う関東大震災における朝鮮人虐殺の事例でも同様である。朝鮮人に関する流言が虐殺へと発展していき、さらには本書が扱う八千代・習志野・船橋の虐殺事件のように、朝鮮人虐殺があった「現実」は隠蔽されてしまったのである。

関東大震災と東日本大震災には、異なる点が多々あり、容易に比較することはできない。しかし、関東大震災では朝鮮人虐殺について、東日本大震災ではメディアが伝えない被災者の心情など、語られないところに「現実」がある点は二つの震災に共通しているといえよう。被災してしまった地元の光景を眺めながら、身をもって感じたことである。

(2)　関東大震災下の朝鮮人虐殺事件の概要

一九二三年九月一日一一時五八分に発生した相模湾を震源とするマグニチュード七・九の関東大震災の被害は、主に関東南部から静岡県にかけて広がった。地震の発生がちょうど昼時だったこともあり、東京・横浜では大規模な火災が発生し、各地に甚大な人的・物的被害をもたらした。

東京周辺の通信・交通手段は麻痺し、政府の諸施設も被害を受けた。このとき、官憲が恐れたのは、現実には起こりえない「不逞」な朝鮮人や社会主義者などによる暴動であった。治安対策のため、軍隊は一三時過ぎに非常警戒令を発令して、独自に警戒態勢を取り、一四時に警視庁も軍隊に東京地域の警戒救護のための出動を要請した。その出動要請の頃から、日本政府は戒厳令の施行を検討し始めていたとされている。[1] 戒厳令とは「戦時若しくは事変に際し兵備を以て全国若くは一地方を警戒する」[2] 戦時法であり、軍隊が行政から司法までの強力な権力を掌握するものであったが、これを後押ししたのが「朝鮮人が放火をする」「朝鮮人が井戸に毒を入れている」という流言であった。これは、震災当日から東京や横浜で確認できるが、政府は流言の発信源となり、また流言を戒厳令施行の口実とした。[3] 翌二日、政府は東京市と周辺五郡に戒厳令を施行し、三日には東京府全域と神奈川県、四日に千葉県・埼玉県にも施行した。

官憲や軍隊は流言を「事実」として各地に拡げ、町村の消防団や在郷軍人会などを基盤とする自警団を各地に組織させて、朝鮮人への警戒に当たらせた。九月二日に内務省は埼玉県に朝鮮人への警戒を指令し、これを受けて埼玉県は各市町村へ「在郷軍人分会、消防手、青年団員等と一致協力して」警戒態勢を取るよう指示している。[4] 内務省は同日にも、千葉県船橋の海軍東京無線電信所に全国へ朝鮮人への警戒を呼びかけるよう指示し、翌三日朝、全国に無線で流言が流されたのである。

流言の拡大、軍隊の出動、自警団の組織化などを背景として、朝鮮人虐殺は九月一日の晩から、荒川土手の旧四ツ木橋（現在の東京都墨田区）などで始まった。横浜でも一日夜に虐殺事件があったという証言がある。[5] 九月二日・三日には、東京・横浜の事件は拡大し、関東一円で六日頃まで続いていった。千葉県国府台の野戦重砲兵連隊や習志野の騎兵連隊などが出動した地域では、これらの軍隊が虐殺をおこなった。その事件については、政府の文書にも記録されており、また政府の記録以外にも、旧四ツ木橋付近、小松川（現在の東京都墨田区）や永代橋付近（現在の東京都江東区）などで軍隊が朝鮮人を多数虐殺したとする証言がある。[6]

九月四日以降になると、虐殺事件は千葉県や埼玉県・群馬県にも本格的に拡大していった。千葉（第一部参照）・埼玉・群馬の事件は、主に自警団や群衆によって起こされたものであった。[7] この頃になると、朝鮮人に関する流言への疑いが官憲のなかでも出始め、流言の取消しや朝鮮人の習志野収容所への移送・拘留の決定（九月四日）へと方針が転換し始めていた[8]。それに伴い、九月五日には山本権兵衛内閣が朝鮮人に「迫害」を加えることを禁止する内閣告諭第二号を発したが[9]、それは政府が流言を拡大させ、警戒させたことと矛盾する命令であり、民衆による朝鮮人虐殺は容易に収まることはなかった。また、九月五日の臨時震災救護事務局警備部打合せでは、朝鮮人に関する協定として、流言は極力捜査した上で、「事実として出来得る限り肯定」するよう努めることと示されており、流言を流した責任を隠蔽しようとしていたことがわかる[10]。

習志野収容所への拘留が決定し、検束された朝鮮人は収容所へと移送され、次第に東京や横浜などでの虐殺事件は沈静化していった。しかし、移送された習志野収容所でも虐殺は続くことになる。軍隊はスパイを朝鮮人のなかに入り込ませて調査し、思想的に「危険」と思われる人びとを連れ出して殺害したり、地域住民に渡して殺害させたりしたのであった（第一部第2・3章参照）。

九月中旬になると、朝鮮人を殺害した民衆の検挙が開始され、捜査と裁判が進められたものの、裁判はいい加減なものであった[11]。政府の責任を隠蔽するために、民衆に罪をなすりつけただけで、判決も極めて軽いものであった。

震災下の虐殺で犠牲になったのは朝鮮人だけではない。九月三日に大島町（現在の東京都江東区）で三百人以上の中国人労働者が軍隊や自警団によって虐殺されている（大島町事件。朝鮮人も多数含まれているといわれる）。横浜でも九月二日から三日に中国人労働者が虐殺され、四日には神奈川県足柄郡土肥村で熱海線の工事に従事していた中国人労働者が被害に遭っている[12]。犠牲となった中国人の多くは労働者であったが、九月九日には先述の大島町の中国人労働者の様子を見に来た僑日共済会（中国人労働者の問題解決などに当たっていた組織）会長の王希天が軍隊に拘束され、一二日に殺害された。もともと中国人労働者に関する交渉にあたり、警察などから目をつけられていた王希天の殺害は、警察や軍隊が人物を特定して殺害した事例といえる。

同じく対象が特定されて発生した事件として、社会主義者や無政府主義者の虐殺が挙げられる。大島町事件と同じ九月三日に拘束された川合義虎や平沢計七ら十名の社会主義者は、四日から五日にかけて、警察に反抗的な自警団員とともに亀戸警察署で軍隊に虐殺され（亀戸事件）、一六日には、無政府主義者の大杉栄も妻・甥とともに憲兵隊に虐殺されている（大杉事件[13]）。

また、日本の地方出身者も犠牲となった。九月六日には香川県の行商人一行一五名が千葉県東葛飾郡福田村三ツ堀（現在の千葉県野田市）で、持ち物や訛りから朝鮮人とみなされ、福田村と田中村（現在の千葉県柏市）の自警団に虐殺されている（福田・田中村事件[14]）。

関東大震災下ではなぜ、このような事態が発生してしまったのか。震災の混乱のなかで広められた流言が被害者を多くしたことは、間違いないであろうが、震災前から存在していた朝鮮人や中国人、社会主義者などへの強い差別意識が事件に繋がったといえよう。朝鮮人である、思想が「危険」、というだけで、多くの人びとが虐殺されてしまったのである。

(3) 本書の目的と構成について

冒頭でも述べたが、本書は千葉県の虐殺事件を解明した実行委員会の活動に注目し、朝鮮人虐殺事件の解明や犠牲者の追悼がいかにおこなわれてきたのかを取り上げるものである。

実行委員会は、千葉県八千代市・習志野市・船橋市を主な調査地域として、習志野収容所周辺で隠蔽されていた朝鮮人虐殺事件の掘り起こしに成功している。その調査記録が一九八三年に出版された『いわれなく殺された人びと――関東大震災と朝鮮人』（青木書店）にまとめられている。

私たちが実行委員会に注目するきっかけとなったのは、実行委員会メンバーに震災関連史跡を案内していただいた、二〇〇七年の八千代・習志野・船橋フィールドワークであった（第一部参照）。事件の詳細はもちろん、事件の解明過程や犠牲者の追悼への実行委員会や関係者の心情まで、感じることができるフィールドワークの内容に、私たちは実行委員会の活動の奥深さを知った。これをきっかけに、私たちは『いわれなく殺された人びと』や実行委員会の関連資料を読み進め、いかに事件が解明され、追悼行事を通して犠牲者と向き合っていったのか、実行委員会の活動に学んでいくことになった。そして、そこで聞いたことや感じたことを活字として残す意義があると考えるようになった。

実行委員会は事件の解明だけではなく、毎年九月におこなう追悼行事、会報による情報発信、震災関係史跡フィールドワークの案内を現在も続けている。それらの活動は丹念な文献調査と関係者からの聞き取り調査を経て、事件のあった地域の人びととともに、地域に根ざして事件の掘り起こしを進めている。虐殺事件の解明や犠牲者の追悼などをとおして、さまざまな物事を人びとの生活の場である地域から考えるべきと、実行委員会は提言しているように感じる。実行委員会の活動を記録化することによって、地域に根ざす研究の可能性をさぐってみたい。

本書の構成について見ておく。本書は全三部の構成とした。

第一部は「調査者とともにたどる関東大震災朝鮮人虐殺事件の地域」として、実行委員会の大竹米子氏と平形千惠子氏に案内していただいたフィールドワークの内容を掲載した。第1章には二〇〇七年九月一七日に船橋市でおこなった船橋市営馬込霊園、船橋送信所跡地の調査内容を掲載した。第2章は二〇〇七年一月二七日に千葉県八千代市の虐殺現場と慰霊碑を調査した内容となっている。第3章では二〇〇七年九月一七日におこなった朝鮮人虐殺に関わった習志野市の騎兵連隊の兵舎跡地の調査について掲載した。第一部のおわりには、補記として、一月二七日のフィールドワーク終了後に大竹氏・平形氏からうかがった話を収録した。先に述べたように、フィールドワーク記録は、実行委員会による文献調査や関係者への聞き取り調査などから構成されており、実行委員会によるこれまでの調査活動の一端を知ることができる。本書は実行委員会の活動を記録することを目的としているため、フィールドワーク記録の紹介に力点を置いた。案内していただいた地域を読者にも本書を手に取りながら、巡ってもらえるよう地図や資料を掲載したので、そちらも参考にしていただきたい。

第二部では、実行委員会の歴史について紹介する。第4章は、学問的な研究と地域における市民の立場からの研究によって進められてきた朝鮮人虐殺研究の過程から、実行委員会について論じている。第5章は、実行委員会の結成から一九八三年の『いわれなく殺された人びと』刊行までを対象とし、実行委員会の足跡およびメンバーがどのような思いで、『いわれなく殺された人びと』を刊行したのか述べている。第6章では、一九八三年以降の活動を対象として、実行委員会が地域の人びとと進めた朝鮮人犠牲者の遺骨発掘と慰霊碑建立までの過程を追っている。事件の調査・追悼を進める上で、地域との関係をどのように築いてきたのか論じている。

第三部には、これまで私たちが進めてきた実行委員会関係者とその他の方々へのインタビュー記録を収録した。第7章では本書内でフィールドワークの案内をしていただいた平形千恵子氏、実行委員会の現・実行委員長である吉川清氏、実行委員会メンバーで三山歴史サークルの中心人物でもある西沢文子氏に話をうかがった。第8章は船橋で追悼をおこなっている、崔日坤《チェイルゴン》氏・当時朝鮮総連千葉県西部支部委員長の康春和《カンチュナ》氏におこなった聞き取り調査の内容を掲載している。それぞれの詳細については第三部冒頭の紹介文を参照していただきたい。

本書が多くの人びとの手にとられ、実行委員会の活動と関東大震災における虐殺事件の実態を後世に伝える一助になってくれれば幸いである。

小笠原　強

注

（1）関東大震災時の戒厳令の意義については、姜徳相［二〇〇三b］（二六～四四頁）松尾章一［二〇〇三b］、姜徳相［二〇〇八］三五～六四頁）を参照。

（2）姜徳相・琴秉洞編・解説［一九六三］一三～一五頁。

（3）同右、一一頁。警察が流した流言について、山田昭次は具体例を用いて説明している（山田昭次［二〇〇三］九七～一〇七頁）。

（4）同右、一四五頁。

（5）「企画展示　関東大震災時の朝鮮人虐殺と国家・民衆」実行委員会・在日韓人歴史資料館共編［二〇一〇］三三頁。

（6）姜徳相［二〇〇三b］一〇二～一一〇頁。姜徳相・琴秉洞編・解説［一九六三］一七六～一七七頁。田中正敬［二〇一一］九三～九七頁。

（7）関東大震災六十周年朝鮮人犠牲者調査追悼事業実行委員会編［一九八七］三〇～四九頁。

（8）姜徳相［二〇〇三b］一六七～一九二頁。山田昭次［二〇〇三］八九～九六頁。

（9）姜徳相・琴秉洞編・解説［一九六三］七四～七五頁。

（10）同右、八〇頁。鄭栄桓［二〇一一］

（11）山田昭次［二〇〇三］九七～一〇七頁。

（12）仁木ふみ子［一九九三b］三〇～六五頁。

（13）「企画展示　関東大震災時の朝鮮人虐殺と国家・民衆」実行委員会・在日韓人歴史資料館共編［二〇一〇］八一～八四頁。

（14）千葉県における関東大震災と朝鮮人犠牲者追悼・調査実行委員会編［一九八三］一五四～一六三頁。石井雍大［二〇〇四］（関東大震災八〇周年記念行事実行委員会編［二〇〇四］七二～八二頁）。

目次

第一部

調査者とともにたどる関東大震災朝鮮人虐殺事件の地域

実行委員会のメンバー作成の地図を見ながら話を伺う

写真　大竹米子さん（左）と平形千恵子さん（右）

第一部フィールドワークについて

関東大震災下、千葉県でおきた朝鮮人虐殺の究明は、「千葉県における関東大震災と朝鮮人犠牲者追悼・調査実行委員会」（以下、実行委員会と略）が中心になって進めてきた。[1] 第一部は、実行委員会の大竹米子さんと平形千恵子さん（**写真参照**）に二〇〇七年に二回にわたり、千葉県の虐殺現場や慰霊碑を案内していただいた時の記録をまとめたものである。[2]

第1章は、九月一七日の午後におこなった船橋市のフィールドワークの記録である。

関東大震災時、船橋では自警団による虐殺が九月三日に船橋警察署（現在の船橋商工会議所）前で一件、九月四日に天沼付近で二件あった。関東大震災前、現在の東武野田線にあたる北総鉄道の敷設工事がおこなわれており、その工事に携わっていた朝鮮人労働者が殺害された。その犠牲者の慰霊碑が現在、船橋市営馬込霊園にある。

また、船橋および周辺地域の虐殺には、行田にある海軍省の無線送信所における流言拡大が大きく関わっていた。九月三日の朝に発信された、各地方長官宛の電文には「朝鮮人は各地に放火」「鮮人の行動に対しては厳密なる取締を加へられたし」とある。さらに、送信所の所長が朝鮮人の殺害をうながしたという証言もある。実際に旧法典村の自警団によって、中山競馬場近くの北方十字路にて、二件の虐殺事件がおこっている。現在、無線送信所跡地には、船橋無線塔記念碑が建っている。フィールドワークでは、馬込霊園と無線塔記念碑の前で平形さんから話をうかがった。

第2章は、一月二七日におこなった八千代市のフィールドワークの記録である。

関東大震災時、虐殺の難を逃れた朝鮮人や中国人は、各警察署、軍隊に保護された後で習志野収容所（九月四日開設）に収容される。しかし、収容後も生命が保証されたわけではなかった。

九月七日、収容所の軍隊は周辺の村落に対して、収容所にいる朝鮮人を「取りに来い」と知らせた。収容所から引き渡された村民は、朝鮮人を殺害した。実行委員会の調査によって、高津、大和田新田、萱田上、萱田下の虐殺が明らかにされた。現在、八千代市内のそれぞれの地域には慰霊碑があり、フィールドワークでは虐殺現場がわかっている高津と、それぞれの地域にある慰霊碑をまわりながら、大竹さんと平形さんから話をうかがった。

第3章は、九月一七日の午前におこなった習志野市のフィールドワークの記録である。

現在の習志野市に習志野収容所はあった。その隣には騎兵第十三～十六連隊が駐屯しており、演習場もいれると軍隊は広大な土地を有していた。

その騎兵連隊は関東大震災時、出動した各地で虐殺をおこなったが、収容所でも、前述の周辺の村落に下げ渡して殺害させたほかに、軍隊みずからの手で秘密裏に朝鮮人を虐殺した事件がある。

フィールドワークでは、習志野収容所跡から騎兵連隊が駐屯していた跡、さらに震災時に軍隊が殺害した現場まで歩き、大竹さんと平形さんから話をうかがった。

なお、第一部の補記は、一月二七日八千代市のフィールドワーク後におこなわれた座談会の聞き書きである。これは八千代市高津・大和田新田・萱田のフィールドワーク後におこなわれたものなので、第2章に関する話が中心になっているが、船橋の飯場の話や習志野収容所周辺の話等々も登場し各章とも関連するので、第一部の最後に載せた。

（小薗崇明）

注

（1）その成果は、千葉県における関東大震災と朝鮮人犠牲者追悼・調査実行委員会編［一九八三］『いわれなく殺された人びと――関東大震災と朝鮮人』（以下『いわれなく殺された人びと』と略）にまとめられている。『いわれなく殺された人びと』以前には、実行委員会、千葉県歴史教育者協議会（歴史教育者協議会船橋支部）、千葉県における関東大震災と朝鮮人犠牲者追悼・調査実行委員会、千葉県歴史教育者協議会（歴史教育者協議会船橋支部）、千葉県自治体問題研究所船橋支所共編『関東大震災と朝鮮人　船橋市とその周辺で――自治研版　船橋の歴史資料編第一集』［一九七八］（以下、『第一集』と略）、千葉県における関東大震災と朝鮮人犠牲者追悼・調査実行委員会、千葉県歴史教育者協議会（歴史教育者協議会船橋支部）、千葉県自治体問題研究所船橋支部共編『関東大震災と朝鮮人　習志野騎兵連隊とその周辺――資料編第二集』［一九七九］（以下、『第二集』と略）が出されている。二つの資料集では、実行委員会による聞き取り調査の記録がまとめられている。『いわれなく殺された人びと』以後には、関東大震災七〇周年記念行事実行委員会編［一九九四］のなかで、実行委員会を代表して大竹米子さんの報告書がある。また、関東大震災八〇周年記念行事実行委員会編［二〇〇四］では、代表して平形千恵子さんによる報告書がある。さらに千葉県における関東大震災と朝鮮人犠牲者追悼・調査実行委員会・委員長編集・作成［二〇〇九］では会報を中心に、実行委員会の約三〇年間の活動をみることができる。

（2）ただし、第1章は平形さん一人による案内。

第1章　船橋市営馬込霊園・「船橋無線塔記念碑」を歩く

はじめに

本章は以下の行程で、千葉県船橋市内の関東大震災に関連する史跡をまわった。

まず、船橋駅（地図1―①）からバスに乗って、朝鮮人犠牲者の慰霊碑がある船橋市営馬込霊園（地図1―②）に向かった。そこで説明をうけた後、タクシーで船橋市行田「海軍東京無線電信所船橋送信所」跡地に向かった。途中、なぎの原で発掘された遺骨を火葬した馬込斎場前（地図1―③）を通過した。送信所跡地には「船橋無線塔記念碑」（地図1―④）がある。

1　船橋市営馬込霊園――「法界無縁塔」と「関東大震災犠牲同胞慰霊碑」

船橋駅（地図1―①）からバスに乗り「馬込霊園入口」で下車後、「法界供養塔」と「関東大震災犠牲同胞慰霊碑」がある船橋市営馬込霊園（地図1―②）に向かった。

船橋は千葉県のなかでも、最も多くの朝鮮人が虐殺された地域である。事件の発端は、震災発生後、東京方面から

①船橋駅
②船橋市営馬込霊園
③馬込斎場
④船橋無線塔（記念碑）
⑤天沼公園（現中央保健センター周辺）
⑥北方十字路
⑦旭硝子工場跡地
⑧行田東小学校
⑨海軍石柱
（地図1-2は同地域の1927年頃の地図である）

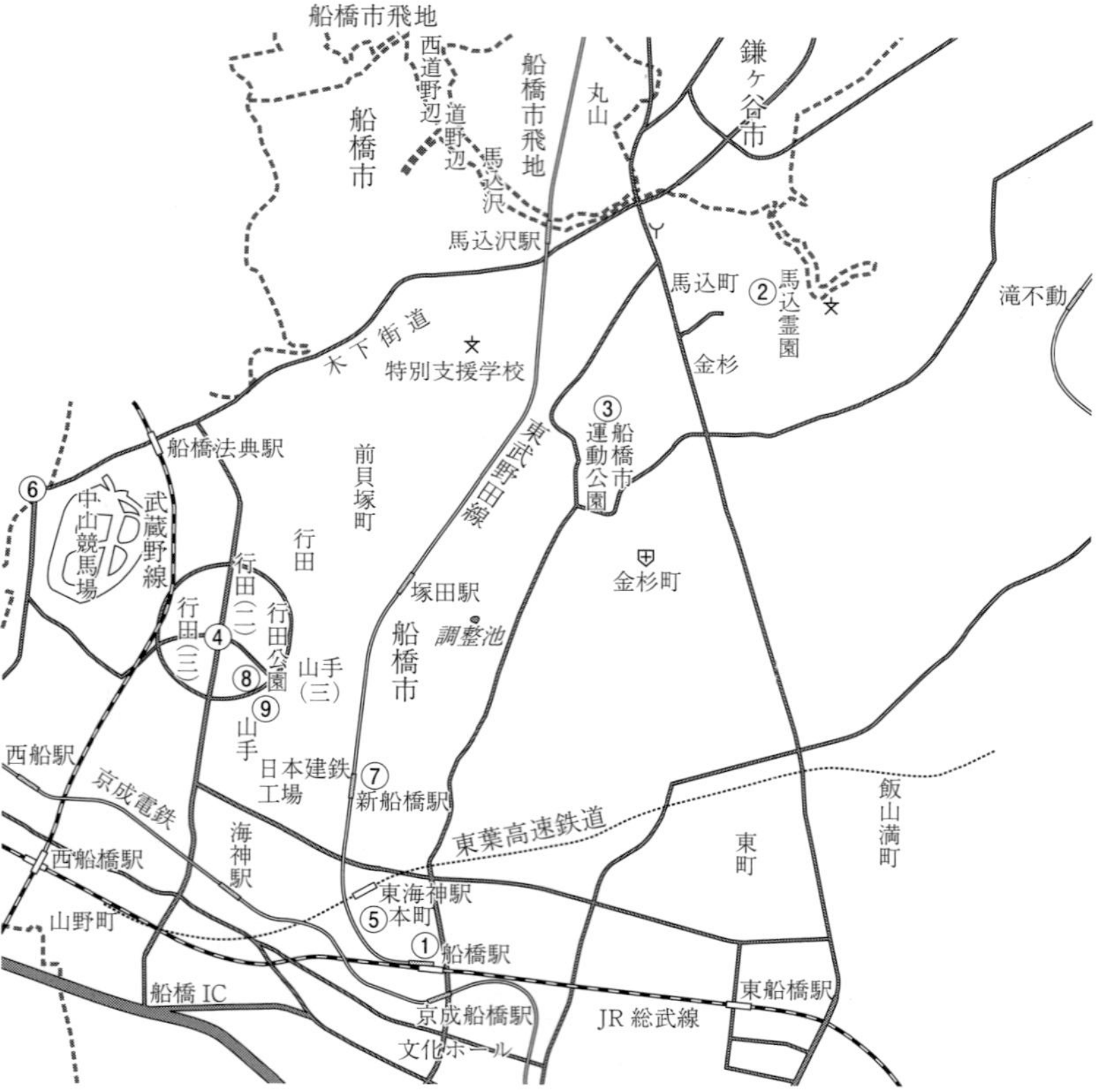

地図1-1　船橋市（現在）

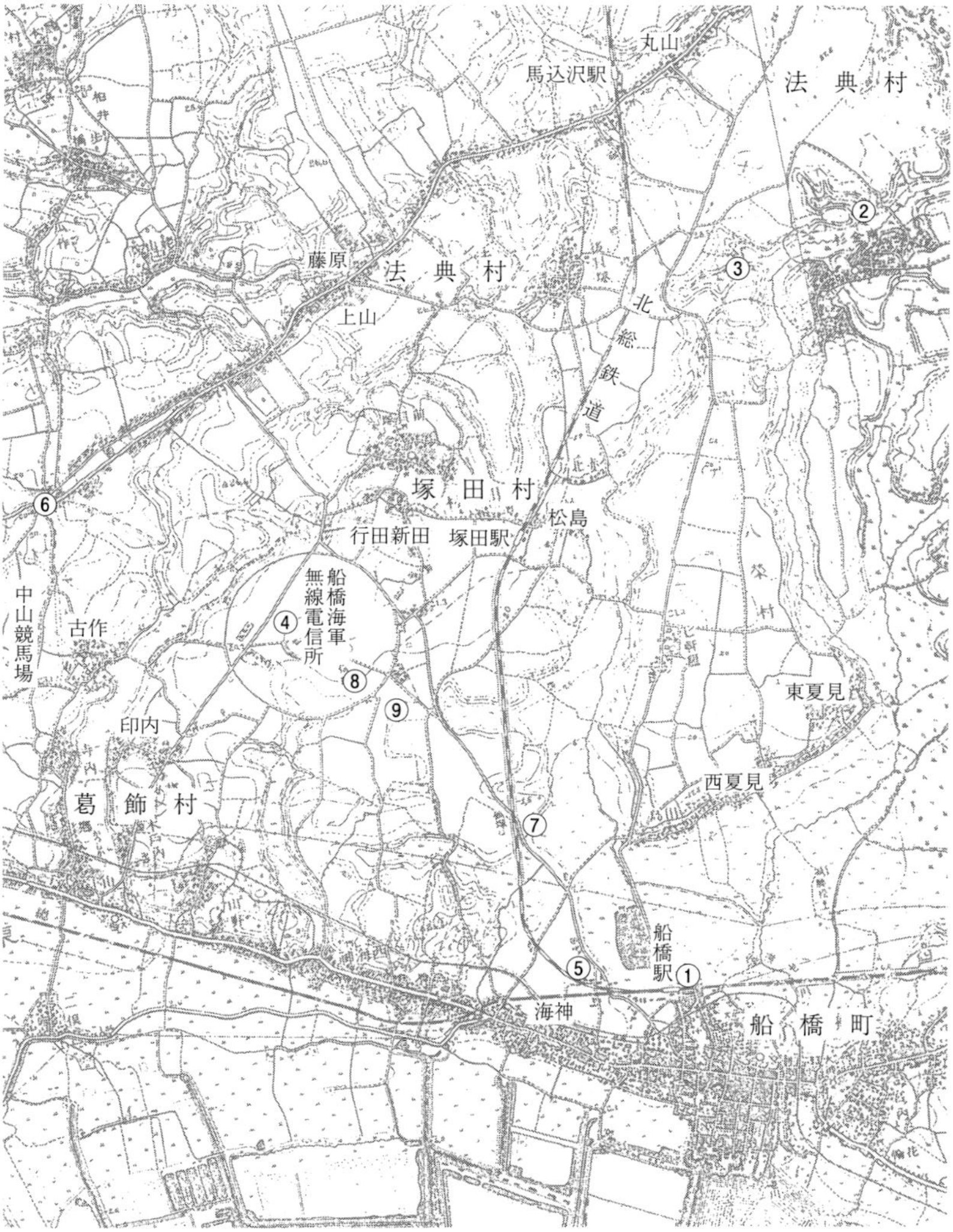

地図1-2　1927年頃

（「船橋 大正六年測図昭和二年鉄道補入」「習志野 大正十年測図同十五年鉄道補入 昭和二年七月三十日発行（大日本帝国陸地測量部）」『日本列島二万五千分の一 地図集成Ⅱ』科学書院、1991年から作成）。

多くの避難民が逃れてきたこと、同時に被害状況や朝鮮人に関する流言が伝わってきたこと、北総鉄道の建設中で飯場に多くの朝鮮人がいたこと、海軍東京無線電信所船橋送信所（以下、船橋送信所もしくは無線塔と略称）の存在などによる。

震災当時、船橋警察署巡査だった渡辺良雄さんによれば、最初に聞いた朝鮮人に関する流言は、一九二三年九月二日の「ただ今、東京市内から来た朝鮮人と市川の砲兵隊が、江戸川を挟んで交戦中です」との電話である。

時間を追うごとに、「朝鮮人が約二千人、浦安町に上陸して、自転車隊となり船橋の無線電信所を襲撃する。警戒せよ！」「船橋の三田浜海岸に、朝鮮人が数隻の船で上陸する。警戒せよ！」などの「根も葉もない流言」が飛び交ったと渡辺さんは回想している[1]。また、渡辺さんは九月三日に船橋小学校に収容されていた朝鮮人の近くに、爆弾らしきものがあったと大騒ぎになり、その際に自警団が朝鮮人を負傷させた事件についても回想している[2]。

船橋の虐殺事件は、九月三日から五日にかけて発生し、各地に組織された自警団によって引き起こされた。その犠牲者のほとんどが、北総鉄道（現在の東武野田線）の敷設工事に従事していた朝鮮人労働者だった[3]。

松島（現在の東武野田線塚田駅近く）の飯場の朝鮮人労働者は船橋警察署へ、鎌ヶ谷粟野の朝鮮人労働者は、行田にある海軍の船橋送信所（**地図1-④**）へ、自警団によって針金で縛られ、連れて行かれた。

松島から船橋警察署に連れて行かれた朝鮮人労働者は船橋警察署前で自警団に殺傷された[4]。また、鎌ヶ谷粟野から船橋送信所に連れて行かれた朝鮮人労働者は、船橋送信所で引き取りを拒否され、送信所の警備に当たっていた騎兵を同行させて、船橋警察署へと向かうが、その途中、天沼近く（**地図1-⑤**）で自警団に殺害された。その状況について渡辺良雄さんは、「警鐘を乱打して、約五百人位の人達が、手に竹槍や鳶口等を持って押し寄せて来た。私はほかの人達に保護を頼んで群衆を振り分けながら船橋警察署に飛んで戻った」。「私が直ぐ引き返して行くと、途中で、「万歳！　万歳！」という声がしたのでもう駄目だと思った」。「調べて見ると、女三人を含め、五三人が殺され、山のようになっていた」と回想している[5]。

また、天沼での虐殺とは別に、鎌ヶ谷粟野にいた朝鮮人労働者が九月四日夜に、市川若宮の北方十字路（**地図1－⑥**）で自警団に襲われ、一三人が虐殺された。この朝鮮人労働者は虐殺事件があった船橋を避けて、市川警察に向かう途中だった。ここでは、翌五日にも朝鮮人の飴工場の職工数人も虐殺されている。

北方十字路での虐殺事件については、旧法典村の自警団の一人であった高橋定五郎さんが、「無線の海軍所長が浦安、行徳に六〇〇人の「不逞鮮人」が来るから今夜警戒たのむと、銃を渡されて、二声《ふたこえ》かけて返事をしなかったら、撃ってもいい」、「海軍無線の所長が命令するぐらいですから、ほうびをもらえると思ってやったのに」と、海軍の船橋送信所所長が朝鮮人の殺害を許可した証言がある[6]。当時、船橋送信所では、朝鮮人からの襲撃を恐れて、習志野の騎兵連隊へ出動を要請し[7]、地域の自警団も動員して周辺を警備させていた。

自警団による事件が多かった一方で、同じ船橋でも朝鮮人労働者を助けた自警団もいた[8]。朝鮮人労働者が船橋市丸山の「おこもり堂」（慈眼院）を飯場として生活していて、震災当時、二人の朝鮮人がそこに残っていた。他の地区の自警団が丸山に押し寄せ、朝鮮人の引き渡しを要求したが、丸山の自警団はそれに応じず、二人の朝鮮人を無事に船橋警察署に届けている。

以上のような虐殺事件をふまえ、馬込霊園には、朝鮮人犠牲者を追悼する「法界無縁塔」と「関東大震災犠牲同胞慰霊碑」（**写真1－1**）が建

写真1-1　船橋市営馬込霊園の「法界無縁塔」（左）と「関東大震災犠牲同胞慰霊碑」（右）

資料1-1「関東大震災犠牲同胞慰霊碑」の碑文（原文は朝鮮語）

〔正面〕
世紀千九百四十七年三・一革命記念日　竣成
関東大震災犠牲同胞慰霊碑
在日本朝鮮人聯盟　千葉県本部　建之

〔裏面〕
西紀一九二三年九月、日本の関東地方大震災時に軍閥官僚は、混乱の中で罹災呻吟する人民大衆の暴動化を憂慮して、その自己階級に対する憎悪の感情を進歩的な人民解放指導者と少数異民族に転嫁させ、これを抑圧抹殺することによって軍部独裁を確立しようと陰謀した。当時、山本軍閥内閣は戒厳令を施行し社会主義者と朝鮮人たちが共謀して暴動計画中だという無根な言辞で在郷軍人と愚民を扇動教唆し、社会主義者と我が同胞を虐殺させた。在留同胞中でこの凶変蛮行により殺された者は六千三百余名を算し、負傷者は数万に達したが、その犠牲同胞の怨恨は実に千秋不滅なものだ。しかし、解放された我らは世界民主勢力と提携して、海内海外の国粋的軍国主義の反動残滓勢力を撲滅して真正な民主朝鮮を建設し、世界平和を維持することによって宿怨を雪辱するよう積極闘争することを盟宣しつつ、犠牲諸霊を慰労するためにここに小碑を建立する。
在日本朝鮮人聯盟中央総本部　委員長　尹槿

てられている。「法界無縁塔」は一九二四年九月一日に船橋仏教連合会により建てられた。「（朝鮮人が）たとえ悪いことをしたにしても殺されたのはかわいそうだ」(9)と流言を否定しないまま建てられたこの碑には、「法界無縁塔」という文字と日付しか記されていない。一方、在日本朝鮮人聯盟によって一九四七年に建てられた「関東大震災犠牲同胞慰霊碑」には、日本政府が朝鮮人を虐殺させたとはっきりと記されていて（**資料1-1**）、朝鮮人犠牲者を追悼するにしても、この二つの碑は対照的な碑といえる。

　当初これらの碑は、現在の船橋市北本町の旧船橋火葬場（旭硝子工場跡地）（**地図1-⑦**）にあり、戦前から碑があった場所で追悼式がおこなわれていた(10)。一九六三年に現在の馬込霊園へ移設された後も追悼行事は続けられており、現在に至っている。また、同霊園には、二つの碑と一緒に、移設された際につくられ

資料1-2　「関東大震災犠牲同胞慰霊碑」の「移葬碑」の碑文（原文は朝鮮語）

関東大震災時に犠牲をうけた同胞の墓地である船橋市本町二丁目八一六番地が環境に適合できなくなり、一九六三年七月十九日に現地に移葬しました。

一九六三年七月十九日

在日本朝鮮人總聯合会千葉縣西部支部

委員長　文東先

移葬実行委員会

委員長　林守根

委員　盧性穆

裵寿根

李基浩

徐龍起

申寿男

た「移葬碑」（**資料1-2**）も建てられている。以下は、フィールドワークの記録である。

〈参加者〉

平形千恵子

小笠原強、神崎梨沙（専修大学大学院生）、小薗崇明、田中正敬、宮川英一、吉田稔（専修大学大学院生）、李千波（元専修大学大学院生）

平形　昔はもっと小さかったのですよ、霊園が。こういった碑（「関東大震災犠牲同胞慰霊碑」）があるせいか、在日の方のお墓が結構多い。観音寺（八千代市）の墓地にも在日の方のお墓があります。鐘があってゆかりがある（次章参照）。自分とゆかりがある所に葬られたいという気持ちはあるんじゃない？　それにしても広い墓地でしょう。

船橋駅から来る途中に天沼というバス停があったんです。その近くに大きな池があって、今は中央保健センターになっています。そこが避病院（伝染病患者を隔離するための病院、**地図1-⑤**）といっていて、その近くで、鎌ヶ谷から連れて来られた朝鮮人が殺されました。無線塔の海軍に届けようとして、無線塔まで連れて行くんですね。

ところが海軍は自分たちは引き受けられないと断って、無線塔を守るために派遣されていた騎兵を二人つけて、鎌ヶ谷の自警団と船橋へ向かったわけです。そこに船橋の警察官が、それを受け取りに行きます。受け取りに行った方が、渡辺良雄さんという方でした。(11)

この受け取る予定であった人数については、一般的に町では三八人と言われ、渡辺さんは五三人、小松七郎さんが挙げたのは二一人です。(12) 少なくとも二一人から五三人の間で、鎌ヶ谷の飯場にいた朝鮮人労働者および家族が殺された。(13) そのなかに子どもが二人いて、消防団に助けられたという話もあります。

平形　そのほかに、北方十字路（**地図1-⑥**、**写真1-2**）で、避難してきた三人の朝鮮人と鎌ヶ谷の方から送られてきた朝鮮人が一三人、合わせて一六人が殺されています。船橋警察署（現在、船橋商工会議所）でも殺されたり怪我させられたりした。(14)

船橋では地震の被害は大きくなかったはずなのに、とても自警団事件が多くて、殺された人の数も多い。震災から四〇年くらいの時期に日朝協会で「本庄船橋調査」(15)という調査が船橋でおこなわれました。ここにみなさんをお連れしたのはどういうことかというと、虐殺現場の近くにあった火葬場、後の旭硝子の工場（**地図1-⑦**）のそばに、「法界無縁塔」というものが建てられました。

これは船橋仏教会が建てたので、仏教会の方にうかがったら、「悪いことをしたにしても気の毒だから建てました」ということでした。大正一三（一九二四）年に建てられました。

戦後になって、「関東大震災犠牲同胞慰霊碑」（**前掲資料1-1**）が在日朝鮮人の方によって建てられました。一九四七（昭和二二）年の「三・一革命記念日竣成」とあります。(16)「法界無縁塔」が当初建てられていた場所の近くに建てられ、この二つの碑はそこから、この船橋の霊園に移されたものです。

それから左に「在日本朝鮮人聯盟千葉県本部」とありますが、まだこの年には朝鮮は二つに分かれていません。ですから朝聯（在日本朝鮮人聯盟の略称）が核になって、朝鮮が一つの時に建てられたものです。

裏の碑文を見ていただくとハングル混じりの漢字で書かれています。一九六三年の「移葬碑」には委員長に林守根《リムスグン》と書いてありますね。この方は亡くなられていますが、奥さんとずいぶん長いこと慰霊祭に来ていて、お会いしました。総連の方がここに移したということです。

私たちは八千代の高津で骨を掘った後（次章参照）、荼毘に付す時にどうしても在日の韓国・朝鮮の両方の方に立ち会っていただきたく、連絡をさしあげましたら、民団系の老人会の金善玉《キムソンオク》さんと韓暎《ハンヨン》さん、総連の尹東煥《ユントンファン》さん（碑文の撰者、尹権《ユンクン》氏の息子）と総連千葉県西部支部の方が同席してくださいました。私たちとしては、何もしてさしあげられないけれども、せめて同胞の方に立ち会っていただけたらうれしいなと思って。

写真1-2　現在の北方十字路

碑文を読んでいただくとわかるけど、ここまで（日本の責任を）はっきり書いた碑文は少ない[17]。もちろん朝鮮の方が書いていらっしゃるから、はっきり書ける。日本の人が書くとどうしてもはっきり書けない、書くことがはばかられるというか、うしろめたい。

私もこの仕事をはじめた時、高橋益雄さんと鎌ヶ谷で（朝鮮人虐殺について）調べていた石井良一さんと三人で九月一日に馬込霊園での慰霊祭に出させていただいて、それ以来、学校がある時も、だいたい始業式が終わると時間休をもらって、この慰霊祭に出させてもらっていました。

総連の幹部の方が毎年九月一日の一一時五八分、地震のあった時間から黙祷をささげて、それから朝鮮語でお話をなさって、時々日本語の通訳がつくという感じの慰霊祭です。右にある納骨堂の中に震災関係ではない在日の方のお骨がいくつか並んでいます。それも一緒に供養されております。

田中　自警団の組織自体についてはどの程度のことがわかっているのですか？

平形　自警団は、「自警団をつくれ」と命令が出ていて、村の一軒から一人大人が出る。たとえば、馬込沢をちょっとのぼったところの丸山で、二人の朝鮮人を守ったという話が今でも残っているのです。

その時、そこでも自警団は組織されて、自警団の方が守っただけではなくて、馬込沢の自警団の人たちがあそこ（「おこもり堂」）に朝鮮人を置いといちゃならないという話になって取りに行ったの。そこで渡せ、渡せないということになって（守る）。

八千代でもらいに行って殺したのも自警団で（次章参照）、だけど丸山みたいに守ったのも自警団。どうして船橋で自警団による事件が多かったかというと、一つは北総鉄道の線路工事中で、周辺にいくつも飯場があって、朝鮮人の労働者がいたということ。丸山では朝鮮人も村の人たちも一緒に働いていて、避難民が東京方面からいっぱい流入してきて流言飛語が広がった。

船橋の小学校で砲丸の焦げた物が「爆弾が見つかった」という話になったのです。実際は爆弾ではなかったのですが、小学校で爆弾が見つかったというデマだけが町中にぱっと広がって。船橋送信所長が船橋送信所が襲われると思い込んで、陸軍に援助を求めた。近くの自警団を集めて、無線塔を守れと命令を出して、船と橋という暗号を船と言ったら橋と答えろ。ふた声かけて答えなければ、殺してもいいといって、軍隊が自警団へ鉄砲を渡している。

本当に自警団は褒められると思って殺しているんです。北方十字路での事件は法典の人が自警団をやっていて、高橋定五郎さんの証言があります(18)。

2　馬込霊園前〜「船橋無線塔記念碑」

次の目的地の船橋市行田の「船橋無線塔記念碑」**（地図1-④）**へ行くために、馬込霊園からタクシーに乗った。タクシーは八千代市高津のなぎの原で発掘された遺骨（次章参照）を火葬した馬込斎場前**（地図1-③）**、多くの朝鮮人労働者が働いていた北総鉄道（現在の東武野田線）の線路沿いを通って、行田に向かった。

「船橋無線塔記念碑」は、行田の円形道路のほぼ中心に位置している。現在、円形道路になっている場所が、送信所の外周となる。送信所の敷地との境界を表す「海軍」などと書かれた「海軍石柱」**（後掲写真1-5）**が現在も周辺の畑などに点在している。

写真1-3　海軍東京無線電信所船橋送信所
（『いわれなく殺された人びと』50頁より転載）

海軍東京無線電信所船橋送信所**（写真1-3）**は一九一五年に完成し、七六年に関連施設は全て撤去されている。関東大震災時には内務省警保局長から各地方長官宛てに、東京周辺で朝鮮人が放火し「不逞ノ目的」をおこなおうとしているので、「鮮人ノ行動ニ対シテハ厳密」に取り締まる必要があるとしたように[19]、朝鮮人に関するデマを発信した場所であった。

一九四一年の日米開戦時の「ニイタカヤマノボレ一二〇八」の暗号もここから発信されて

いる。[20]

平形　（タクシーにて）ここが馬込斎場**（地図1-③）**なんです、ここ。（なぎの原で骨を）発掘した後、ここに持ってきて焼いていただいて……（タクシーは東武野田線沿いの道へ進む）。これが東武野田線**（地図1-①**の船橋駅から北へのびている線路）。当時の北総鉄道。

吉田　ここで朝鮮人が働いていたのですね。

平形　塚田の松島というところに飯場がありました。今は火の見（櫓）が残っていないけど、自警団の詰め所になっていたと聞いています（タクシーは行田の円形道路内へ）。

＊　＊　＊　＊　＊

平形　（「船橋無線塔記念碑前」にて）これ**（写真1-4、資料1-3）**、文章がひどすぎるんですね。大正一二年に「救援電波を出して多くの人を助けた」というのはどうも納得できない。

田中　救援電波を出して、多くの人を助けた……逆だ。

平形　土地の人にとっては、「栄光」の歴史でないとまずいのでしょう。少なくとも大森良三大尉が書いた文章を読んでいない人が書いたのでしょう。[21]無線の話がいろいろ残っていて、ここしか無線が使えなくなって、兵隊を東京の海軍まで自転車で行かせて、自転車で行けなくなったら歩いて行かせて、電文をもらってきて、ここから打った。

デマをいっぱい流して、周りでも日本全国にも全部伝わって、周辺の新聞を見ると、朝鮮人が暴動をおこしてとか、いっぱい書いてある。ここは少なくとも関東大震災の時に助けてはいないと思うのですが……（説明中に近所の小学生や中学生が来る）。

小学生　社会の勉強で使う写真を撮っているの。
平形　あら、これ何か知ってる？　無線塔があったところ。

＊　＊　＊　＊　＊

写真1-4　「船橋無線塔記念碑」

資料1-3　「船橋無線塔記念碑」の碑文

ここ下総台地の一角にかつて無線塔が聳えていた。

　大正四年（一九一五年）に船橋海軍無線送信所が創設された。大正五年にはハワイ中継でアメリカのウイルソン大統領と日本の大正天皇とで電波の交信があった。広く平和的にも利用されたのでフナバシの地名がはじめて世界地図に書きこまれた。

　大正十二年（一九二三年）の関東大震災の時には救援電波を出して多くの人を助けた。

　昭和十六年（一九四一年）の頃には長短波用の大アンテナ群が完成し太平洋戦争開幕を告げる「ニイタカヤマノボレ一二〇八」の電波もここから出た。

船橋のシンボルとして市民に親しまれていたが昭和四十六年（一九七一年）五月解体されて栄光の歴史を閉じた。

写真1-5　海軍石柱（船橋市山手）

小学生　ここが中心？

平形　そう、ここが中心、よく知ってるじゃない。無線塔って何をしたの？

小学生　アメリカ戦とか……。

平形　なるほどね。アメリカと交信したとか書いてあるけど、関東大震災の時にここからデマを流したんだよ。

中学生　これ何なの？

平形　ここに無線塔があったの。この丸い道路に沿って。ここに無線塔があったという碑がこれなの。

中学生　何をしてるの？

平形　無線塔の碑を調べているの。ここで「海軍」という石（**写真1-5**）を見つけたことある？

中学生　ああ、たくさんあります。

平形　行田東小学校（**地図1-⑧**）？　行田西小学校？

中学生　今、中学生になったけど行田東小でした。

平形　東小の丸い植え込みの中に、「入ル可カラズ」って書いてある石（**写真1-6**）。

中学生　あるある。

平形　あれがここの海軍の石なの。あれが残っているの。どうもありがとう。

＊　＊　＊　＊　＊

平形　（円形道路内を縦断している道路に架かる陸橋に移動）あれが円形道路です。海軍の敷地内はマンションが建っていたりしていて、扇状に公園が開けている。行田東小の玄関の植え込みには海軍の「入ル可カラズ」という石を持ってきて置いてある。

小笠原　「海軍」の石は円形になっている送信所の外側にあるんですね（**地図1-⑨、写真1-5**）。

平形　海軍の敷地である、ということを表示するのに、周囲にいっぱい立てていた。習志野では長い柱の表に字が書いてある。行田東小にあるのは、「許可ナキ者入ル可カラズ」（**地図1-⑧、写真1-6**）。この間行った時には、お母さんが知らないと言っていたけど、さっきの子どもたちの方が知っていましたね。

　ここの歴史は本当にはっきりしておかないと、「栄光」の歴史という碑だけが残って問題は忘れ去られて……。軍隊は守らないよ、と（私は）言うんだけど、（他の人は）最近の軍隊は守るよって言いたいみたい。一応、駆け足コースの終わりです。

写真1-6　行田東小学校の海軍石柱

　フィールドワークのことでどのような感想をお持ちでしょうか？

神崎　横浜とか他の地域に比べて、慰霊碑という形式では必ずしもないかもしれないけれど、何らかの形に残して語り継いでいこうとする思いがあるのが印象深かったです。

平形　不思議なことに石って残すと、その人たちの代が終わっても残るんですよね。だから何かを次の世代に伝えるという意味があるんだなあと思って。八千代で自分たちが建てた石もそうだけど（一九九九年建立の「関東大震災朝鮮人犠牲者慰霊の碑」

のこと、次章参照)、よその碑を見ても、そこに何かヒントが残せれば次の人たちが何だろうと思って見てくれる。話を伝えていくには碑を建てるというのは有効な手段の一つで、石ってのはそこに何かあったわね(と考えるきっかけになる)、ってさっきの子どもじゃないけどね。

神崎　子どもでも歩いている途中に「あれ何だろう」と。「あれ」だけではまずいかもしれないですけどね。

田中　こうやって歩くと、この道を朝鮮人が後ろ手に縛られて歩いていたのだということが実感できますね。

平形　塚田の駅からここに向かって一度来て、ここで断られて、騎兵がついてまた線路道まで戻って船橋へ抜けて。船橋の警察官が引き取りに来たけど、渡されなくて、今の中央保健センターの近くで殺されてしまった、というイメージがだんだん湧いてくるかなあと。(自警団が)ここに集められて、殺してもいいと言われて、軍隊の鉄砲を渡されたら困りますよね。

でも渡されて、守れと言われてここを守った。褒美が貰えると思って殺したら、裁判で無罪放免になったようにはみえるけども、結局、執行猶予がついているから有罪判決なんですよ。

民衆にとってはとんでもないことだったでしょうけど、軍隊にとっては軍服を脱いでしまえば、特に大森大尉なんかは、軍人でいられて生き延びているわけですから。ずいぶん、民衆が負ったものと違う。本当に悔やんでいるのですね、やらされた人たちは。何とかして八千代なんかも慰霊しようとしているのですね。密かに供養していたんですよ。それを考えると、軍隊はあれだけのことをしておきながら、誰も責任を取っていない。

在日の人たちが日弁連(日本弁護士連合会)に提訴して、二〇〇三年に日弁連が勧告を出したんですよ。(22) 調査してから政府に。けど、何にも政府はしませんでしたね。今でも何もしてません。日弁連が三年間調査をやって、それに頼まれて協力しましたけど、勧告まで出したのに、日本政府は慰安婦問題と同じで、知らん顔して自分たちはそんなことをやっていないと……。

宮川　今日来てみて、確認できたことはどのくらいの距離があるのかということでした。まばらに人は住んでいたであろうこの土地に、関東大震災後に人が増えたかと思いますが、そういった点について何かわかることはないのでしょうか。

平形　この円形道路のなかに、一一軒の住まいがあって、追い出されたんです。雷が落ちたと思えと追い出されちゃいました、円形の外へ。追い出された行田の新田の方は外側に住んでいます。

吉田　一昨日、同級生と会いまして、彼も年寄りから三人の町民を殺したと聞いたと言っていました。行徳の方で三人殺されたらしいです。

平形　あそこは沖縄の人も殺された。源心寺に碑があります。

小笠原　先程、石碑の話をしていましたが、今後は何かそういう計画はありますか？

平形　今のところはとてもそういう力がないからわかりませんが、石を残す意味と今度は残した石について、もっと丁寧に書いたものを残したい。

来年で（二〇〇七年当時）震災から八五年経ちますが、『いわれなく殺された人びと』以後、本は書いていなくて。二〇〇三年の『世界史としての関東大震災』[23]には私がほんの十枚くらい書いたけど、それ以外は書いてない。要するに『いわれなく殺された人びと』以後の三〇年近くのものを書いて残さなくちゃいけないと思っています。石ではなくて、モノを書いて残す。来年（二〇〇八年、八五周年のこと）に向けて何をしなくちゃいけないかということを模索中で……[24]。

李　規模の大きさとか広さとかがよくわかりましたね。何となく聞いている世代ばかりではなくなってきて、景観も変わって、さっきも子どもたちが調べていたけど、ああいう宿題でもない限りは、積極的には（しないと思う）。

掘り起こしもまだしなければならない所もあるし、継続しなければならない所もあるけど。掘り起こしということで聞き取りが一番厳しい仕事ではないかと思います。まとめて形にするのは、みんなの力があればできるんだろうけど。どうですかね。

平形　聞き取りってね、聞きたいことだけ単刀直入に聞いてはいけないの。その人の生活に即して、その人の生きてきた道とか、感じていることをいっぱい聞くの。そして親しくなるなかで聞きたいことも少しずつ聞くの。

李　長い関係ですね。

平形　何回か行ってという形とか、一回しか行けない時でも必ず二人で行って、一人は聞きながら、一人は相手の表情を見ながらメモを取る。喋った時に感じたことと帰ってテープを聴き直して感じていることのことばの意味が違って聞こえてくることもあるんです。

聞き取りって私はすごく好きです。面白い。私、学生時代に地理の研究会にいて、農村調査をやった経験があるもんだから、人の家に行ってどのくらい何をつくっているのか、どのくらい儲かっているのかまで楽しみで聞いていたんです。だから聞き取りは嫌いではないです。

その人の人生を全部教えてもらうという形で聞くと、いろんなことを話してくれる。いろんなことを話してくれるなかに、大事なことがチラチラと入っている。そういう感じで聞くんです。

私たちは八木ヶ谷妙子さんと一緒に何回も萱田の「火の見」から「中台墓地」までのルートを回っているんです。その都度、お話を聴きながら。そんななかで親しくなるとおしゃべりがだんだんとできてきて。

李　こう語って欲しいと思っている気持ちと真実はこうなんだということ（ギャップ）ってあるかと思うのですが。

平形　答えをストレートに求めない方がいいと思います。見込んでいったことがそのまま答えになってくることは、まずないですからね。こんなことだったのだろうなあと思って行っても、全然違う答えがいっぱい返ってきてしまいます。

それでもそれなりにその人が考えていることがある。絶対一人の証言ではしないで、いくつもの証言を聞きながら合わせて。一年違っていたり、人が違っていたりするけど、いくつもの証言を繋ぎ合わせつきあわせていくと見えてきて、一つになるの。

丸山の助けた話も美談じゃないかという疑いがあるわけです。美談をいっぱい震災の後のものを集めて、それから、いろんな人の発言を聞きながら、どうやら本当らしいというところまで重ねていって、じゃあどうしてこの人を助けたのだろう、この人たち何で助けたのだろう、といって回りを重ねていってと、そういうふうにすると、時間はかかるけどすごく面白い、と私は思ってやってきたのです。私は私なりに楽しみながら、しかも教師の仕事をしながらやってきたの。

李　すごいですね。

平形　夏休み、冬休みの時しかできないんですよ。普段はうちで聞き取りをおこしたり。待ちかねて冬休み、特に夏休みにするの。昔のテープレコーダーを抱えて、子どもを保育園に預けて、まわりに聞きに行く。それが自分ひとりになれる、解放される時でもあるわけです。

だから、保育園で「夏休みなのに子どもさんを見ないのですか」と言われたけど、「私は仕事がありますから」と預けていました。いっぱいお話をして聞いている気がしているでしょ。長いことかけて聞いてきたことなの。大竹さんと二人で行くこともあるし、長友脩さんと行くこともあったし、吉川清さんとも行きました。

東京に行った時も、その時は姜徳相さんに取材に立ち会っていただいたり、朝鮮大学校の柳震太《ユジンテ》さんが曺仁承《チョインスン》さんのところに一緒に行ってくださった。長いことかけていろいろ聞いていったのを揃えていくから一つになったの。三山歴史サークルのお母さんたちも聞き取りをやって、「聞いてきたのよ」といって、話をつき合わせたり。

李　そういうつき合わせ方もあったのですね。

平形　だから鵜呑みには絶対にしない方がいい。鵜呑みにすると騙されたりする。ほら、あの無線塔の記念碑みたいに、見て欲しいという向こう側の「栄光」の歴史を言いたい人たちと私たちが一緒になったら、こういう感じにはならない。

李　ありがとうございます。

平形　あとこの間の（観音寺での）慰霊祭の時に、小薗さんに来ていただきました。ありがとうございました。

小薗　習志野や船橋について以前から本を読んでいてイメージがあったけれど、関連史跡を見ると、よりリアリティーを感じました。慰霊祭に私は今回初めて参加しましたけれど、若者が少ないですね。

さっきの子どもが「無線塔」を知っているよといって、太平洋戦争という話が出るというところに無線塔に対する認識のズレがあるじゃないですか、平形さんが言ったように。どうやって次の代に繋げていくのか考えなければいけないなと思いました。

平形　私たちが若い方に来てもらって嬉しいのは、何らかの手掛かりで次に繋げて欲しいという、そういう気持ちがあります。

田中　わかるようでいて、お話をうかがっていると、わからないことの方がどんどん増えていくのですね。

平形　私たち自身がそうです。『いわれなく殺された人びと』をまとめていても、わからないことがありすぎることがわかった。田中先生はここの海軍の史料をたくさん読んでいらして、解説して本にしていらしているけど、無線文書をみなさんに丁寧に読んでいただくと、なかなか面白いと思います。

3　行田～西船橋駅までのバス車内

フィールドワークは行田の陸橋で終了し、行田団地バス停留場から西船橋駅までバスに乗って帰路についた。バス車内でも話は続いて、前述の丸山で朝鮮人を守った徳田安蔵さんと徳田慶蔵さん、武藤よしさん（武藤韻蔵さんの妻）の話など、震災後の丸山について話題になった。

平形　徳田安蔵さん、徳田慶蔵さん。二人は農民運動をやっていた。関東大震災で朝鮮人を助けたことはその瞬間で終わっているわけです。でもその人たちの生き方の模索のなかで、小作として食っていける道はないのかという、そういう追求のなかで農民運動をやっていったんですね。

私が（徳田）恵二さん（徳田安蔵さんの息子）に聞き取りに行くと、震災の話もしてくれるけれど、農民運動の話ばっかり。私は丸山で助けたのは農民運動との関わりがあると思うけれど、言い切れない。

小薗　朝鮮人の飯場のことですが、聞き取り調査などで飯場の様子はわかりましたか。

平形　一ヵ所ね、石井良一さんと石原輝夫さんと（鎌ヶ谷粟野の飯場に）行ったんですね。ここに飯場があったというところに。近くに小さな商店があったんだけれど、何を調べてるのって（商店の人が）出てきたけど、すぐに店を閉めてしまった。

針金を買いに行った話とか、遠巻きに騒ぎを見ていた子どもの頃の話は石原さんがしてくださったけれども。(25) 飯場の詳しい様子を聞いたことは一度もないです。そこにいた朝鮮人の話は聞くことができないからね。それから丸山も飯場だったわけでしょ。おこもり堂っていう。多くいた時は（朝鮮人が）十数人いたっていう。でもなかの生活はあんまり聞けてないんですよね。

鎌ケ谷粟野の飯場っていうのは大きいでしょ。だから小屋かなんか建てて集団で住んでいたっていう話は聞きました。今聞き取りは本当に聞けなくなって、私たちが聞いた世代はみんないなくなってしまわれて、あの時聞いておいてよかったと思います。後からもっと聞いておけばよかったって悔やまれることも多いんですけれどもね。

武藤よしさんだって、本当、小さなおばあちゃんだけれども言っていることは、しっかりしてたのね。(26) 指折り数えて一一人の農民組合の人をしっかり教えてくれてね。「本当にあんな生活のなかでよく送り出したよ」って言うから、「どうしてちゃんと送り出せたんですか」って聞いたら、「男だったら私だって行きたかったもの」と言う。旦那さんの韻蔵さんを送り出しちゃったら、自分で畑仕事しなくちゃなんない。自分で子供を見ながら。それなのにおむすび握って「行って来い」って農民運動に出してやるんだから。

感心して話を聞いていたら、最後にその「男だったら私だって……」と言って、「捕まったらもらい下げに行く」って言ってね。このおばあちゃんのなかに大きな共感があったんだなと思うんですよね。それでその日はおばあちゃんにいろいろ教わったと思って帰ったんですけれどね。

それから徳田安蔵さんの息子、恵三さんの方。もう亡くなっていらっしゃるんですけれども、亡くなられた後にね、御親戚、家族の方からあの本がもう一冊欲しいって。どうしてかなと思って聞いたら、あの人と同じ口調で書いてあるって言うわけ。テープをおこしたから同じ口調になるわけだけど、それが懐かしくて読みたい人がいるっていう。ああいう形で残したことを御遺族がとっても喜んでくれていたのね。そういうのを聞くとどういった意義があるかなあなんて……。

小薗　改めて平形さんと大竹さんにお会いして、話を聞いていると、『いわれなく殺された人びと』の読み方が浅かったなあと思います。

平形　また読んでいただくといいかもしれませんね。そうするとまたいくらか通じるかと思います。私は今でもたまに読み返すことがあるのね。こうやってお話しする前に、証言の部分だけは、嘘言っちゃダメだから。その時の雰囲気が甦ってきてね、私にも懐かしい。あの人の肉声が聞こえてくるっていう感じがあるんですよね。

小薗　『いわれなく殺された人びと』の聞き書きは、話し手の言葉のつまり具合がうまく描けていると思いました。

平形　これでいいのかなあとか、こうなんだろうなあとか、気の毒だなあとか思ったりするこちらの思いがそのなかに、すっきりしない部分が今でもいっぱいあるんですよね。村の人のなかの加害者でありながらも悩んできたものを知っちゃうとね、人を殺した人たちということで物事を考えてしまうと、考えにくい例があったりするからね。

どうしたらいいのかなと思いながら、未だにわからないことがあるんですけどね。時々わかった気持ちになったらいけないなあと思ったり、わかった気持ちになったり。村の人には悪いなあと思いながら、供養ができたことは喜んでくださった。そういう複雑な思いを皆さんしていらしたんだろうなと思っているんです。だけど、私のなかではいつになってもすっきりしない……。

むすびにかえて

本章では、船橋の馬込霊園から「船橋無線塔記念碑」までの行程を紹介した。このフィールドワークについて、三点の感想を記したい。

一点目は率直な感想だが、私たちが巡った地域を関東大震災時には、多くの朝鮮人が針金で縛られて、自由に身動きも取れない状態で歩かされた。その時、朝鮮人たちは何を思いながら歩いていたのだろうかと考えてしまった。そう考えると、とても胸がつまってしまう。私たちのフィールドワークは、朝鮮人が歩かされたルートにすべて沿ったものではないが、平形さんの説明や現地に残る史跡が、当時の状況を強く感じさせた。

二点目としては、平形さんが語る聞き取りの方法についてである。私たちのフィールドワークを案内してくれた実行委員会のメンバーは、文献資料と証言資料の双方を補完しながら、調査を進めてきた。

今回のフィールドワークで説明していただいた話の内容も、その成果が大きく反映されたものとなっている。一見、人に話を聞くことは単純な作業だと想像していた。以前に私も聞き取り調査をしたことがあったが、聞きたいことを聞こうとする一心で臨み、うまく話を聞けなかったことがある。平形さんは聞き取り調査について、「聞きたいことだけ単刀直入に聞いてはいけない」「人の生活に則し、その人の生きてきた道とか、感じていること」を聞き、「親しくなるなかで聞きたいことも少しずつ」聞いていったと述べている。なぜ、うまく話を聞けなかったのか、その答えを平形さんは教えてくれたように感じた。

三点目としては、記念碑に見る今後の課題についてである。「船橋無線塔記念碑」を見学している時に、地域の小学生・中学生と出くわす場面があった。話を聞くと、小学生は記念碑周辺が船橋送信所の中心地であることは知っていたが、何をした場所かとの問いかけには、「アメリカ戦の」と、記念碑に刻まれている「ニイタカヤマノボレ」のことを答えている。

次の会話で中学生は、船橋送信所のことだけではなく、「海軍石柱」のことを知っていても、それが何なのか、何のためにその場にあるのかは、知らなかった。ここから、私たちの船橋送信所の見方と小学生・中学生たちの見方にズレがあることがわかる。

船橋送信所について、小学生や中学生に教えられていることは、記念碑に記されている通りの「栄光の歴史」のみだったのかもしれない。人は「負」の側面に目を向けるよりも、「栄光」などの「正」を求めたがる。記念碑の「栄光」の陰にある「負」の歴史を今後、どのように伝えていくべきなのか考えさせられた。

（小笠原　強）

注

（1）渡辺良雄「関東大震災の追憶」（千葉県における関東大震災と朝鮮人犠牲者追悼・調査実行委員会月報『いしぶみ』第二号、一九七八年七月一一日）。後に『第二集』四七〜五五頁、『いわれなく殺された人びと』二五八〜二六八頁にそれぞれ所収。『いわれなく殺された人びと』には、聞き取りの際の追加・補訂部分が含まれている。
（2）『いわれなく殺された人びと』二六二〜二六四頁。
（3）同右、三八頁。
（4）同右、三八〜四〇頁。
（5）天沼で虐殺された人数には諸説ある。同右、二六〇〜二六一頁。
（6）高橋定五郎「無線の所長が「殺してもいい」と」『いわれなく殺された人びと』二四六〜二五〇頁。実行委員会会報『いしぶみ』第一〇号（一九八一年九月一日）に所収。
（7）琴秉洞編・解説［一九九一］一六一頁。
（8）船橋市丸山の「おこもり堂」について、平形さんは以下のように説明している。「おこもり堂というのは、現在の自治会館（第三踏切近く）の場所にあった草屋根のお堂で、荒むしろをひいた一〇畳とイロリのある八畳に、三尺と九尺の土間があり、一八日の観音様の前夜、一七日の夜に部落の青年達が集う場所であった」（平形千恵子［一九七八a］『第一集』一二三頁）。
（9）『いわれなく殺された人びと』一六八〜一七一頁。
（10）山田昭次［二〇一〇a］。
（11）『いわれなく殺された人びと』二六〇〜二六一頁。
（12）小松七郎［一九七八］（『第一集』一六頁）。
（13）『いわれなく殺された人びと』四〇〜四一頁。
（14）当時の船橋警察署は現在の船橋商工会議所付近にあった（『いわれなく殺された人びと』三八〜三九頁）。
（15）本書第二部第4章ノ・ジュウン論文、第5章田中論文参照。
（16）本書第三部第8章参照。

(17) 二〇〇七年当時は、日本政府の責任などについて明記された碑は「関東大震災犠牲同胞慰霊碑」のみであったが、「関東大震災時に虐殺された朝鮮人の遺骨を発掘し追悼する会」と「グループほうせんか」が二〇〇九年八月に東京都墨田区八広の荒川河川敷近くに建立した「悼関東大震災時　韓国・朝鮮人殉難者追悼之碑」に関東大震災時の朝鮮人虐殺について明記された（山田昭次［二〇一〇ａ］二一六〜二一七頁）。

(18) 『いわれなく殺された人びと』二四六〜二五〇頁。

(19) 琴秉洞編・解説［一九九一］一五八頁。

(20) 海軍東京無線電信所船橋送信所については、鈴木淑弘［一九七一‐一九七二］と平形千恵子［二〇〇四ａ］三六〜三九頁を参照。

(21) 琴秉洞編・解説［一九九一］一六二〜一七九頁。震災当時、船橋送信所所長であった大森良三海軍大尉の説明文は、松尾章一監修・田中正敬・逢坂英明編集［一九九七］七五〜八四頁参照。

(22) 二〇〇三年八月二五日に日本弁護士連合会は、関東大震災時における虐殺事件に関する人権救済の勧告をおこなった（前掲『いしぶみ』第三〇・三一合併号、二〇〇五年。米倉勉［二〇〇四］一四九〜一六一頁）。

(23) 平形千恵子［二〇〇四ｂ］八三〜九三頁。

(24) 二〇〇九年に実行委員会は『八五周年資料集』（千葉県における関東大震災と朝鮮人犠牲者追悼・調査実行委員会・委員長編集・作成［二〇〇九］）をまとめている。

(25) 『第二集』四一〜四二頁。

(26) 『いわれなく殺された人びと』二五一〜二五四頁。

第2章　八千代市高津・大和田新田・萱田を歩く

はじめに

本章は以下の行程で、千葉県八千代市内にある慰霊碑をまわった。

まず、京成八千代台駅（地図2-①）に集合した後、レンタカーで高津観音寺（地図2-②）に向かった。観音寺には、関東大震災下で殺害された朝鮮人犠牲者の慰霊碑や鐘楼があり、毎年九月には実行委員会、地元の住民らによって慰霊祭がおこなわれている。その観音寺から徒歩で、なぎの原（地図2-③）へ向かった。なぎの原は、関東大震災時に六人の朝鮮人が殺害され埋められた。

再び観音寺に戻った後、車で岡崎病院まで移動し、病院前の「無縁仏之墓」（地図2-④）を見学した。一九七三年に建立されたこの墓には、大和田新田における虐殺の朝鮮人犠牲者が供養されている。

次に、長福寺（地図2-⑤）に移動した。長福寺の境内にある「至心供養塔」は一九八三年に建立され、ここには三人の朝鮮人犠牲者の遺骨が納められている。その後で長福寺から村上橋（地図2-⑥）に向かった。村上橋の近くの川岸には、八千代仏教会が建てた、震災の犠牲者を弔った角塔婆がある。

最後に中台墓地（地図2-⑦）に行った。市民会館の脇にひっそりとある中台墓地には、一九九五年に建立された

①京成八千代台駅	⑤長福寺
②高津観音寺	⑥村上橋
③なぎの原	⑦中台墓地
④無縁仏の墓	（地図2-2は同地域の1926年の地図である）

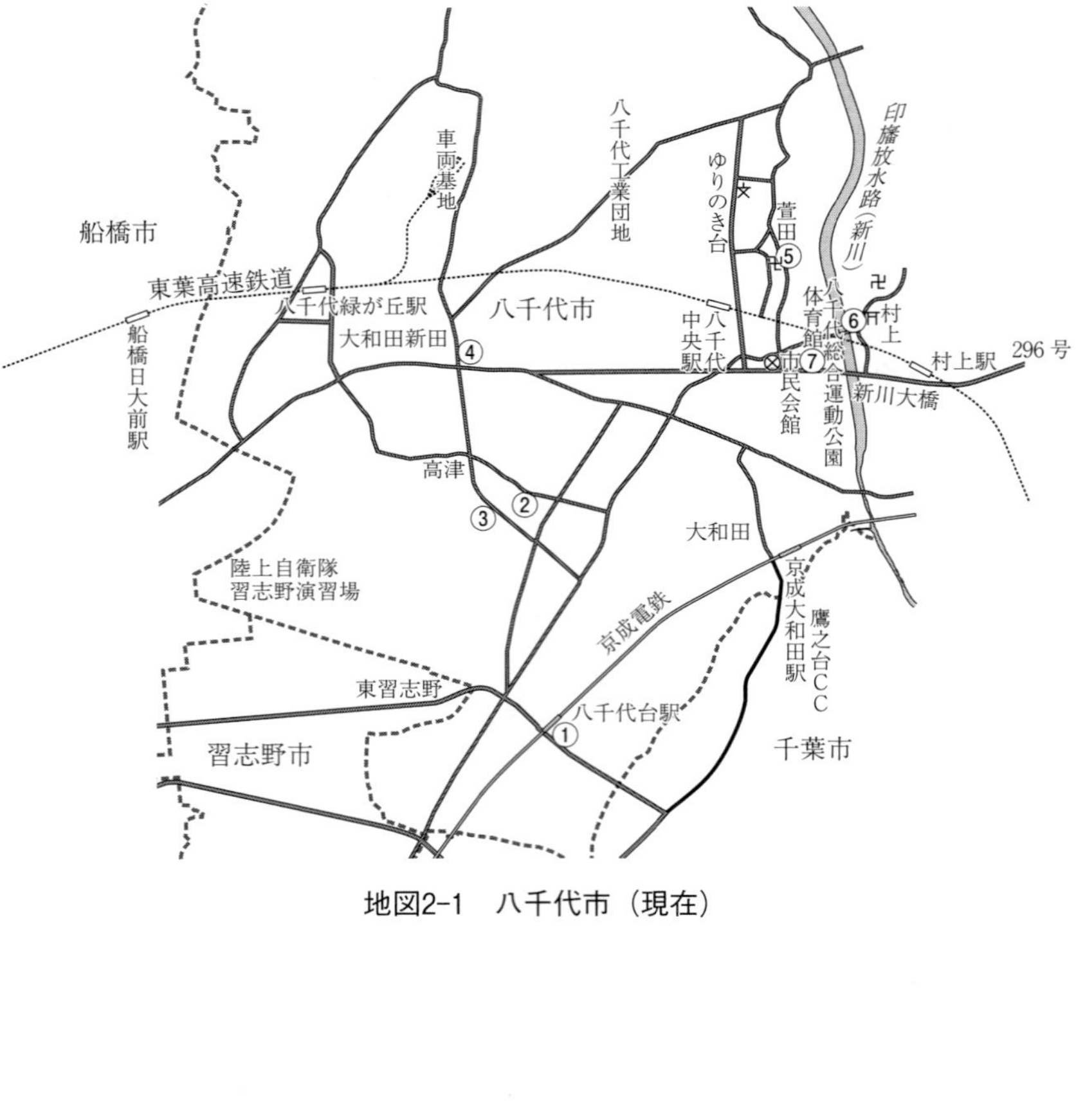

地図2-1　八千代市（現在）

地図2-2　1926年

（「習志野 大正十年測図同十五年鉄道補入 昭和二年七月三十日発行（大日本帝国測量部）」『日本列島二万五千分の一 地図集成Ⅱ』科学書院、1991年から作成）。

「無縁供養塔」がある。

1　なぎの原

高津観音寺**（地図2-②）**の裏側を抜けて道路を渡り、歩いて数分したところの空き地がなぎの原**（地図2-③）**である。ここでの虐殺は、『いわれなく殺された人びと』（六〜九頁）に掲載されている「高津の住人の日記」[1]により明らかにされた。以下九月七日〜九日にかけての日記を一部を引用しよう。

七日（中略）皆労れて居るので一寝入りずつやる。午后四時頃、バラック（習志野収容所のこと）から鮮人を呉れるから取りに来いと知らせが有ったとて急に集合させ、主望《（ママ）》者に受取りに行って貰ふ事にした。

東京へ送るべく米を二俵本家の牛で正伯（薬園台のこと）に搗きにやる事にして牛を借りにやると、大和田から取りに来ると云ふので荷車で付けてやる。

夜中に鮮人一五人貰ひ各区に配当し（中略）と共同して三人引受、お寺の庭に置き番をして居る。

八日（中略）又鮮人を貰ひに行く九時頃に至り二人貰って来る。都合五人（中略）へ穴を掘り座せて首を切る事に決定。（中略）穴の中に入れて埋め（て）仕舞ふ。皆労れたらしく皆其処此処に寝て居る。夜になると又各持場の警戒線に付く。

九日　今日から日中は、一八人で警戒し、夜は全部出動する事になる。皆非常に労れて何処でもゴロゴロ寝て居る。（中略）夜又全部出動一二時過ぎ又鮮人一人貰って来たと知らせ有る。之れは直に前の側に穴を掘って有るので連れて行って提灯の明りで、切る。（以下略）

ここでは紙面の都合上、殺害の様子しか引用しなかったが、同日記から、日常から非日常に転換する様子、この地域における流言の伝わる時期、また流言を地域住民に伝えたのが役場であること、在郷軍人・青年団を中心に自警団が形成される様子、村での警備に対する緊張感などを知ることができる。

そして、七〜九日にかけては、習志野収容所より朝鮮人を渡され、住民が殺害した様子が淡たんと記されている。地域住民による朝鮮人の殺害は、その後、地域に暗い影を落としていた。震災後四〇年経った頃（実行委員会がこの問題を取り組む以前）から、地域でひっそりと慰霊をしていたことからも窺える。(2)

〈参加者〉
平形千恵子
大竹米子
小笠原強、神崎梨沙（専修大学大学院生）、郡司　篤（専修大学卒業生）、小薗崇明、多田麻希子（専修大学大学院生）、田中正敬、宮川英一

平形　ここ、なぎの原は二〇〇坪ぐらい、旧住民の共有地です。ここに山番の塔婆が立っていて、山番の供養の塔婆がこれなのね（**写真2-1**）。

大竹　はじめて来たころには角塔婆はまだ建ってなかったんですよ。村の有志の方の塔婆が二、三本。塔婆の字を書かれたのは観音寺の和尚さんでしょ。ここは小学校の先生が見つけてくれた。ここに来た時、「えっ」と驚きました。後ろに松の木が何本か立っていた。

平形　今は松の木がみんなダメになっちゃいましたね。ダメになる前には松の木が五、六本あって、家もそんなにた

写真2-1　なぎの原
（裵《ペ》昭《ソ》『写真報告　関東大震災朝鮮人虐殺』影書房、1988年、60頁より転載。右奥が山番の塔婆）

くさんなかった。藪になっていて、畑がちょっとあって。檀《まゆみ》の木がそこにあってね。歯が出たなんて話まであって。こっちかしら、あっちかしらっていろいろ言っていて、とりあえずこの木のところに私たちも塔婆を建てはじめました。

大竹　初めて見た時、びっくりしたんですよ。第三国人殉難者、あるいは外国人と塔婆に書いてありました。でもあったんですよね。それまでどこか場所がわからなかったわけですから。薄暗い、藪のなかにね。それは地元の二人の方が、たぶんここだろうと、三〇年、四〇年経ったのだからと初めてお線香をあげた。

はじめに塔婆を書いた先代の住職ね。私たちが見た時は今の住職（関光禪さん）になっていたと思う。でも私たちには、なぎの原という場所を教えてくれなかった。長友脩さん（もと国府台高校の教員）[3]も今の住職に何回もいろいろ聞いていたけど、教えてくれなかった。

田中　この場所を見つけられた経緯は？

大竹　小学校の先生が家庭訪問の時に聞いてくれたんですね。

平形　私の卒業生が近くにいて、そのお父さんに聞いたんだけど、はぐらかされてね。たぶん共同墓地だろうと言われて、その墓地の周りをぐるぐる回って……。

大竹　そうしたらその共同墓地と目と鼻の先ね。ここがわかってからは、毎年ここで慰霊祭をやっていたわけですよ。

平形　掘ることになるまでずいぶん長くかかったのね(4)。

大竹　何回もダメになって、掘る時には一切記録を取らない、関係者以外はいれない、マスコミを絶対にいれないという条件だったので。ですから写真もなければ記録もない。この周りにずっと幕を張ったんですよ。青いシート。改葬の専門家にやってもらおうと。その前には「科学的に掘る」なんて言ったばっかりにダメになっちゃったことがあったんですよ(5)。

田中　検証されると考えられたわけですね。

大竹　それでユンボ（パワーショベル）って言うんですか。機械で土をあげていったんですよね。でも午前中は出なかったんです。そうしたらね、一二時ぐらいに小さな杯みたいなものが出てきたんですよ。で、住職さんが「そういうものが出てきたら近いかもしれないよ」って言っててね。

そして骨が出てくるんですが。船橋の専門の業者さんで、若い、三〇代前半ぐらいの方が中心になってね、掘ってくれたんですよ。私たちの『いわれなく殺された人びと』をみなさんで読んで、ちゃんと勉強をしてくれて掘ることの意味を考えながら掘って下さって。

ちょうどこの辺りですよね。幅が一メートル、長さが二メートルぐらいの長方形で。土の塊みたいなものを手にして、「これそうです」って言うんですよ。私達にはわからなかったけれど、主任さんが「ちょうど（骨が）土に還る直前ですね」って。七〇年経つと、だいたい土に還るんですって。九月二四日だったんですけど、掘っている人はものすごく暑かったと思います。

結局ですね、主要な骨は大腿骨、すごくしっかりした顎の一部分、歯がずっとあって磨滅していなくて、若い人だったんじゃないかなぁと、素人ながらそう思ったんですよ。遺体は重なっていてバラバラじゃなかったんですよ。

田中　きれいに？

大竹　順番にね。一〇センチぐらいずつ土をはさんで、重なっていたっていうかね。そして一体だけ斜めになっていました。それで、その農家の日記からすれば後からの人じゃないかと。(6) 石屋さんが「ここの人たちはかなりの複雑な思いがあったんでしょうね」と言ってました。埋め方にそれが何となくわかって……。

木の根が、まずワアッと出てくるんです。このこぶしの木の根って太くないんですね。細い針金みたいなのが密集しているっていう感じ。その細い根に包まれている感じだったんです。

田中　じゃ、この木は虐殺された当時なかった……。

平形　目印のために植えたんじゃないか、というのが私たちの推測です。

大竹　その時、村の役員の人が四、五人いたんですが、こぶしの木ってすごく成長が早いと言うんです。ですから、小さいこぶしの木を一本植えたんじゃないかなと、その人たちも言っていましたよ。

田中　でも、どうしてそういう木を植えたのかも、目印としてかどうかも……。

大竹　わからない。

平形　ただ、すぐそばに山番の墓があって、そのそばに埋めたっていう記録があるから、どうしてもそういうふうに思えてしまうんですよ。この一角にはこぶしはないんですよね。

大竹　自衛隊の演習場のなかにはこぶしの木はあるんですよね。土地にはある木なのかもしれないけれど……。

（発掘現場では）村の役員さんたちはね、怖かったんだと思うけど、ずっと後ろを向いててね、ところがもう出てこないとわかってからこっちを向いたんですよ。私と吉川清さん（現在実行委員会委員長）と島田泉さん（『いわれなく殺された人びと』の編集者）の三人はね、どうやって出てくるかと穴の中ばかり見ていたんですよ。それで、ご住職はね、「あんたたちはじーっと穴を見ていたね」って言うんだけど。だって写真を撮れないんですからね、自分の目で見るよりないでしょ。

そうしたらね、出てきた骨を、村の特別委員長、村の中心になった、碑の後ろに名前のある、その方が五〇代前半だったんだけれど水で骨を洗ってました。ああ、と思ったんですよね。その人にとっては、骨を掘るということは供養だったわけですよね。私たちは調査というか、「ああ、こういう違いがあるんだ」って思いました。

その方が私の背中をたたいてね、「長い間、追って来た成果があったね、甲斐があったね」って言って下さったんです。とっさに言われて返事ができなかったですね。それで一体でも残していたら申し訳ないので、もう一回ユンボでずっと掘ってもらって、（遺骨が）ないようだって言うんで、そうですね四時過ぎでしたか、終わったんですよ。

平形　遺骨は六体でした。

大竹　その後、強く主張されたのは石屋さんなのですが、日本の法律で遺体は火葬することになっているから、尊厳を守る意味でも火葬にしたいと。掘り出した遺骨は観音寺に預けました。困ったんですよ。埋葬するには役所の許可がいる。事件があったことがわかっちゃうでしょ。しかも村で中心になったのは市会議員なんですよね。

いろいろ困ったんですけど、住職さんと吉川さんで八千代警察に行ったんです。何日も経ってからね。あの住職さん、口数の少ない方で警察でいきなり「骨が出ましてね」って言ったんです。警察は「事件だ」ということで。その若い警察官に事情を理解させるのにずいぶん時間がかかった。結局、監察医の人が来ましてそれで六体だと確認しました。

平形　大腿骨の数で確認をして、六体であると。日記（「高津の住人の日記」）と合っているので埋葬を許可すると。

田中　それは証拠（日記）があったから？

平形　あったからね。（現在の）殺人事件じゃないと。

大竹　最近の殺人事件ではないということですね。許可が下りて船橋馬込斎場で焼骨することになりました。その時にまたちょっと……。

平形　『いしぶみ』(7)を資料にいれておきましたので、そのなかにその場面とそれぞれの発言が書いてありますから見て下さい。なかなかでした。総連（在日本朝鮮人総連合会）の尹東換《ユントンファン》さんと、それから民団（在日本大韓民国民団）の金善玉《キムソンオク》さんあたりのやりとりだとか、住職さんの挨拶だとか、いろいろあって私たちには本当にいい集まりでした。

大竹　ただね、そこに書かなかった微妙な心配はですよ、村の人がね、そういう朝鮮人の代表と、まあ、金さんとはそれまでに話をしてるんですけどね。でもそういう場面で会うでしょ。村の人たちの緊張ね。それからね、総連の人と民団の人と一緒にっていう、その緊張ね。その間にたって私たちはね、かなり気を遣っていたんですよ。

それで、面白いのはね。みんなはいつもこんなかっこう（私服）して行くんですが、前の日に吉川委員長はね、「明日はみんな黒い服、着て来い」なんて言ってね。みんな黒い服を着てね。待っている間に石屋さんが部屋をとってくれてそこで話ができたんです。

平形　それで私は、テープがなかったので必死にノートをとって。話されたことを全部。それをまとめて書いたのが『いしぶみ』に掲載したもので、その時話された通りだと思います。

金善玉さんは、（発掘する前から）ここの慰霊祭にずっと来て下さっていて。もう亡くなってしまったんだけれども。私たちに「この土のうえで慰霊祭をやるのはイヤだ。ここを買い取ってでも掘る」って言っておりました。私たちは一生懸命なだめて、「いや、ここの人たち（住民）と一緒に掘りたいんだから、それまで一生懸命やるから待ってくれ」って我慢をしてもらっていて。

（遺骨を火葬する時は）もう体が悪くなっていたんですが、馬込斎場には来てくれて。この集まりで村の人たちに「今日帰ったら、仏壇に報告してくれ、気にして逝っただろうから」という言葉が出て、それが私たちにとっては、ホッとしたというか、うれしかった。関わってきてから本当に長かったから。

尹東換さんは、船橋の馬込霊園に「関東大震災犠牲同胞慰霊碑」(8)があるんですが、あの裏の碑文の書かれた方の息

写真2-2　1999年建立「関東大震災朝鮮人犠牲者慰霊の碑」

資料2-1　「関東大震災朝鮮人犠牲者慰霊の碑」の裏面

八千代市高津区特別委員会　委員長　江野沢隆之
　高津区民一同
高津山観音寺　住職　関　光禪
関東大震災朝鮮人犠牲者
追悼調査実行委員会　委員長　吉川　清
施工（株）石友工業

子さんなんです。最初の頃から縁があった方だったんです。若い頃からの吉川さんの友達です。あらためて連絡をしたら来て下さって。

六体分の遺骨は、三つの骨壷に入れて車で観音寺まで帰って来て、本堂の左にある納骨堂に納めて……。掘る費用は全部地区の方で出されました。これは私たちの問題だからって。碑（観音寺にある一九九九年建立の「関東大震災朝鮮人犠牲者慰霊の碑」、**写真2-2**）については私たちの会に寄せられたカンパも出させていただきました。それは受けとって下さったんですよ。だからあの碑の裏に三つ名前が書いてあるんだけれど（**資料2-1**）、あの碑は私たちにとってはとても意味のあるものなんですよね。

大竹　本当は碑の裏に、そのいわれを書きたかったのです。区民との話し合いのなかで「碑の表の文言で理解してほしい」と。いくら軍隊にやらされたんだと言っても、それをずいぶん私たちは慰霊祭のたびに言ってきたんだけれども、「そういうふうに言われれば言われるほどこちらはつらいんだ」と言われて、なるほどと思いました。

2　高津観音寺

なぎの原（**地図2-③**）から再び高津観音寺（**地図2-②**）に戻り、慰霊碑の前で説明をうけた。観音寺の境内には韓国で募金を集め、韓国から材料を運んで一九八五年に建立された「普化鐘楼」（**写真2-3**）がある。

さらに、一九九〇年に韓・日（日・韓）仏教関東地震殉国慰霊協議会により建立された「関東大震災韓国人犠牲者慰霊詩塔」（**写真2-4**）と、一九九九年に実行委員会と地域住民とで建立した「関東大震災朝鮮人犠牲者慰霊の碑」（**写真2-2**）がある。前節最後の「いわれを書きたかった」碑とは、この一九九九年に建立された碑のことである。

さて、「普化鐘楼」の内側には、関東大震災韓国人犠牲者慰霊の鐘建立委員会による一九八五年九月一日付の建立文（**資料2-2**）がある。

鐘楼建立の経緯は次のようになる。まず、韓国国際児童青少年演劇協会理事長の金義卿《キムイギヨン》さんと、民俗劇研究所の沈《シム》雨晟《ウソン》さんが、震災に関する台本作成のため来日した。二人は、一九八三年三月七日、劇団「風の子」の神田成子さんの案内でなぎの原を訪ねた。そこには「為関東大震災朝鮮人犠牲者諸精霊菩提塔」と書かれた塔婆がたっていた。

二人は帰国後、学者、文化人、宗教家らと話しあい、「関東大震災韓国人犠牲者慰霊の鐘を贈る会」を発足した。ソウル駅などの街頭募金、小・中・高・大、各学校での募金によって資金を集めて建立にいたる。(9) 朝鮮語と日本語の双方で書かれた建立文には、地域の慰霊と実行委員会による調査が評価されている。

一方で、事件に関心をもつ人、関係のある人が、足並みをそろえて歴史的な問題に取り組むことは容易ではない。平形さんによると『いわれなく殺された人びと』が出版された一九八三年から、「地域とお寺と追悼調査実行委員会で慰霊祭をおこなうようになったが……慰霊祭を重ねる中で話し合って、何度か発掘して供養しようというところまでいって、私たちも慰霊碑の準備のカンパの振替口座を準備したこともあったが、まとまりかけては地域の反対で挫折していた。地域の人びとにとって、軍隊に命じられたとはいえ「加害」の事実はあまりにも重かった」と言う[10]。

また、一九九九年の碑には、実行委員会側は虐殺に至る経緯を刻みたかったそうだが、「軍隊にやらされたのだ」という言葉は出るが、それを石に刻んで残すということは地域の合意がとれない」と述べている[11]。

写真2-3　1985年建立「普化鐘楼」

写真2-4　1990年建立「関東大震災韓国人犠牲者慰霊詩塔」

資料2-2 「普化鐘楼」建立文

一九二三年九月の関東大震災の際に無残に死んでいった韓国人の魂を慰めるために、ここ高津観音寺の境内に普化鐘楼を建て、この慰霊の鐘を奉献した。韓国十三の市・道の土を集め、韓国の瓦と木材、そして韓国式丹青で真心を込めて建てたこの鐘楼は玄界灘を越えて今この場所に立っている。あのむごたらしく暗い歴史は、あの日の悲鳴とともに埋められてしまい、魂はそのままにされてきた。しかし、ここ観音寺の二代に亘る住職が慰霊の塔婆を立て、また多くの市民グループが自国の恥部を掘り起こす作業をすることにより、喪われた歴史は再び明らかにされたのだ。いわゆる「朝鮮人襲撃」の噂の虚構性も、記録するのをはばかられる狂気の真相も、半世紀が過ぎて再び世の中に姿を現した。

しかし、現代の韓国人はその暗い歴史を憎みはしても、今日の日本や日本人を咎めたくはない。むしろ歴史を正視し、その歴史の前に謙虚な日本の友人にありがたいとさえ思う。

独立四十周年、韓日国交正常化二十周年である今年、この小さな鐘を捧げながら私たち現代の韓国人は感慨無量である。この習志野の野原の静かなこだまが総ての韓国人と日本人の胸に刻まれ、お互いに熱く手を取り合う震源になることを願いたい。この鐘の音を共に聞きながら六十三年前の悲しい歴史を共に想い、その多くの犠牲者の痛みをも共に分かち合い、今日の韓日の相互理解と相互尊重を共に誓おう。

＊　＊　＊　＊　＊

平形　（写真2-2碑の裏面［資料2-1参照］を見ながら）関東大震災犠牲者追悼・調査実行委員会っていうのが私たちの今の名前で、委員長は吉川清さんで、元船橋市役所に勤めていました。今はリタイアしていますけれども。それから左側の石友工業っていうのが、船橋の霊園入口の右側にある石屋さんです。

最初の委員長が高橋益雄さんという人、亡くなりましたけど、中学校の社会科の教員で、日朝協会に入っていた人です。最後は坪井中学の教頭さんをして亡くなりました。（碑の）裏に理由が書いていない。本当はここに碑文を入れたい。原案も一回目、二回目、三回目ぐらいまであるんですけれども、結局入れないで碑を建てることを優先しました。

韓国仏教会の碑**（写真2-4）**は、最初は鐘楼**（写真2-3）**の隣に建ったの。だけどここは土盛りで、コンクリートが重くて沈んでしまってこちらに移したんです。昔の写真を見るとわかります。この鐘が「丹青」って言うんですか。去年韓国にいって、オンドル房の小さい部屋に泊まって、その後ろにある大きなお寺が、これとそっくりに塗られていて「ああ、そうだ、そうだ。これを小さくしたら、この鐘楼になるな」って思ったんです。

最後に鐘楼の中の建立文**（前掲資料2-2）**を見ていただきたいんです。八〇周年に塗り直したもので、正面がハングルです。その一番後ろにある沈雨晟さんというのが、この鐘の送る会のメンバーです。その後のお名前は八〇周年の時に賛同された皆さんのお名前で、こちらにこれと同じものが日本語で書いてあります。

演劇の脚本をつくる方で戯曲家の金義卿さんという方、その方がここに来て、その（虐殺の）話を伝えて、沈雨晟さん、申禹植《シンウシク》さんなどと発起人となり「鐘をおくる会」を発足し、募金活動をしてつくられました。一トンの土と一〇〇〇枚の瓦を総て韓国から持っていらっしゃいました。

これね、自動的に撞けるようになっています。韓国の鐘は下が共鳴盤になっていて、低く吊るして下の円形になっているここで共鳴させる（鐘下の地面が凹型の共鳴盤となる）。日本のは高くなっていますよね。私も最近知ったんだけど、ソウルで大きな鐘をつくる時に、その五分の一だか、十分の一だか、つくっちゃったのだそうです。

田中　つくった方たちとは交流があるんですか。

平形　いえ、お寺に差し上げるということで、お寺との関係でということで直接ありません。沈雨晟さんが八〇周年、二〇〇三年の時にここに塗り直しにいらした時には、たまたまそこに見学に来ていて、いろいろとおしゃべりをさせていただきました。会としての直接交流は残念ながらありません。子どもたちからもずいぶん募金をされたみたいですね。

韓国からサッカー・チームの生徒を引率してきた先生が、八千代の観音寺に行きたいと言われて、それで日本の先生が知らないで慌てたっていうこともあったとか。サッカーの中学生が、ちゃんとお参りしていった。

むこうで知っている人は知っているんです。でも日本の中学生が知っているというのは少ないんじゃないでしょうか。九月一日に観光客の方が池袋のホテルに泊まって帰りに（観音寺に）寄って行く。成田空港へ行く途中に寄るとか、成田からここに寄ってお参りをされるっていうことはよく聞きます。「この大きな駐車場ができたから観光バスも大丈夫ね」って話しています。

3　大和田新田の「無縁仏之墓」

高津観音寺（**地図2-②**）で説明をうけた後、車で北上し岡崎病院まで移動した。病院前には「無縁仏之墓」（**地図2-④**、**写真2-5**）がある。一九七二年に建立されたこの墓には、大和田新田における虐殺の朝鮮人犠牲者が弔われている。

大和田新田の事件調査は、大竹さんが習志野第四中学校の教師をしていた時に、郷土史クラブの生徒を連れて阿部こうさんに聞き取りをしたことからはじまる。阿部こうさんによると、日付は正確ではないが、「十日前後、十五日くらいか、大和田新田に三人の朝鮮人が来るからもらいに来いという触れがまわ」り、「この辺りは全部三人、朝鮮人をこの辺に配給してよこした」と言う。

そして、連れてこられた朝鮮人は「夕方の三時頃か四時頃かな、道路のつきあたりに座らせられて」、近くの農家の「女親がにぎりめしを」持ってきて、朝鮮人に食べさせようとしたが「くわない、くわない」と言っていたそうである。「三時頃から九時頃までそこに置」き、後に殺害。「下手な刀で下手にやったから死ねないで苦労したという話は聞いた」。殺害した後はその場で埋めたとされる[12]。

「無縁仏之墓」にはその犠牲者が弔われているが、以下の聞き取りからもわかるように実際には、朝鮮人犠牲者の遺骨は埋められていない。

写真2-5　1972年建立「無縁仏之墓」

＊　＊　＊

平形　この碑（**写真2-5**「無縁仏之墓」）は一九七二年に建てたもので、この交差点（成田街道にある八千代工業団地入口の交差点）で交通事故で行き倒れになった無縁の方がいて、そういう方と合葬する形でここに石を建てたと言うんですけれども、石の下に骨は入っておりません。（埋められたと）言われているのは共有地で、実はこの周辺らしいんです。

大竹　その共有地をね、どっかと交換して市が売っちゃった。

平形　私たちも詳しい場所はわかりません。ただ、土地の人がそういうこと（朝鮮人の殺害）があったことを忘れずにそれを祀られたことに意味があって。韓国の方が来られるとその一角の中に馬頭観音まで寄せてあるもんだから、「馬と一緒か」って怒られるんですが、そういう意味ではなくて道端にあった無縁の墓をだんだん人が来るようになったから、整備してくれたと思っていただいた方がいいように思います。

大竹　（八千代市の虐殺の碑は）はじめはこれしかないって言ってましたね。さっきの国道二九六の道路の家の方が阿部さんと一緒で、小学生の三年生ぐらいの時で、男の子だから怖いもの見たさに見たと聞きました。たぶんね、五、六軒先の向こうの方らしいですよ、現場は。

田中　正確な場所はわからないんですね。

平形　教えてくれない……。

大竹　阿部こうさんの話では大和田新田の公民館があるんですけれども、そこと市が土地をやり取りして、ここが共同墓地だったから、公有地だったのでしょうね、とりかえたという話です。

平形　最初に来た時はね、この辺にこの石がちょっと置いてあっただけ。写真撮るのに苦労しました。自転車をちょっとどけてなんて。何度もみんなが来るようになって、このコンクリート・ブロックで囲みができてね、この辺の石なんかも集めてね、お線香台ができたり、花瓶も置いて下さって。

花瓶が増えて、花が植えられて。そうしたら、周りがどんどん綺麗になった。水仙なんかもちゃんと咲くんですよ。近くの方がお掃除をしたり、花を植えたり、お水を代えたりして下さっているんです。

文句を言われたのは、これ。牛頭観世音でしょ。それから馬頭観音とか、ここは共有地だからこういうのはあってもおかしくないんだけれども、同じ囲いに入れられたっていうのは、ここを見学された韓国の方が、「ひどい」とおっしゃった。私たちはそういうふうにはとらえていないんだけど。

大竹　昔は五軒しか家がなかったんですよ。その五軒の家が（碑を）建てた。それで、最初は子どもさんが病気になったとか、不登校になったとか、そういううまくないことが二、三続いて、やっぱり何か供養しなくちゃと。

平形　そういうケースが地域ではあるんですよ。

大竹　ほとんど、そういうことからはじまったのね。幽霊話で残すとかね。

平形　だから、一応骨はないんだけれども、「無縁仏」となっているけれども、そういう由来があって、祀られている。しかも、一九七二年だから結構古いでしょ。この地域では一番古いですね。

田中　まだこの時期は会の調査活動がはじまっていない段階ですね。

平形　はい、はじまっていません。本当にひっそりと道端にたっている、なんだかわからない石だった。それで、後ろに塔婆が立っているのは、一年に一回、施餓鬼供養の時に建てている。今でも土地の人が供養しているという意味があるんです。お寺さんに頼んで、お金を出して、塔婆を書いてもらって、施餓鬼供養の時に持ってきて立てるんです。

写真2-6　1983年建立「至心供養塔」

4　萱田の長福寺

「無縁仏之墓」**（地図2-④）**で説明を受けた後、車で長福寺**（地図2-⑤）**に移動した。長福寺のなかにある「至心供養塔」**（写真2-6）**は君塚国治さん**（写真2-7）**の提案によって一九八三年に建立された。当初「至心供養塔」には、三人の朝鮮人の遺骨が納められている。朝鮮人の遺体は、もみよ墓地と呼ばれる村の共同墓地のはずれに埋められた。一九八三年、住宅開発により共同墓地の移転がおこなわれ、その際に発掘された。

一九七七年、大竹さんらは君塚さんに聞き取りをおこない、萱田《かやだ》下での虐殺事件を知った。君塚さんは震災時、加害者側におり虐殺を近

写真2-7　君塚国治さん
（前掲『写真報告　関東大震災朝鮮人虐殺』75頁より転載）

くで目撃していた。
その証言によれば、軍隊から朝鮮人を「引き取りに来い」と指示がきた時、「国を守る軍隊なんだから、陛下の命令と同じだから」と思って従ったとされる。また、朝鮮人を「当人の言うとおりに、鉄砲でうってやれ」と村で協議したが、「うつまでが大変」であり、「おまえやれとか、そっちがやれとか、とうとう鑑札をうけた鉄砲を持ってる人にやってもらった」と言う(13)。

＊　＊　＊　＊　＊

平形　長福寺の先代のご住職は亡くなられています。それで、この長福寺の上の段に、もみよ墓地、今のゆりのき台にあった共同墓地がそっくり移転して来ました。

大竹　七〇年代の中頃でしょうか、私が習志野第四中学校の生徒たちと探してました。さっき（前節）の大和田新田の話を聞いて、子どもたちが本当に小さなパンフレットをつくったんですね(14)。で、文化祭で五〇円で売りましてね。それを見た人が、「ここでもあったという話を聞いた」と教えて下さった。私は直接の話は聞いていなかったんですよ。この辺じゃないかって言うんで、何回もこの辺の墓地を歩いたんですよ、子どもたちと。ヘビが出てくるんじゃないか、なんてしょっちゅう逃げて帰ったりしたんですけれど。
そうしたら、そこのおじいさん（君塚国治、**写真2-7**）が、「子どもにだから話してあげたい」と。でもね、なかなか話せないんですね。私たちを案内して下さったのは、あの大きなマンションの辺りなんですよね。その石碑（**写真2-6**）の裏側に「もみよ墓地」と書いてありますけど、この辺の村の共同墓地です。

おじいさんは、線香を持って私たちに、はっきり「ここだ」なんてなかなか言えなくってね。でも「この辺だよ」なんて、だんだんだんだん本当らしい話になってきて。私たち、生徒たちに話して下さった時は、七〇いくつかだったんですね。

写真家の裵昭さんが、この方とずいぶん親しくされて、この写真を撮られたんですね。実はそのおじいさん、九一、二歳で亡くなったんですけれども、亡くなった時にお孫さんが裵昭さんの写真が一番いいって、それを使ったの。すごくおじいさんと裵昭さんの理解が深まっていくんですけどね。

この人の従兄弟っていう人が（朝鮮人を）連れてきたのをお酒飲まして、自分も飲んでっていうことで、最後に共同墓地のはずれでみんなで殺した。その時に、本人の希望する方法でやってやろうじゃないかと。二人だって言ったんですがね。（朝鮮人が）鉄砲で撃ってくれと言うんですね。

で、「軍隊の命令は天皇の命令だったから」とこの人（君塚さん）は言ったんです。この人自身は、土を掘ったりかけたりしたらしいんですね。でもね、学校に帰ってから生徒たちといろんな話をしている時に、一番小さい子が「おじいさん自身も殺した人と同じ立場に立っている。土をかけただけで、みんな、そうだったんじゃないか」と。

その後、何回かその場所に行きました。その度に案内してくれて。

結局、その共同墓地を住宅会社が買い取って、ああいうもの（マンション）を建てると。その時に「ここにはこういう仏さんもいるんだ」って、初めておじいさんが村の人とか、自分より若い人たちに言うわけです。「石の一つも建ててやりたい」とずっと言っていた。それで、これ（「至心供養塔」**写真2-6**）が建つわけですよね。君塚さんご自身は、ご自分のお家からよく見えるところに建てた。

平形　墓地の移転だから、この上の段みんなそうなんですよ。だから、自分の家の墓もここに造った。それで、無縁が三つあるでしょ（「至心供養塔」の右にある二つの墓）。右の二つは無縁の方を供養するお墓。左が「震災異国人犠牲者　至心供養塔」。

これは、後で聞くと「韓国人とも朝鮮人とも書きにくかったので、異国人にした」と言うんだけれども。でも「至心供養塔」というのにして、裏に「もみよ墓地」と「関東大震災の年」が刻んであります。

大竹　ここの亡くなったご住職は、観音寺のご住職と一緒に……。

平形　毎年、ずっと供養して下さっていて。観音寺は観音寺で慰霊祭をやるでしょ。長福寺のご住職はそれから大和田新田をまわって、ここもちゃんとお経をあげて、塔婆を書いて下さって。

中台墓地（後述）も長福寺の管轄なんですよ。中台墓地の管理もして下さっていたんですけど、五九歳で亡くなられて。お気の毒でしたね。代わりに奥さんが若い住職の息子さんをもりたててやっていらっしゃいます。

一九八三年にこのお墓ができた後に吉川さんと（私が）、君塚さんをお訪ねしたんですよ。掘った時の話を聞くために。そうしたら「埋めた時と同じ格好で出てきたよ[15]」って言われたの。だから、忘れられなかったんじゃないかな、埋めた時の姿を。そのことを『いわれなく殺された人びと』の出版記念会で報告して、その時来ていた朝日新聞の記者が記事を書きました。

だから、ここは骨が入っている。軍が農民に渡して殺させたという事件が嘘ではないことを骨で証明した。遺骨を発掘してお墓ができたことを、忘れずにいた人がいたことは評価しなければならないと思います。

5　村上橋

長福寺（**地図2-⑤**）を出た後、車で村上橋（**地図2-⑥**）に向かった。長福寺前の道路を南に進み、市民会館の手前にある交差点で左折、市民体育館前の道路を東に進めば村上橋に着く。村上橋の近くには、川岸に八千代仏教会が立てた木の角塔婆（**写真2-8**）がある。

これは毎年立てかえられ、同地では施餓鬼供養がおこなわれている。ただし、フィールドワーク当日に平形さんから聞いた話によると、角塔婆に書かれた文字が以前は「震災横死」となっていたが、フィールドワークの三日前に見に行ったら「震災」の部分がなかったという。

写真2-8　村上橋付近でのフィールドワーク（二本の角塔婆がある）

＊　＊　＊

田中　（**写真2-8、2-9**の角塔婆を見ながら）「横死」という言葉は残っていますね。

平形　あの言葉に込めていいてくれているはずなんですけれども。震災という字では、やりにくくなったのかなあ。

田中　あるいは記憶が薄れてきているのでは？

写真2-9　八千代仏教会の角塔婆の文字

平形　でも書いている人は同じだから。すぐそこに正覚院という古い、本当に立派なお寺があるの。そこの住職さんが、八千代仏教連合会の会長さんをしていた。その方はずいぶん慰霊祭にいらして、私たちがお札を差し上げても「これは私たちのすべきことだから」と言って、一度も受け取ったことがない。

この川のこちら（橋を渡って東）側には（虐殺は）なかったんじゃないかと推測しています。「阿蘇」にはなかったという言葉が残っているのね。大竹さんと「ないだろうね」ってことを話すんです。

田中　仏教連合会がこういうことをやっているというのは、あちらの（西岸の）お寺なんかとも関係があって、ということになりますね。

平形　はい、もちろん。長福寺さんもそうだし、観音寺さんもそうです。そういう人たちみんな、観音寺の若い副住職さんが、曹洞宗の人権委員会の学習会で若いお坊さんを集めて学習会を開いて、吉川さんが話しに行ったこともあるんです。だから、そういういろんな形で、この土地の仏教会の関係者たちには（虐殺が）知られているし供養にも協力をしていただいているんです。

ただ、この字（「震災」）が消えた意味については聞きに行ったことがないのでわかりません。中台墓地に「無縁供養塔」ができて、文字を入れなくなったのかとも思います。

大竹　気がついたのは三日前。

平形　そうです。私たちはあるものと思っていたけれども。「戦没戦災水難震災横死」になってたんです（現在は「震災」がない。**写真2-9**）。それは抜けておりますね。

6　八千代市民会館よこの中台墓地

この日のフィールドワークの最後に説明を受けた場所は、萱田上（萱田下の南に位置するが、こちらが「上」）にある中台墓地（**地図2-⑦**）だった。村上橋を再度渡って西に進み、警察署の前にある交差点を左折し、坂の上にある交差点を左折し、市民会館のよこに墓地がある。中台墓地には一九九五年に建立された「無縁供養塔」（**写真2-10**）がある。

この碑は、関東大震災七〇周年記念集会で八木ヶ谷妙子さん（**写真2-11**）が証言した後、地区の発意で建立された。七〇周年記念集会では、震災当時小学四年生だった八木ヶ谷さんは、朝、半鐘が鳴って広場に集まり、大人と子どもが朝鮮人を囲んで共同墓地まで連れて歩いた様子を語った。

そして共同墓地には「すでに穴が掘ってあって、そこに一本の松の木があり」、「引かれていった人は目隠しをされ、松の木に縛りつけられ」たそうである。「その人は銃で撃たれ、穴に埋められる」そうだが、八木ヶ谷さん自身は「こわくてそこを去って逃げるように家に走り帰った」と語った。(16)

＊　＊　＊　＊　＊

大竹　八木ヶ谷さんは、火の見櫓に縛られていた青年を見て、みんなとぞろぞろついてこの坂道（墓地の隣の坂）を登ったと。一緒に登った。ここで（朝鮮人が）目隠しされて松の木か何かに縛られて、鉄砲で撃たれるって、そこまで見たけれどもそれ以上見られなくて逃げて帰るわけですね。

そのことを七〇周年の集会で言われて、私たちを何度もここに案内して、このお話を何度も聞いたんです。八木ヶ谷さんの弟さんたち、村の方たちが、この碑を（建てた）。まあ、他のところでも建てているというのにここはない

写真2-10　1995年建立「無縁供養塔」

ということで、つくられたらしいんですね。

それで、（木の切り）株があったんですよね。この木は松なのかって、専門の人に見てもらったら「松じゃない」って言うから「じゃあ、この木じゃないんじゃないか」って、何かわからない。

平形　それは新井勝紘先生が、佐倉の歴博（国立歴史民俗博物館）に大正の展示[17]をなさる準備をしている時に、そのスタッフの若い方がここへ来て木の破片を削って、それで調べてもらって松の木ではなかったという連絡を受けました。

大竹　八木ヶ谷さんの記憶でも、お墓のはずれだったはずなんだけれども、今はもう真ん中になってしまっている。だからここだったのか、もう少しあっちだったのか、わからないんですね。

平形　古いお墓がいくつもあって、だからどこの隅なのかがわからないわけ。私たちが来はじめたころ、この辺りに無縁（仏）がないかと思って、探すとあるんですよ。無縁っていうのは。それが（虐殺に関したもの）かどうかもわからない。何しろずっとお墓が広がって、昔のお墓の隅っこということしかわからないんですね。

でもよく来ては、ここの桜の木の根もとに塔婆を置かれました、八木ヶ谷さんが。で、「これじゃないか」とか「違うかな」とか、いろいろおっしゃっていたんで。この辺か、あるいはもうちょっとこっちの方なのか。あっちこっちに古いお墓もあるんですね。それで子どもさんだったでしょ。八木ヶ谷さんは怖くて、実際に殺されて埋められる前に逃げて帰っちゃう。

八木ヶ谷さんは先生になって中国に行って、帰ってきてまた先生をやって、今は杉並、阿佐ヶ谷に住んでいらっしゃるんです。大変な方でね、中国に桃をつくるのを教えに行くのに中国に家を買って。そこで、中国にずいぶん通っていたこともありました。

この墓地の土を韓国に持って行って、韓国に帰してあげたい、自分はその人の目に見つめられているような気がすると。ここの土を持って韓国に行く時に、韓国の学生さんにどこか場所を決めてもらって土を返してきました。今は自宅を開放して、韓国や中国の留学生の学生さんたちと、「もくれんの家」っていう交流の場をつくって、今もやっていらっしゃる方で訪ると大歓迎という。この土地の古い方とのお付き合いはあんまりないですね。でも、私たち、その方（八木ヶ谷さん）に関東大震災七〇周年の記念集会でお会いして、証言を聞いて「えっ」って思ったんですよ。

あの村上橋のことがあって、この近くにあっただろうと思っていたので、「一応、ともかく場所を案内して下さい」って。私は八千代市民会館は知ってたんだけど、この中台墓地は知らなかったのね。だから、案内してもらって、それからだから一九九三年からよね。

写真2-11　八木ヶ谷妙子さん

大竹　一つ面白いことはね、八木ヶ谷妙子さんと阿部こうさんは、一年違いで同じ小学校から、同じように師範学校に通って、そして八木ヶ谷さんが赴任して転勤した学校へ、阿部さんが行くんですよ。

平形　千葉女子師範学校っていう学校。

大竹　阿部さんが亡くなる前の日になってお見舞いに行ってるのよ、八木ヶ谷さんは。それでいて二人はこの（虐殺の）話をしていない。

平形　そうね。私たちに別々に話して下さっている。

最後に中台墓地の碑の前にて集合写真を撮り、車で八千代台駅に戻った。

むすびにかえて

本章は、習志野収容所周辺の下げ渡しによる虐殺に関係する地域を歩いた記録である。私がとくに印象に残った話は、なぎの原における発掘の様子と一九九九年に実行委員会と高津区で建立された「関東大震災朝鮮人犠牲者慰霊の碑」に関する話である。

発掘では、出てきた骨を村の中心になっていた人が水で洗った。それを見ていた大竹さんは、その人にとって「骨を掘るということは供養」であり、調査の姿勢で臨んだ自分とは「ああ、こういう違いがあるんだ」と気づく。また、なぎの原で発掘された六人の遺骨が納められている慰霊碑に、実行委員会側は虐殺に至る経緯を刻みたかったそうだが、地域の合意は得られなかった。

大竹さんは「本当は碑の裏に、そのいわれを書きたかったのです」、「話し合いのなかで「碑の表の文言で理解してほしい」と。いくら軍隊にやらされたんだと言っても、それをずいぶん私たちは慰霊祭のたびに言ってきたんだけれども、「そういうふうに言われれば言われるほどこちらはつらいんだ」と言われて、なるほどと思いました」と語った。

平形さんは「関東大震災朝鮮人犠牲者慰霊の碑」の「裏に理由が書いていない。本当はここに碑文を入れたい。原案も一回目、二回目、三回目ぐらいまであるんですけれども、結局入れないで、碑を建てることを優先した」と語る。

高津区の住民は調査・発掘・慰霊に関して、全く協力しないわけではなかった。実行委員会がその地域に訪れる前に慰霊をしていたし、「高津の住人の日記」も匿名だが一部公開された。発掘も住民立会いのもとに非公開ながらおこない、その後に立てられた慰霊碑も実行委員会の名と並んで、「高津区民一同」の名が刻まれている。しかし、重要な点は地域住民には声を大にして言えないことがあって、それを「外部」のものが強要することはできないということである。時間が経過しても容易に「語ることができない」、そこにこそ虐殺という暴力が象徴されているように思える。

（小薗　崇明）

注

（1）同資料は、一九七八年六月の実行委員会の結成に伴い「千葉日報紙が中学生のクラブ活動を記事にしたことがきっかけで」提供してもらったと実行委員会会報『いしぶみ』第二七号（一九九八年一二月二四日刊）三頁に記されている。なお『いしぶみ』は一九七八年にはじめて刊行され、現在も刊行が続いている実行委員会の機関紙である。

（2）前掲『いしぶみ』第二七号、三頁参照。

（3）長友脩さんは八千代市史編纂委員会編『八千代市の歴史』（一九七八年）にて、「関東大震災と朝鮮人虐殺」を執筆（長友脩［一九七八］）。大竹米子さんと同時期にお互い知らずに聞き取り調査をおこなっていたが後に協力して調査をする（『いわれなく殺された人びと』一九頁）。

（4）なぎの原における発掘は一九九八年九月二四日、午前八時の脱霊式の執行に続いておこなわれた（前掲『いしぶみ』第二七号、一頁）。大竹さんによる聞き取り調査が最初におこなわれたのが一九七三年である。よってそれから数えて二五年経過してのことである。

（5）発掘に関しては、平形千恵子［二〇〇四b］八三～九三頁参照。

（6）「高津の住人の日記」によると、九月八日に五人殺害され、九月九日にもう一人殺害されている。「後からの人」とは九月九日殺害された人のこと。

（7）前掲『いしぶみ』第二七号、四頁参照。そこには船橋馬込斎場にておこなわれた、懇談の内容が一部紹介されている。懇談では、高津観音寺住職の関光禪さん、韓国居留民団の金善玉さん、朝鮮総連合会千葉県副議長の尹東煥さん、高津区特別委員会委員長で八千代市議会議員の江野沢隆之さん、改葬に携わった石友工業社長の相沢友夫さんが感想を述べた。

(8) 東武野田線馬込沢駅から徒歩二〇分の所に馬込霊園があり、そこにある碑（本書第一部第1章1を参照）。
(9) この経緯は、実行委員会会報『いしぶみ』第一六号（一九八五年八月十日刊）一頁、『いしぶみ』第二九号（二〇〇三年七月二五日刊）一頁を参照。
(10) 平形千恵子［二〇〇四b］九〇頁。
(11) 平形千恵子［二〇〇四b］九二頁。
(12) 以上、阿部こうさんの証言は、『第一集』六五～六九頁に所収。
(13) 以上、君塚国治さんの証言は、『第一集』七〇～七四頁、『いわれなく殺された人びと』二二四～二二八頁（「萱田の老人」として証言を再収録）に所収。
(14) 『第一集』八〇～九二頁には習志野第四中学校郷土史研究会が作成した第五回文化祭発表のまとめ、「大和田の朝鮮人虐殺の事実を探る！」を所収。
(15) 証言とともに朝鮮人の遺体が確認されている場所は、なぎの原とこの萱田下のみ。
(16) 八木ヶ谷妙子さんの証言は、関東大震災七〇周年記念集会実行委員会編［一九九四］八七～九二頁を参照。
(17) 千葉県佐倉市にある国立歴史民俗博物館の震災の展示は、新井勝紘さんが手がけたものである。展示のビデオ・コーナーでは証言している八木ヶ谷妙子さんの映像を見ることができる。

第3章 「軍郷」習志野を歩く

はじめに

本章は以下の行程で、千葉県習志野市内にある習志野捕虜収容所跡、騎兵連隊跡地などをまわった。

まず、京成実籾駅（**地図3-①**）集合後、東習志野の方へ徒歩で移動した。高津廠舎の東廠舎と西廠舎の境目（**地図3-②**）、昔の兵舎の面影が残っている家（**地図3-③付近**）を見た。

その後、習志野市教育委員会が立てた習志野収容所に関する説明板（**地図3-④**）を見にいったが、この説明板はなくなっていた。習志野収容所跡の関連する史跡をめぐりながら、実行委員会の大竹米子さんと平形千恵子さんから話をうかがった。

それから京成実籾駅（**地図3-①**）まで戻り、京成大久保駅（**地図3-⑬**）へ向かった。途中、実籾と大久保の間の窪地（**地図3-⑤**）を抜け、陸軍習志野学校跡を歩いた。習志野学校跡および周辺には、習志野学校裏門跡（**地図3-⑧**）、弾薬庫跡（**地図3-⑨**）、習志野学校時代のレール跡（**地図3-⑩**）、建物の土台跡（**地図3-⑪**）がある。

続いて、八幡公園内にある旅団司令部跡地（**地図3-⑫**）を見学し、京成大久保駅（**地図3-⑬**）の方へ歩き、駅前通りを抜けて大久保公民館（**地図3-⑭**）に向かった。大久保公民館の隣にある坂を少し下ったところで、大竹さんと平

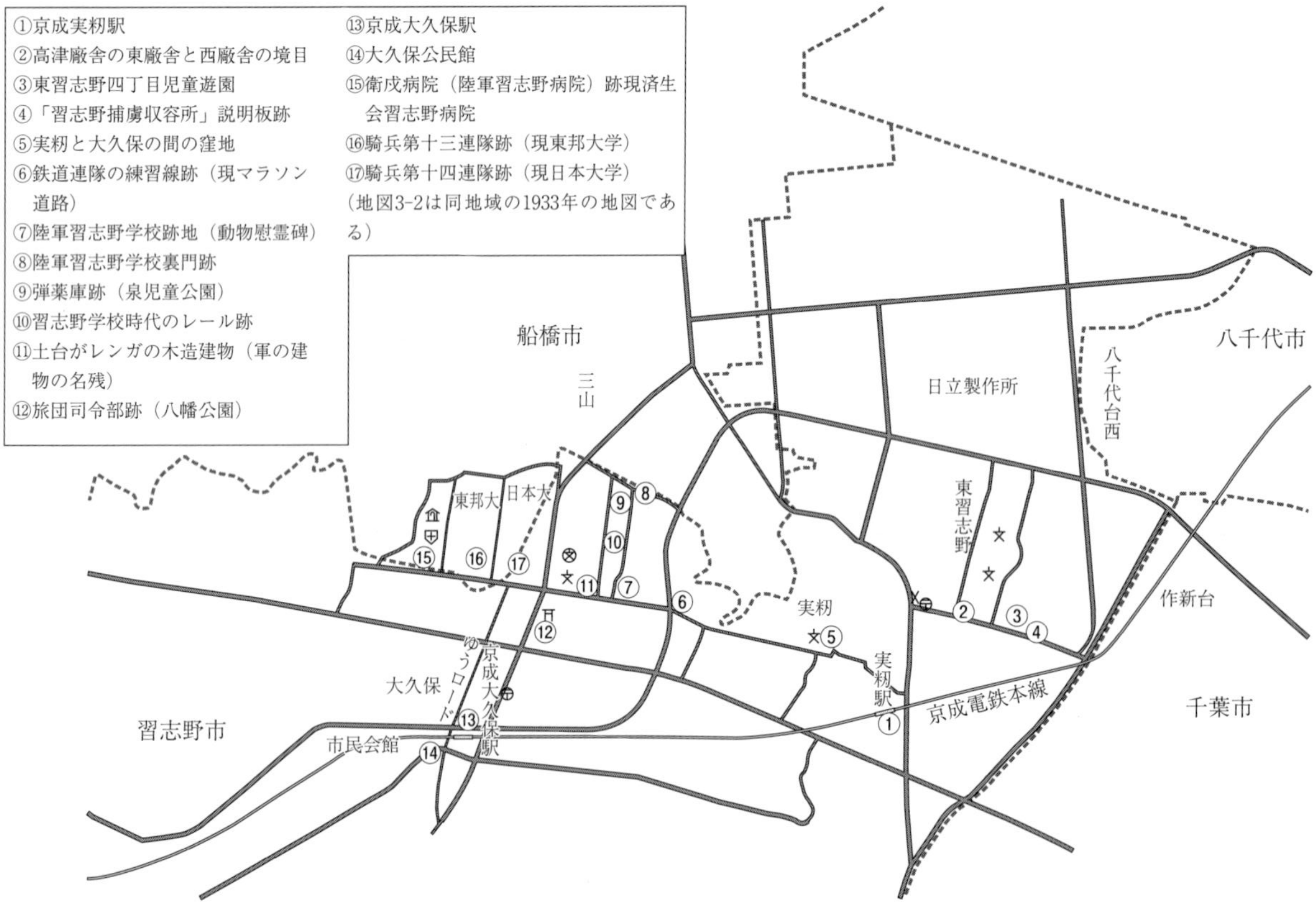
①京成実籾駅
②高津廠舎の東廠舎と西廠舎の境目
③東習志野四丁目児童遊園
④「習志野捕虜収容所」説明板跡
⑤実籾と大久保の間の窪地
⑥鉄道連隊の練習線跡（現マラソン道路）
⑦陸軍習志野学校跡地（動物慰霊碑）
⑧陸軍習志野学校裏門跡
⑨弾薬庫跡（泉児童公園）
⑩習志野学校時代のレール跡
⑪土台がレンガの木造建物（軍の建物の名残）
⑫旅団司令部跡（八幡公園）
⑬京成大久保駅
⑭大久保公民館
⑮衛戍病院（陸軍習志野病院）跡現済生会習志野病院
⑯騎兵第十三連隊跡（現東邦大学）
⑰騎兵第十四連隊跡（現日本大学）
（地図3-2は同地域の1933年の地図である）
船橋市
三山
八千代市
日立製作所
八千代台西
東習志野
東邦大
日本大
実籾
作新台
実籾駅
京成電鉄本線
千葉市
大久保
ゆうロード
京成大久保駅
習志野市
市民会館

地図3-1　習志野市

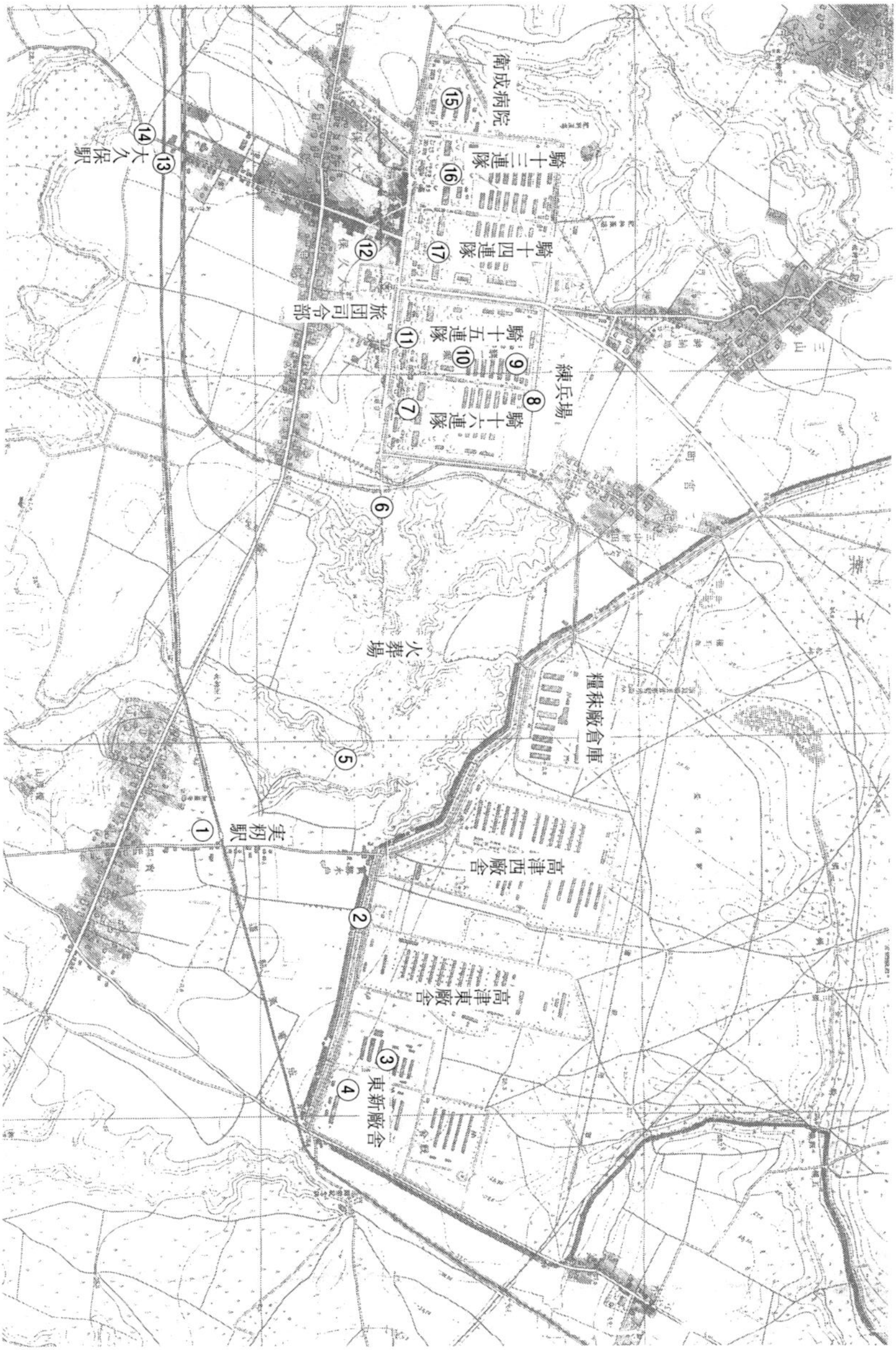

地図3–2　1933年

（「習志野原演習場 大正八年測図昭和三年測図及同四年修正測図 昭和八年四月三十日発行（大日本帝国陸地測量部）」習志野市教育委員会編『習志野市史 第四巻 史料編（Ⅲ）』習志野市役所、1994年、付図３習志野原演習場［１万分の１］から作成）。

形さんから騎兵連隊による朝鮮人虐殺とその責任について話をうかがった。

　このフィールドワークを通して、いたるところに「軍郷」の名残を見てとることができた。

1　京成実籾駅から習志野収容所跡

　まず、京成実籾駅（**地図3－①**）集合後、習志野収容所跡周辺を歩いた。駅前の商店街を北に抜け交差点を右折し、実籾郵便局の前の道を通り、高津廠舎《しょうしゃ》の東廠舎と西廠舎の境目跡（**地図3－②**）へ移動した。

　さて、「習志野」という地名が登場するのは、陸軍の演習場として「習志野原」とよばれるようになった明治時代以降のことである。江戸時代・享保年間、幕府直轄の牧として、小金五牧（印西牧、高田台牧、上野牧、中野牧、下野牧）のなかの下野牧の一部だった[1]。

　下野牧の一部は、一八七二（明治五）年に大和田ノ原陸軍演習場とされ、翌年に明治天皇観閲のもと近衛兵二八〇〇人による大演習がおこなわれた。同地が習志野原とよばれるようになったのはこの頃からである[2]。

　日清戦争後の一八九六（明治二九）年、遠方から来る兵士の仮宿舎として高津廠舎が建てられている。近隣の人びとは、清掃や炊事の手伝いで働いたり、各種商店は食料等の販売を営んだりした。

　一八九九（明治三二）年には軍馬の飼葉倉庫である糧秣廠《りょうまつしょう》が完成する。干草を集めるために周辺の農村では、草刈り組合が組織された。陸軍は干草を高値で買い取ったので、農家にとって干草は安定した収入源となった。このように付近の住人と軍隊の関わりは、習志野が「軍郷」として確立するとともに深くなっていく。

　高津廠舎は、日露戦争時にはロシア兵の、第一次世界大戦時はドイツ兵の捕虜収容所として機能した。習志野収容所では、日露戦争時のロシア兵捕虜を多い時には一万四〇〇〇余人を収容したため、それに合わせて廠舎を増設した。

一方、第一次世界大戦時、習志野に収容するドイツ兵捕虜は一〇〇〇人を超えることはなかったと言われている。そのために日露戦争時の廠舎のなかで老朽化した建物は壊され整理された。この時、高津廠舎は東廠舎と西廠舎に分割される。廠舎の境目が**地図3-②**から北に延びた道路である（**写真3-1**）。

第一次世界大戦時に収容したドイツ兵捕虜と当時の日本人の間では、音楽、もしくはソーセージ、菓子の製法などを通して友好的な交流があった。現在、東習志野四丁目児童遊園（**地図3-③**）には「ドイツ捕虜オーケストラの碑」（**資料3-1**）がある[3]。

写真3-1　高津廠舎の東西の境目
（道路の両端に植えてあるのは松）

〈参加者〉
大竹米子
平形千恵子
小笠原強、神崎梨沙（専修大学大学院生）、小薗崇明、田中正敬、宮川英一、吉田稔（専修大学大学院生）、李千波（元専修大学大学院生）

平形　これが境目ね。東と西の境目（**地図3-②、写真3-1**）。

大竹　かつての軍用地には、今では幼稚園だとか小学校・中学校・教育センターとかが並んでいます。結局、兵舎や営庭があったところが、今の学校の敷地です。松並木は近ごろは崩れて

資料3-1　「ドイツ捕虜オーケストラの碑」全文

第一次世界大戦（一九一四―一九一八）の際、日本は連合国側に立って参戦し、中国・青島のドイツ租借地を占領しました。捕虜となった約五〇〇〇名のドイツ兵は、坂東（徳島県鳴門市）、久留米（福岡県久留米市）など、各地の捕虜収容所に収容されました。

習志野収容所は、大正四年（一九一五）九月にここ東習志野に開設され、最も多い時は一〇〇〇名ほどのドイツ兵、オーストリア兵が生活していました。武士の情けを知る収容所長・西郷寅太郎大佐（隆盛の嗣子）の下でオーケストラ活動が許され、彼らはベートーヴェンのヴァイオリン協奏曲やモーツァルトの「魔笛」、グリーグ「ペール・ギュント」、ヨハン・シュトラウス「美しき青きドナウ」などを演奏しました。その故郷の調べは敵味方の恩讐を越えて、当時の習志野の人びとの耳に珍しく響いたのです。

急逝した西郷所長の後を継いだ山崎友造所長も温情ある管理を忘れず、彼らは、大正八年（一九一九）のクリスマスの朝、習志野を後にして懐かしい故郷へと向かいました。

平成二〇年十一月　　習志野市教育委員会

低くなりましたが、昔は土手でした。

平形　だいたい、軍隊の敷地の土手に、からたちを植えたんですね。土手にからたちを植えて垣根にした。

大竹　みなさんぐらいの（高さの）土手の上に、からたちが生えてたのね。だから、すごい高い塀に囲まれちゃっていたんですね。（今）捕虜収容所跡まで来ました。日露戦争の時はロシア人捕虜収容所、第一次大戦の時はドイツ人捕虜収容所です。ここもずいぶん変わりましたね。

平形　そうね。何年か前までね、兵舎の形を残している住宅がありました。それがいま残っているかどうか。歩いてみんなで探してみましょう。

＊　＊　＊

平形　昔の兵舎の形をちょっとだけ残しているのがここです（**地図3-③**付近、**写真3-2**）。外側を見ると軍隊の家には見えませんよね。でも、昔の兵舎の面影が残っている。

田中　そういう形が何で残っているんですか？

平形　戦後、払い下げを受け、軍人や引揚者が住んでいました。

大竹　山梨半造が収容所の視察に来たって写真がありますでしょう（**写真3-3**）。あの写真のバックにある兵舎と同じ形です。

＊　＊　＊　＊　＊

写真3-2　兵舎の形を残している家

大竹　あれ？　保育園がなくなっちゃった（**地図3-④**）。そしてそこに説明板（**資料3-2**）がたってたはずですよ。どうしたんでしょう。

平形　ここの保育園に習志野市教育委員会がたてた郷土史の説明板がありました。私も初めて（看板がなくなったことを知りました）……なくなっちゃった。ここにあったきちんとした看板をどうしちゃったのかしら。

大竹　いやあ、申し訳ありませんでした。こんなことになるなんて。看板は市の教育委員会がたてたものなんです。

平形　旅団司令部に行くとこれと同じようなステンレスの板があるから、それは見てみましょう……。関東大震災の時にはここが「陸軍習志野支鮮人収容所」となりました。支は支那の略で中国人を指し、およそ六六〇人、朝鮮人はおよそ三二〇〇人入っていて、東京方面から津田沼まで電車で来て、津田沼駅から歩いて連れて来られた。

写真3-3　山梨半造の写真

（姜徳相・琴秉洞編『現代史資料六　関東大震災と朝鮮人』みすず書房、1963年から転載）

資料3-2　「捕虜収容所跡」の説明板（全文、現存せず）

「軍郷習志野」と呼ばれたほど、かつてのわたしたちのまちには数多くの軍関係施設がありました。なかでも東習志野地区には高津東・西廠舎（兵士の仮宿舎）、糧秣廠倉庫（人馬の食糧補給倉庫）、および捕虜収容所がありました。

特に、日露戦争（明治三十七年～三十八年）における捕虜収容所は、現在の習志野高校からこの地まで約五十五万坪の敷地に七十五棟の収容所が立ち並び、明治三十八年から三十九年一月までロシア兵捕虜を収容しました。捕虜の数は、最も多い時期には一万五千名にものぼりました。当時の津田沼町の人口は約六千人、習志野騎兵旅団が総数三千人弱でした。

その後、収容所は高津東・西廠舎、糧秣廠倉庫として使用されました。第一次世界大戦（大正三年～八年）の時にはドイツ兵捕虜を収容するため、大正四年にのべ千三百坪の収容所を新たに建設し、大正七年には五四八人を収容したことが記録に残っています。

昭和五十六年三月　　習志野市教育委員会

2　震災時の騎兵連隊による虐殺について

地図3–④では関東大震災時の騎兵連隊による虐殺について話をうかがった。前節では、第一次世界大戦時に収容したドイツ兵捕虜と当時の日本人の間での友好的な交流について記したが、関東大震災下の虐殺から保護を名目に習志野収容所に収容された朝鮮人や中国人はどうなったのであろうか。

一九二三（大正一二）年九月四日、東京付近に避難する朝鮮人、中国人の収容先として習志野収容所が開設された。収容者は九月五日から収容され、一〇月一九日までは釈放されなかった。当時、船橋警察署巡査部長であった渡辺良雄さん（第1章参照）は以下のように回顧している。(4)

わたしは統計（収容者数の）をやっていたから、毎日、何時現在で朝鮮人何名という日報を出した。現地の駐在巡査が現場に行って、収容所の人が数えたのをわたしに報告してくる。それをわたしが県庁へ報告する。すると、一日に二人か三人くらいずつ足りなくなる。昨日現在いくら、今日出たのがいくら、残りいくらとくるわけだから、すると出入りの関係で数が合わない。

収容者のなかには、震災で負傷した人、避難の途中で軍隊や自警団に殺されかけて、傷を負いながら収容所にたどり着いた人もいたと思われる。収容所に入る以前の傷がもとで亡くなった人もいただろう。

しかし、収容者数の減少の原因は、それだけではなかった。次に掲げる証言は、習志野収容所に収容された申鴻湜《シンホンシク》さん（**写真3–4**）の証言である。申さんは当時一八歳の東京にいた学生だった。地震直後は東京の本所被服廠に逃れ

写真3-4　申鴻湜さん
（実行委員会、千葉県歴史教育者協議会、千葉県自治体問題研究所船橋支部共編『関東大震災と朝鮮人』資料編第２集、1979年から転載）

るものの危険を察知して、千葉県へ避難した。
途中自警団の検問をのがれて東金警察署に保護を頼み、そこから収容所へ送られた。収容所内では、学生たちを中心に自治組織をつくり、文字や算数などを教えたという。
以下の証言は、申さんが体験した収容所の様子である(5)。

　習志野へ行くと、身体検査をされ、持ち物全部検査されました。（中略）兵営が二つ、ドイツ兵捕虜（第一次世界大戦時）を収容していた収容所だと思うのですが、大きいのがいく棟もあって、朝鮮人が二棟つかっていて、むこうにもう一棟中国人がいたんです。（中略）
　ところが、やっぱり人間が大勢いるといろんな事件がおこってくるんです。中国人の収容所の方で、逃げようとして打ち殺されたのがいましたよ。「ここにいたら殺される」と思っていたんでしょうね。それから、食事の時に我先にというと打ち殺すんですからひどいですよ。（中略）
　私などは、千葉陸軍歩兵教導連隊の兵営につれて行かれました。（中略）
　私のことを特務曹長は、「お前は運のいいやつだ」といっていましたよ。拡声器かなにかでよばれて、いったら帰ってこないのがいましたからね。それで「だれそれはどうしたのだ」ときくと、いろんなことを言っていましたよ。たいてい、昔の知りあいが訪ねてきたとか、雇主がここにいやせんかと訪ねてきたとか、親戚が来たとか。
　それならば、帰るときにここへきて、「オレはこういうわけで、親戚が来たから帰る」とか、言うわけだけれども、何のあいさつもなしにすっと帰るのはおかしいなと思うわけです。呼び出されたのは、必ずしもそこで委員（自治組織の）をやっていた人とは限らないですが、委員をやっていた人の中で呼び出されて帰ってこないのが、私の知っている限りで、一人か二人いましたよ。

中さんの「運のいい」こととは、教導連隊の特務曹長と中さんとの間に偶然にも共通の知人がいたことから、曹長が中さんの命を助けたことにある。

一方で「帰ってこない」人もいた。次に会沢泰さん（当時騎兵第十四連隊本部書記）の証言をみてみよう。(6)

救護する目的でつれて来たんですけれども、朝鮮人が暴動を起こしそうだっちゅうんで、朝鮮人をひっぱり出せという事で、ひっぱってきたんですねえ。私の連隊の中でも一六人営倉に入れた。それが四個連隊あるんですから。おかしいようなのは、みんな連隊にひっぱり出してきては、調査したんです。ねえ、軍隊の中で……そしておかしいようなのを……ホラ、よくいうでしょう。……切っちゃったんです。日本人か朝鮮人かわからないのも居たわけですね。切った所は、大久保公民館の裏の墓地でした。そこへひっぱっていってそこで切ったんです。……私は切りません……三〇人ぐらいいたでしょうね。ところが、私の連隊ばかりじゃない。他の連隊もみんなやる。いきなりではなく、（連隊の中で）ある程度調べてね。ナニしとったんだか、どこに居たんだかを。

会沢さんの証言では、連隊が収容所にいる朝鮮人を「ある程度調べて」殺害したとある。これを裏付けるのが二〇〇三年八月に新聞で報じられた「関東大震災ト救護警戒活動東京憲兵隊（推定）」という資料である。同資料は震災直後の憲兵隊の活動を記録したものとして、次のように記されている(7)。

習志野鮮人収容所警戒に就ては習志野憲兵分隊を以て之に充当せしむるの外、鮮語に通暁せる上等兵三名を私服にて収容所内に派遣し、鮮人の動静知悉に努めしめ、有力な資料を得たり。

憲兵が収容所内でスパイとして朝鮮人と接し、監視していたことがわかる。そして、会沢さんの証言にあるように、朝鮮人の中から「おかしいようなの」を峻別し、そのレッテルを貼られたものは呼び出しをくらい秘密裏に殺された。収容所内ないしは周辺で軍隊に殺された人もいれば、前章のように周辺の村に下げ渡され、殺害された場合もある。習志野収容所へ「保護収容」された後も決して安全ではなかった。関東大震災時の習志野の軍隊は、第一次世界大戦時のドイツ兵捕虜とは異なるかたちで、収容した朝鮮人や中国人に接した。

＊　＊　＊　＊　＊

大竹　木戸っていうところに椎の木だか樫の木だか、あったんです。そこで隠れながら見たという人の話では、たぶん津田沼から成田街道を歩いて南に折れ、木戸に入ってきたと思う朝鮮人の列を軍人が、刀を抜き身で足を叩きながら歩かせていたそうです。

平形　収容された後はどうかというと、食べ物で争ったりすると見せしめにずいぶん殺したということです。それから軍隊が連れ出して殺すことがあったようです。各騎兵連隊がここの管理にあたっていた時に、言葉のわかる憲兵をスパイとして収容所に入れて、選り分けて、連れ出して殺していたという証言を聞いているんです。

私たちは昔の軍人（会沢泰さんのこと）の証言から聞いているんです。三山サークルの西沢（文子）さんたちの聞き取りなんだけれども、どこからも証明する史料記録が出なかった（本書第三部第7章3参照）。それが二〇〇三年八月三一日、ちょうど私が八〇周年記念集会で東京で報告するその日の朝の朝日新聞に、名古屋の憲兵隊の資料が出て、そこにここにいた人たちを連れ出して間諜、スパイを入れて選り分けていたという資料が出まして、私たちは証言で聞いてきたことが実証されたと思いました。あまりのタイミングのよさに私たちがびっくりしたの。

それで、第十三、十四、十五、十六連隊の駐屯していた場所にこれから行きますけれども、各連隊は地震があったその日の夜半には東京にまっしぐらに戦争状態で出かけて行って殺している。帰って来て殺したということ、行かなかった人たちが殺したのと、両方考えられるのね。

九月六日になって「殺してはならない」という注意が出たんですね。御覧になったことありますかしら。『いわれなく殺された人びと』には載せておいたんだけど、すごい小さくて見えなかったと思うんだけど。ガリ刷りのものが、船橋では空から撒かれているんです（**資料3-3**）。

平形　これは日付が入っていないんですが、他の資料によれば一九二三年九月五日に戒厳司令部から出ているんですね。そうした「注意」が出ているにもかかわらず九月七日に大和田町役場を通して、陸軍習志野収容所から「取りに来い」と周辺自警団に命令が出て、そしてここに受け取りに来ているんです。軍隊は朝鮮人を「悪いことをした奴だ」と言って渡しました。そして朝鮮人は各地域で殺されてしまいました（前章参考）。

大竹　七日なんです。

平形　受け取りに行った日が九月七日、八日、九日。ですから軍隊が自分たちがやっていたことをカモフラージュするためだったということは明らかでしょう。ただ、証言資料を読み直してみると二週間経ってなお殺しているという証言が出ている。

資料3-3　関東戒厳司令部のビラ（全文）

注意

一、朝鮮人に対し、其の性質の善悪に拘らず、無法の待遇をなすことは絶対に慎め。等しく我同胞なることを忘れるな。

二、総ての鮮人が悪い企てをして居る様に思ふは大まちがいである。此んな噂にあやまられて、之に暴行を加へたりして、自ら罪人となり、一、二の悪者の謀に乗ぜらる様な馬鹿な目に遇ふな。

関東戒厳司令部

（前掲『いわれなく殺された人びと』一〇九頁より転載。片仮名は平仮名になおしてある）

そうすると、農民に配って殺させた後にも、なお（収容所の）なかで殺していたんじゃないか、そういうことがこの場所で起こっている。

あと、お年寄りで戦争に行ったり、兵隊の訓練を受けたことのある人に聞くと、必ずここ習志野の廠舎に来て訓練を受けたって言う人が多いです。ここ一帯が日頃の軍隊の訓練に使われていた廠舎だったところです。

大竹　旧制中学や高校の軍事教練もここでおこなわれていました。

平形　懐かしそうに話す人が多いんですよね。兵舎といっても、分類はいわゆる木造のバラック立て。土地の人は兵舎をバラックとよんでいました。日記にはバラックから取りに来いって命令があったと書いてあります。

震災のことをしゃべる人っていうのは、だいたい「薄ら寒い時期」っていう表現を使うんです。九月は薄ら寒くないから。ずっと後の話かなあと思ってたら、（震災から虐殺までの日時は）意外に短かいんです。調べていくとこの配られて殺された話も、ずいぶん経ったように話すけど、日記が出てきたら七・八・九日で。出動した人たちは結構長いこと、一〇日とか二週間とか派遣されて戻ってきている。となると、帰って来た後も殺していたことになる。

村へ配って自分たちのアリバイをつくった後もなかでは殺しているという理解もできる。六日の戒厳司令部の「注意」が出ると船橋の自警団事件はぴたっと止まるんです。殺人が。でも、軍の中では終ってなかったんじゃないか。

大竹　地域によってもね、戒厳司令部の「注意」が行き渡ったのは船橋でしょ。当時の大和田町の人たちは何にも知らないわけですよね。

平形　船橋は自警団事件がものすごく多かったから「注意」を飛行機から撒いちゃう。この辺は撒かない。しかも収容所周辺に、上から撒くっていうことはやらない。

軍隊は知っててやるんだけど、農民は「注意」が出たことを全く知らない。知ってたらやらないですよね。軍の命令っていうのはとんでもない偉い人の命令だから絶対守ると。

大竹　船橋の警察官だった渡辺良雄さんが収容者を送り込む仕事、統計を取る仕事に関与していた。その期間はどれぐらいだったんですか。

平形　結構長いですよね。（渡辺さんが）統計を取ると、だんだん減ってるの、人間（収容された朝鮮人）が。送り込んでも、送り込んでも人間が減ってるんですよね。それで（渡辺さんが）何してるんだって聞いたら、連れ出して殺してるって言ったって言うから。

大竹　だから、それと先ほどの会沢さんの話はほぼ一致している。

平形　残念ながら収容所から配られた人数はわかりません。記録では一八人。日記にあるのを足していくと一八人。それ以外の地域でもあったんじゃないかと。

連れ出して殺してたってことになると、営庭でっていうのがありますよね。それと、大久保公民館みたいな下へ連れて行ってというのもあります。各連隊がやっていたっていうから、四連隊あるわけだから……。

大竹　「競いあってた」っていうから大変なことでしょうね。

平形　軍隊が内部でやったことの方が数が多いっていうことだと思うんです。あと、ここから連れ出された朝鮮人の話は聞いたことがあるんですね。申鴻湜さん（**写真3-4**）っていうんですけれども。以前の朝鮮奨学会の会長さん。連れられて来たのは騎兵学校の教導連隊だったということです。

（申さんの話によると）途中で犬が飛び出してきた。すると兵隊がその犬を斬って「人間を斬ったら気持ちがいいだろうな」って言ったと言うんですよね。連れて来られて調べられたときに「生意気盛りの学生だったもんで」って自分で言われてましたけど、その相手に訛りがあったんで、「あんたの出身はどこだ」って聞いたら「どこどこだ」って答えて。

大竹　徳島脇町です。

平形　そうしたら「自分の友達がそこにいる」って言って、名前を言ったら両方が知っててね、殺されなかった。「おまえは大変運がいいよ」って収容所へ戻された。そして連れ出された方が何人かいたにもかかわらず、みんな帰ってこなかった。

どうしたんだって聞いたら、「知り合いが来て帰した」って言ったというんだけど、この期間釈放してないんです。そういうことで、じゃあ、申鴻湜さんがなぜ目立って連れ出されたのかって考えると、学生で、収容者に対して生活がうまくいくようにって、グループをつくって文字を教えたりしてた。

アメリカ人が視察に来たときに受け答えしたりなんかして、目立ったんで連れ出したんじゃないか。農民たちには、「悪いことをやった奴らだから」と渡しているから……。

収容者のなかでは、もう一人曺仁承《チョインスン》さんという方（**写真3-5**）にお会いしたの。この方は労働者だった方で、「中では飯が食えたよ」っていう話をして下さった。連れ出された話はなかった。

そういうことで考えていくと、やっぱり朝鮮語のわかる憲兵をスパイとして入れて選り分けたとか、目立つ人間を捕まえたとか、一九一九年の三・一独立運動の直後ですから、ものすごくそうしたことを恐れていた。運動の動きとか、それから運動に関連しそうな人間を捕まえて殺したと考えるのが妥当かなって思うんですよね。

大竹　さっき通ってきました実籾商店街に、Sさんっていうお米屋さんがありましたね。ちょっと古そうな名前の看板が出てました。昔からのお米屋さん。それと近所にね、Iさんっていう糧秣商（馬に食べさせる飼料を納入している商店）の家がありました。

あの田舎にしては大きな商店の経営者。小さな電気屋さんのおばあさんがお嫁に来て間がなかった頃震災があって、自分がSさんとIさんのご主人から聞いた話を孫娘に話した。

その孫が中学三年生だったかな。夏休みが終わって作文に書いたんですよ。私が偶然それを見たんですね。それがね、私がこの話をここで耳にする最初だったと思います。結局、おばあさんが聞いてずっとしゃべるなと言われていた話というのは、軍隊の御用商人が、軍隊にものを納めに行ったかその帰りだったかに見ちゃったんです。

写真3-5　曺仁承さん
（前掲『関東大震災と朝鮮人』資料編第二集から転載）

火葬場の周辺で軍隊が朝鮮人を連れ出して殺していた。子供の作文には、女の人もいて、四～五人、「大変立派な死に様だった」とその二人のおじさんたちがおばあさんに話した、と書いてありました。SさんとかIさんから、絶対に話すなと言われていて、戦後になって話したのか、あるいはすぐ近所の人には話したかもしれないけど、その人たちはだまっていて、大体その二人の人が亡くなってから孫に話したりしたんじゃないでしょうか。

それでこの話を習志野第四中学校の生徒たちにしたら、やめてくれ、今夜はお便所に行かれなくなるって騒いだ子がいた。

3　習志野収容所跡〜陸軍習志野学校跡周辺

地図3-④で震災時の虐殺の話を聞いた後、来た道を戻り京成実籾駅（**地図3-①**）へ向かった。その後、駅前の道を西へ抜け実籾小学校の前を通って先へ進むと、大久保の騎兵連隊の駐屯地跡、旅団司令部跡へ通じる。実籾と大久保の間は窪地（**地図3-⑤**）となっており、震災時は窪地の北側に火葬場があった。

現在、大久保にある東邦大学付属高校・中学校辺りは、震災時騎兵第十五連隊が、その東には第十六連隊が駐屯していた。第十六連隊の駐屯地にはその後、陸軍習志野学校と呼ばれる毒ガス研究訓練施設が設置された。

陸軍習志野学校について以下簡単に説明しよう。一九三三（昭和八）年四月「軍事ニ関スル化学ノ教育並調査研究等ヲ行フ所トス」という陸軍習志野学校令（以下「陸軍習志野学校」を「習志野学校」と略）が制定される。同年八月に習志野学校本部が、前年六月に満州へ派遣された騎兵第一旅団（騎兵第十三、十四連隊が属す）の司令部跡に設置された。習志野学校は毒ガス兵器の研究開発、教育、訓練を目的に設置された。

学校名には地名のみを記し設置の目的を伏せていたが、この地域では「毒ガス学校」として知られていた。同年九月、騎兵第二旅団（騎兵第十五、十六連隊が属す）が第一旅団跡地に移動し、習志野学校は騎兵第十六連隊の跡地に移転する。移転後は、実験講堂、化学兵器格納施設、ガス訓練室などが新設された。敷地は年々拡張され、騎兵第十五連隊跡地も使用するようになる。

さて、習志野学校跡をめぐる行程として、**地図3-⑥**の十字路を渡り、少し北上し左折、公務員宿舎を抜けて**地図3-⑦**周辺を歩いた。この辺りにあるフェンスで囲われている場所が実験施設の跡地である。その後、習志野学校の裏門（**地図3-⑧**）の面影を見に行った。

移動の途中で、敗戦後の習志野原の様子が少し語られるので、以下、簡単な説明をしよう。一九四五（昭和二〇）年九月に、習志野原では退職軍人、引揚者、空襲被災者等による開拓がすすめられた。開拓農民たちは兵の宿舎を拠点として開墾、道路工事、薪作り、製塩などの班に分かれて作業をした。

翌年、米軍が演習場として一部の土地を接収し、それにより土地の再配分を受ける人も多くいた。米軍による実弾射撃演習で開拓農民に犠牲者が出たこともある。自衛隊の前身である警察予備隊発足後の一九五一（昭和二六）年、警察予備隊は開拓農民らの反対を押し切り騎兵学校跡に駐屯するようになる。

現在は、それを引き継いで陸上自衛隊第一空挺団等が駐屯しており、演習場ではパラシュートの降下訓練をおこなっている。その他、戦前の軍事施設のほとんどは、現在、学校や公務員宿舎、公団住宅に姿を変え、また習志野原の大部分は工場地帯や住宅地になった。

＊　＊　＊　＊　＊

平形　（**地図3-①から⑤への移動中**）この地域の歴史を学ぶには、もう一つ開拓の時代を考えないとね、どうしても時代の雰囲気はわからないよね。開拓の時代は資料が結構あるから、それを重ねると町の変遷が少し理解できる。（敗戦後）米軍が使っていた時代に、開拓の人なんかが実弾の流れ弾で怪我したり死んだりしている。沖縄みたいに。習志野に米軍キャンプがあったのは知らない人が多いけどね、そういうことがあったんです。
大竹　これから行く騎兵十五・十六連隊の跡っていうのは習志野学校っていう毒ガス研究施設の跡でもあるんです。
平形　研究施設といいながら兵隊に毒ガス戦の練習をさせてたんだから。大久野島って知ってます？　日本の毒ガスは大久野島でつくって、小倉で詰めて、習志野で練習して、満洲で使ったんです。

大竹　（地図3―⑤）地図を御覧いただいて、ここがどんな場所かご想像ください。ここはちょうど東京湾の入り江の一つです。入り江の両側に貝塚なんかがあったりするわけです。で、昔は沼地で田んぼの部分がありました。葦とかがいっぱい生えていて。中学校の理科の実験に解剖で蛙を捕りにいったんですよ。ずぼずぼと入ったら全部潜っちゃうから気をつけろとずいぶん言ってたんだそうです。そういうところです。

軍隊はこの低地を間にして両側の台地の部分を全部占拠していたということになります。沼地の方に火葬場があった。御用商人が殺していたのを見たという所です。

＊　＊　＊　＊　＊

平形　今ここまで来てる（地図3―⑥）。鉄道連隊の練習線が通っていたところが、今はマラソン道路とよばれています（交差点から南北に走っている道路。大きくS字型の曲線になっているのが特徴）。

この道路の右側のところは、習志野学校（毒ガス学校）になってから広げたところです。第十六連隊の時にはここは林だったんです。

地図で西から見ていくと衛戍病院（地図3―⑮）というのがあって、それが習志野陸軍病院でした。今は民間委託になって済生会習志野病院になっています。戦後、国立習志野病院と言われていました。

それから騎兵第十三連隊、騎兵第十四連隊（地図3―⑯、3―⑰）。広い通りを挟んでちょうど真下に星印が付いているのが騎兵旅団司令部（地図3―⑫）。それから右が第十五連隊、十六連隊（地図3―⑩の西にあるのが十五連隊で東が十六連隊）。

満州事変の時に第十三・十四連隊が満州にいって、十五・十六連隊がそっちに移って、その後十五・十六連隊のいた場所が習志野学校になりました。なぜ習志野という地名がついているかというと、中野学校は知っていますか、スパイ学校。習志野学校は毒ガスの学校です。軍の学校で地名がつくのは特殊な任務の学校です。

震災時の虐殺は、ここの騎兵連隊が殺していた。出動して、ともかく出かけた先で暴動が起こったと言われて、実戦装備で実弾を込めてとび出して行ってますから。軍隊が兵器を使用した例は戒厳司令部詳報(8)に、全部で二〇例ぐらいありますよね。ここの騎兵連隊が殺したのが、いかに多いのかがわかります。

＊　＊　＊　＊　＊

平形　**(地図3-⑦)** 習志野学校跡地には入れないので、この建物の裏から見ましょうか。私たちが騎兵連隊について調べていて、習志野学校につきあたって、それで習志野学校研究会をつくって習志野学校について調べていたら、ここを公務員宿舎にするというので、それじゃあ、毒ガスの危険があるからきちんと現地調査をしてもらわなくちゃ困ると申し入れました。

そうしたら習志野学校跡地の調査で実験講堂の跡から八角形のガラス張りの建物（八面房）の基礎が出ました。そこには毒ガスを入れて、毒ガス使用訓練をしました。以前は実験講堂の毒ガス排気塔が残っていて、開けてもらって入った時とか、毒ガス調査を見にきた時とかは、ずいぶん写真を撮ったんです。

掘った時には八面房の基礎が出てきたり、下から毒ガスの排気口やファンが出てきたり、上の部屋でコックをひねるところが出てきたり。戦争直後に米軍に提出した地図で横に並んでいるのが学生舎です。

大竹　残っている土台はみんな騎兵連隊時代の建物の土台なのね **(写真3-6)**。

平形　土台がレンガで積んでコンクリートで固めてあれば、騎兵連隊当時からの建物の跡です。毒ガス学校時代のものだともっと頑丈なコンクリートだった。これは騎兵連隊時代のものだと思います。こういうのがいっぱい残っているんですよね。上は壊したんだけれど下は壊してない。

李　なぜこのままなんですか？

平形　ここ全部が第十六連隊とその後が毒ガス学校だったんです。ここに公務員宿舎のマンションを建てるので、ここだけ向こう側に入るなと囲ったんです。マンションを建てる時にいろいろあって、自然を守る「習志野の森」って言っているんだけれども、習志野の自然を残す運動をしている人たちは関東タンポポの自生地だから残してほしいと。

写真3-6　習志野学校跡地に残る建物の土台

私たちは歴史的な遺跡なんだから、ちゃんと残してって。しかもマンションを造るんだったら、ちゃんと掘って調べてほしいと。毒ガスが出てくるかもしれないから。そう言ったら、本当に毒ガスが出てくるかもしれないと、さらしの缶を二、三十持ってきて毒ガスが出てきてもいいように、中和できるようにと作業をしていました。

マンションを造るためにここまで使うぞというところを掘って調査しました。（柵があるので）中に入らないと当時の礎石を見ることはできない。あの草の少なくなったところがありますね。あそこにタイルみたいなのが敷いてあるんですよ。毒ガス学校の学校本部の建物、研修棟とか。それで八面房（毒ガスの実験室）が出てきたのがそこの並びの講堂ですね。

大竹　鉄筋も残ってますね。

平形　軍隊のコンクリートってものすごく頑丈なのね。壊せない。それでここに毒ガス排気塔っていうのがあったんですね。毒ガス排気塔（**写真3-7**）から地下に大きな管が通っていて、八〇センチか九〇センチぐらいのヒューム管が。

大竹　建築業者はヒューム管とよんでいました。ヒューム管自体は外側の鉄筋がコンクリートで固められている管になっていました。

平形　まだ管の行き先が実験講堂の西側に残っているの。だから残っている下にも何か埋まっているはずなんですけれど。

大竹　毒ガス排気塔につながる内径八〇センチほどの管の内側は真っ白でした。煤けてもいない。水あかもない。ガスであることがわかる状態でした。

平形　最初ここにあったのを「焼却炉」って言ってたんですよ。日大の生産工学部建築学科の先生の協力があって、ゴムのパッキングがしてあるから焼却炉ではないことがわかりました（毒ガスを中和して排出する施設だと考えられている）。

写真3-7　1995年1月に解体された排気塔
（平形千惠子さんより提供）

これ（**資料3-4**）は米軍が来た時にすぐに提出させられた習志野学校の図面。ここ（**資料3-4-①**）が実験講堂なんですね。その上に何と厠だけ描いてあるんだけれども、実はここの実験講堂跡から八面房の基礎が出ています。八面房から地下を通ってこの建物が繋がり、実はここ（小さな建

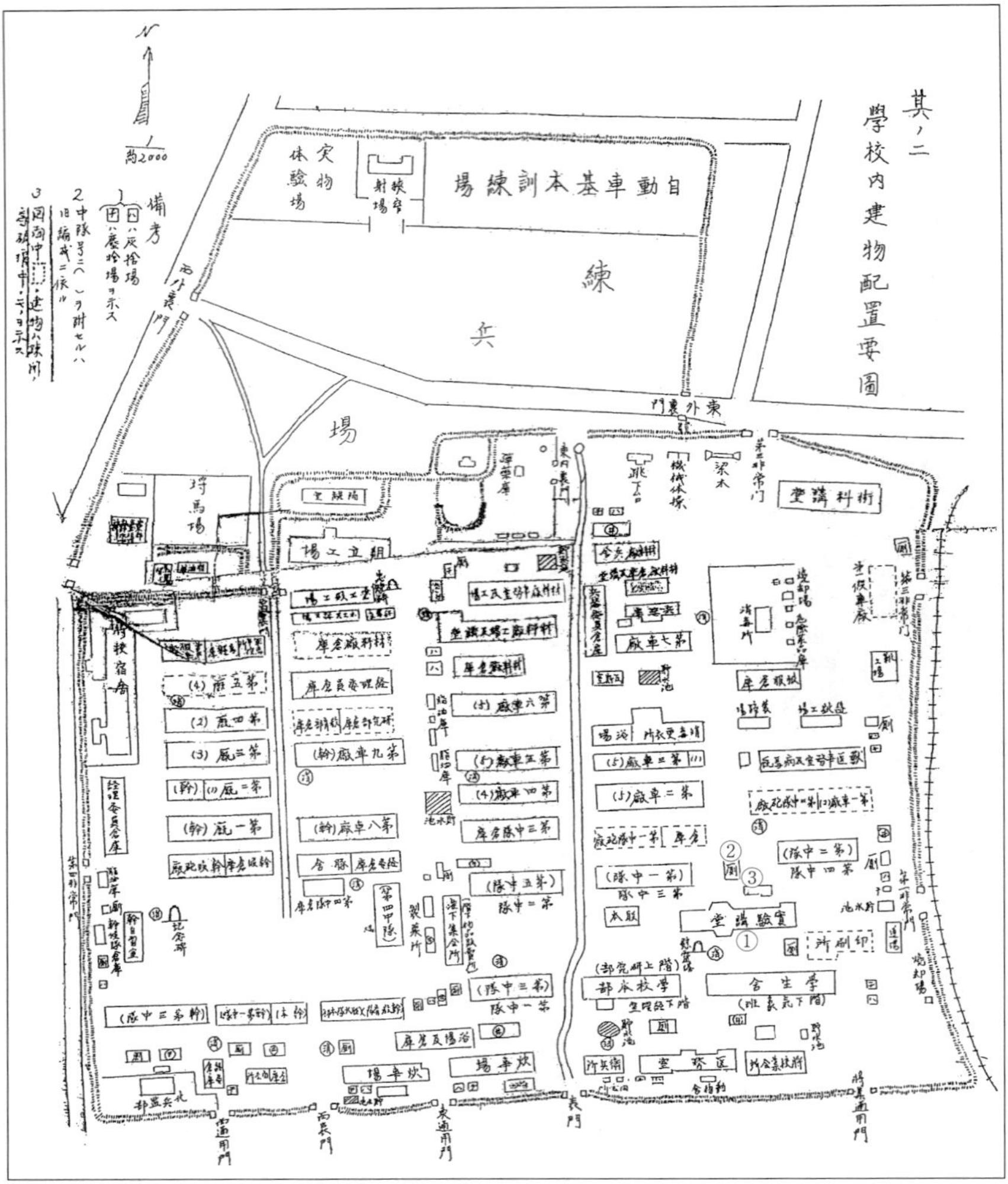

資料3－4　陸軍習志野学校内建物配置要図

（前掲『陸軍習志野学校』25頁より転載、①は実験講堂、②は厠、③は排気塔）

物の北）に排気塔があった。これは米軍に出してない。ここは当時絶対秘密で写真を撮らせない。

＊　＊

平形（**地図3-⑦**の周辺）今は習志野学校前の十六連隊の中を歩いています。昭和一五（一九四〇）年の動物慰霊碑が残っているんです（**写真3-8**）。明治（大学）の生田校舎にもありますね。あそこなんだけど見えるかな。木と木の間から大きな石を見つけてください。動物慰霊碑と書いてあります。昭和一五（一九四〇）

年に建てられた。紀元二千六百年ですね。草が枯れている冬ならばよく見える。

習志野学校で毒ガス訓練を経験した人に言わせるとね、えらい人は新しいガスマスク、下っ端は古いガスマスクで、それで足を怪我してなんていう話を聞きます。

写真3-9　習志野学校の裏門跡

写真3-10　裏門の詰め所
（ブロック塀のなかに残っている）

写真3-8　1940年建立の動物慰霊碑（平形千恵子さんより提供）

このあと行こうと思うのが習志野学校の弾薬庫跡です。裏門の柱もあるの。この弾薬庫が壊せなくてね、児童公園にするの。台のまま妙な形をしてますから。弾薬庫といえば土を積んで爆発した時に大丈夫な状態にしてある。ここね、図面を見ると米軍に出した資料にも書いてなかったの。特殊弾薬庫なんです。

平形　**（地図3－⑧）**それ裏門なんです**（写真3－9）**。これ門番の詰め所**（写真3－10）**。裏門の柱は片方一本しか残っていない。軍時代の鉄筋の太さを見て下さい。ここまでが十六連隊の敷地です。この土手（まで）です。コンクリートの柱がずっと続いていています。ここから外側が練兵場になるんです。

李　働きかけがあって壊してない？

平形　私有地になっていたから壊されなかったと思います。

＊　＊　＊　＊　＊

4　弾薬庫跡～旅団司令部跡

陸軍習志野学校裏門跡**（地図3－⑧）**から弾薬庫跡**（地図3－⑨）**へ移動した。その後、保育園の敷地跡にある習志野学校時代のレール跡**（地図3－⑩）**を見たり、軍隊の建物の名残を感じられる民家**（地図3－⑪）**を見たりした。

東邦大学や日本大学生産工学部の前の道路まで南下し、右折して西へ進む。日大生産工学部にさしかかったところの十字路で左折し南下すると、八幡公園内にある旅団司令部跡地**（地図3－⑫）**に着く。また、日大には騎兵第十四連隊、東邦大には騎兵第十三連隊に関する碑がある。

騎兵第十三～十六連隊は、日清戦争後の軍備拡張から誕生する。一八九九（明治三二）年、騎兵第一・第二旅団の設置が正式に決定。それらの編成が完了するのは一九〇一（明治三四）年の末だった。第一旅団（近衛師団に属す）隷下の騎兵第十三・十四連隊と第二旅団（第一師団に属す）隷下の騎兵第十五・十六連隊が、現在の京成大久保駅の北側に、西から東へと一列に配置された。

旅団司令部は、展開した連隊のちょうど真ん中となる第十四連隊と第十五連隊の間の南に位置していた。また、同じ年に陸軍将兵の健康管理を目的とした衛戍病院が、騎兵第十三連隊のわきに設置された（**地図３-⑮**）。衛戍病院があった場所には、現在、済生会習志野病院がある。

平形　（**地図３-⑨**）弾薬庫だった面影が残っている。軍隊のコンクリートは厚くてなかなか壊せない。ここは泉児童公園、子どもがあまり遊ばない公園なんですけど、そのコンクリートの台の下を見てください（**写真３-11**）。わかります？　この台。

こういうふうにコンクリートで埋めてあるけど。これをはずすともっと下に低くて車をなかに運び込める。黄燐弾薬庫とか特殊弾薬庫とかあって、土手で囲まれていてね、爆発しても周りに飛び散らないように。こういう厚いコンクリートの弾薬庫は壊せないからコンクリートを積んで公園にしたのではないか。

写真3-11　泉児童公園にある弾薬庫跡

大竹　掘ったら何か出てくるかもね。

小薗　まだ掘ってないんですか？

平形　掘ってないですよ。数年前の毒ガス調査で私たちが来た時、この辺の土を石灰で一メートル間隔おきに碁盤の目を書いて、ちょっとずつ土を取ってボーリングして検査をして、毒ガス成分はなかったとやりました。でもこの中は調査をしていません。あんまり楽しそうな公園じゃ

写真3-12　習志野学校時代のレール

写真3-13　土台がレンガの木造の建物

ない。あちらはゲートボール場になっています。

小薗　よりによって児童公園……。

＊　＊　＊

平形　（地図3-⑩）今、騎兵第十五連隊の中を歩いています。保育園の表側。

大竹　この辺まで（保育園の裏側から習志野学校時代の）レールが繋がっていて、保育園で信号を渡るお稽古に使っていたこともある（写真3-12）。

平形　ここ東邦中高校の裏でしょ。「営庭」だったんじゃないかと言われています。

＊　＊　＊　＊　＊

平形　（地図3-⑪）ちょっとここでストップしてください。私たちはたぶんこの建物（写真3-13）は古いままではないかと（推測しています）。木造建物の名残です。

大竹　でも何だか、今も使っているようですね。

平形　下が赤レンガなんですね。その上に木造の建築。中心部分の建物は壊すけど、（周辺は）引き揚げ者が住んだりしたのではないかと思います。第十三、十四連隊跡はこの並びにあって続いていて（今は）大学になっています。元兵隊さんたちがやってきて碑を建てたのが残っています。馬の像が建ってたりするんです。

『坂の上の雲』の司馬遼太郎の碑も最近できましたけど。騎兵が活躍したと言われていて。騎兵第十三連隊跡の東邦大と騎兵第十四連隊跡の日大（生産工学部）にあるんですけれど、昔のお稲荷さんの跡があったり、碑の跡があったり、両方の大学の境に集められています。戦車隊の碑は碑文を見ると太平洋戦争を辿ることができます。今日は旅団司令部だけは見ましょう。

（後日、**地図3-⑯**の騎兵第十三連隊跡地の東邦大学と、**地図3-⑰**の騎兵第十四連隊跡地の日本大学にある、それぞれ軍隊に関連した碑を共同研究のメンバーで見に行った。**写真3-14**が東邦大学にある碑で、**写真3-15**が日本大学にある碑である）。

写真3-14　東邦大学にある騎兵連隊に関する碑群

写真3-15　日本大学にある騎兵連隊に関する碑群

＊　＊　＊

宮川（**地図3-⑪**から⑫へ移動中）この辺りは昔から商店がずっと連なっていたのでしょうか。

平形　軍隊の町で、軍隊関係の商店が連なっています。軍人にものを売るとか写真を撮るとか。なかにはね、飯ごうの蓋一つ無くなると、点検されると困るので、だい

写真3-16　八幡公園の門柱

写真3-17　公園内にある騎兵第一旅団司令部跡の碑（左）と軍馬の碑（右）

たい他人の蓋を取るんだそうです。それでまた次の人から取る。最後に一番気の弱い人が塀を乗り越えてここに買いに来る。金物屋さんに飯ごうの蓋一つ買いにいった話があります。

写真屋さんも多いし、食料品を売る店、薪炭屋、それからこの裏の方の農家は馬の飼料を納入して軍の残飯を払い下げて豚の餌にしていたとか。

＊　＊　＊

平形　**（地図3-⑫）**　旅団司令部は（当時は）もっと広くて門がこっち（騎兵第十四連隊、第十五連隊の間、道路に向かって北側の）向きにあったんですね。古い地図をごらんになるとわかる。そして今公園になっているところが跡になります。

現在は八幡公園になって門柱が移動している**（写真3-16）**。騎兵旅団だったので軍関係の碑もあります**（写真3-17）**。習志野市教育委員会が建てたこのステンレスの説明板、当時の写真を使っています**（資料3-5）**。

資料３‐５　「騎兵連隊・旅団司令部跡」の説明板（全文）

明治初期より旧陸軍の演習が行われていた小金原は同六年（一八七三年）明治天皇行幸の際に、「習志野原」と命名されてから、周辺に軍隊が急速に創設され、それにともない拡張されてきました。

明治三十二年、日本陸軍初の快速兵団として騎兵連隊が習志野原に創設され、同三十四年には大久保に転営して、現在の東邦、日本大学付近に第十三・十四連隊からなる第一旅団と、東邦中学校・高校付近に第十五・十六連隊からなる第二旅団がおかれました。さらに、八幡公園・習志野郵便局の地に旅団司令部がおかれました。

日露戦争（明治三十七～三十八年）の折には、両旅団が派遣されましたが、満州事変（昭和六年）・支那事変（同十二年）には第一旅団が派遣されました。この頃より軍隊の機械化がすすみ、騎兵連隊は装甲部隊に再編成されていきました。

第二次世界大戦後、連隊跡は学校に、旅団司令部本部の建物は郵便局になり、八幡公園にあった司令部の講堂には、私立大久保保育園が開設されました。この保育園は、昭和二十四年（一九四九年）津田沼町に移管されて、本市第一号の公立保育所となり、昭和四十年、泉町三丁目に移転しました。

昭和五十六年十二月　習志野市教育委員会

5　騎兵連隊による朝鮮人虐殺とその責任について

旅団司令部跡（**地図３‐⑫**）を見学後、京成大久保駅（**地図３‐⑬**）の方へ歩き、駅前通りを抜けて大久保公民館（**地図３‐⑭**）に向かった。

習志野におけるフィールドワークの最後に、大久保公民館の脇にある坂を少し下ったところで、騎兵連隊による朝鮮人虐殺とその責任について大竹さんと平形さんから話を聞いた。ここは本章第２節「震災時の騎兵連隊による虐殺

写真3-18　大久保公民館

について」で聞いた、軍隊による虐殺現場と思われる場所である。第2節の冒頭の解説も参考にしてほしい。

＊　＊　＊　＊　＊

大竹　この地域の最終回でございます。えっと、さっき通ってきた騎兵連隊の近くに商店街があったでしょ。二〇～三〇年前までは二代目がけっこう商売をやっていて、そこに魚屋さんがありまして、そこの魚屋さんのおじさんからずいぶん、子供の頃に見た軍隊の話を聞いたんですね。で、その人から私が聞いたんです。

関東大震災の時、軍隊が朝鮮人を連れ出して、共同墓地がありますのでそこに朝鮮人を連れて行く。ちょうど習志野市民会館（現在の大久保公民館、**写真3-18**）の駐車場へ行く坂道の途中。三山サークルという主婦の勉強会の人たちが聞いた会沢さんという人は第十四連隊の書記をしていた方でして、「私はやっていないけれども……」と言いながら、各連隊が営倉のなかにいる「おかしな朝鮮人」を引っぱり出して殺したと証言した。

営倉のなかに、陸軍習志野収容所から連れてきた人を入れて、そしてまたそこから引っぱり出して軍隊が殺していたのです。

平形　騎兵第十四連隊二名によって、日本人八名が「㊙関東戒厳司令部詳報」に殺されたと書いてあります。（その資料には「S大尉は習志野廠舎ニ在ル収容避難民中不遜ノ言動ヲナシ反抗的態度ヲトリタル邦人八名ヲ受領シ憲兵分隊ニ護送中上記ノ場所（千葉県千葉郡大久保村南端軽鉄踏切付近）ニ差掛リタル際彼等ノ一ハ突然護衛兵ノ銃ヲ捉ヘ他ノ一人ハ大尉ニ打チ掛リ他ノ六名モ棒又ハ石ヲ以テ暴行ヲ始メタルヨリ兵器ヲ用ヰルニ非サレハ鎮圧スルノ手段ナキモノト認メ護衛兵ニ命シ全部之ヲ刺殺シタリナリ」とある）。

大竹　実籾の収容所から津田沼の憲兵隊が連れて行く途中ということですね。で、日本人が収容所の中にいてどうなるかなぁと思うわけですね。古い土地の人は、そこの踏切のことを「南の踏切」って言っているんですよ（**地図3－⑬付近の踏切**）。

そんなねぇ、憲兵に連れて行かれる途中でね、棒切れ拾って歯向かったりするはずないでしょ。書いてあることは矛盾です。その人たちがどんな人たちなのか、って何か探せる手立てはないかなぁと思いながら、何年も経ってしまいましたが……。

この事件について姜徳相先生は、このあいだね、日本人ではなくて朝鮮人だったのではないか、それをそんな言い方でごまかしているのではないかと、おっしゃっていました。

平形　ここの地域をずっと回って来て、なぜここで多くの人が殺されてきたのかってことが問題になるかと思いますが。殺すことに大変こだわっていて、軍隊が営庭で殺したという、引っぱり出して各連隊が殺したという数が相当多いです。

収容所の収容者の数が、追ってみるとかなりの数が足りないんですね。で、もちろん怪我をしていた人もいたから、死んだ人もいただろうと思うんだけれども、殺された人も相当数いるだろうと。そしてそういう軍隊がやっていたことを転嫁するために、朝鮮人を周辺の自警団に渡して殺させたのではないかと。

やっぱり軍隊が殺すという行動をとらなければ、八千代のこの間回っていただいた何ヶ所かの事件はおこらなかっただろうと（前章参照）。「取りに来い」と言われなかったら、周辺の住民が軍隊の収容所へ朝鮮人を取りに行くことはなかっただろうと。私たちはこだわって八千代の慰霊祭をやってきております。

戒厳司令部詳報の二〇例[9]というのは、多くの事件のなかで軍隊が公にせざるを得なかったわずかな事件だと思うのですね。で、なかには大島町の中国人を朝鮮人と書いた例とか、ここの八名は朝鮮人ではないかという人もいるし。もし日本人だったら、もっと問題になっていると思うんですよ。

軍隊は戒厳令下、治安維持という名目でたくさんの朝鮮人を殺してきた。亀戸事件などでは日本人も殺してきた。軍隊の責任が一番重いんじゃないかな。

そこにいくには流言飛語という問題があって、流言飛語を流して「暴動」と言わなければ戒厳令は出せなかったという。で、千葉県に戒厳令が出たのは（九月）三日でやっぱり軍隊の問題ではないかと。もちろん自警団の責任は重いんだけれども……。

騎兵連隊に関する碑は、今度機会があったらご案内します。これでこちらの方面のフィールドワークは終わりです。

むすびにかえて

本章は、関東大震災時に朝鮮人虐殺をおこなった習志野の騎兵連隊に関連する史跡を中心に歩いた記録である。私がとくに印象に残った点を二点述べたいと思う。

一つ目は、「空間」と地域住民についてである。紹介したとおり習志野という地域は、明治時代以降「軍郷」として時代を歩んできた町である。

戦前、軍隊の周辺地域に住む人びとは、習志野収容所で働いたり、干草を軍隊に売っていたりした。また、戦後も軍隊がいた土地に民家を建てたりしていた。第一次世界大戦時のドイツ兵捕虜と民間の日本人と交流があったという話も、習志野の軍隊と民間人が隔絶していたわけではないことをあらわしている。

ドイツ兵捕虜との交流や司馬遼太郎の『坂の上の雲』にえがかれるような騎兵連隊像とは異なり、関東大震災時の軍隊の虐殺について、地域の人びとからなかなか証言が出てこない。それは、生活するうえで軍隊と密接な関係をもってきた地域であるがゆえのことではないか。

二つ目は「時間」と実行委員会についてである。今回聞いた実行委員会の説明では、ある道路が江戸時代は牧の土手だったり、そうかと思えば、別の道路が明治以降の騎兵連隊各隊の境界だったりした。震災時の騎兵第十六連隊が駐屯していた場所かと思えば、そこはいまだに残る昭和の習志野毒ガス学校の跡だったりする。戦後の開拓や自衛隊の話も間に入る。

時代を往還しながら歴史的問題の関連性を考えることにフィールドワークの魅力があると思う。実行委員会は、習志野の軍隊を成立過程から、震災時の虐殺、習志野毒ガス学校と、現在も残る史跡を巡りながら考察している。

虐殺の責任について平形さんが「軍隊の責任が一番重いんじゃないかな」、「もちろん自警団の責任は重いんだけれども……」と語る点は、地域に軍隊が何をもたらしたかということを長い時間軸で考えているだけに重みがある。

（小薗　崇明）

注

（1）各節の冒頭における習志野の歴史に関する概説は、以下の文献・資料を参考にした。平林巌［一九五四］、将司正之輔［一九八三］、習志野原開拓史編纂委員会［一九八七］、北習志野開拓五〇周年記念誌編集委員会編［一九九四］、習志野市教育委員会編［一九九五］、千葉県平和委員会・習志野平和委員会編、旧軍事施設解体時の調査報告書［一九九五］、北習志野開拓五〇周年記念写真集編集委員編［一九九五］、習志野市教育委員会編［二〇〇一］、千葉県歴史教育者協議会編［二〇〇四］、安生津開拓者の会編［二〇〇五］、千葉県史料研究財団編［二〇〇六］、八千代市立郷土博物館［二〇〇六］、千葉県人権啓発センター編［二〇〇六］、習志野原開拓六〇周年記念誌委員会編［二〇〇七］。

（2）「習志野原」の名称の由来に関しては諸説あり、いずれも確証のある資料は確認できない。ただし、前掲、八千代市立郷土博物館［二〇〇六］によれば、「宮内庁所蔵の明治六年『総務課例規録』の中に、「印旛県下総国千葉郡大和田ノ原ヲ習志野原ト称シ操練場ニ定メラレノ件」という記録が残されて」いるとある（二頁）。よって、一八七三年あたりから同地は習志野原とよばれるようになったと思われる。

（3）ただし、フィールドワーク時にこの碑はまだ建てられていない。

（4）以下、渡辺良雄さんの回顧は、前掲『いわれなく殺された人びと』二六七頁。

（5）以下、申鴻湜さんの証言は、同右二二九〜二三三頁。

（6）以下、会沢泰さんの証言は、同右二三九頁。

（7）『論座』二〇〇三年一一月号（朝日新聞社）一八五頁。

（8）松尾章一監修、田﨑公司・坂本昇編集［一九九七］一六〇〜一六五頁に所収。

（9）同右。

補記　第一部の理解を深めるために

私たちは、二〇〇七年一月二七日の千葉県八千代市高津・大和田新田・萱田のフィールドワーク後に、八千代台駅近くの喫茶店で、ご案内いただいた大竹米子氏・平形千恵子氏のお二人に話をうかがった（参加者は、第2章と同じ）。事前に『いわれなく殺された人びと』を読んで感じた疑問をお二人に聞くためである。震災当時の軍隊と周辺の村の関係、村の中での住民の役割分担、実行委員会の調査における課題などを簡潔にまとめていただいた。フィールドワークの内容を理解するための補足として、お読みいただきたい。なお、（　）内は田中による補足である。

(1)　高津の日記など、この地域での朝鮮人虐殺に関わる資料について聞かせてください。

平形　（地域住民から）提供された日記[1]の全部は公表できませんでした。高橋益雄さん[2]と大竹さんが所有者に会って、ぎりぎり、ここまではということで……。『いわれなく殺された人びと』は了解が得られている範囲で、（引用も）その範囲でお願いしたいということです。私たちのように地域で調べたり、発表したりする時には、地域の方たちに最大限の配慮をして。今の代でも、土地の人なら屋号ひとつでどの方だかわかるんですよ。

証言は確認できたものだけ使います。一つだけではなく二つの証言があって、つながれば確認できる。そういうことにはかなりこだわってやっています。責任をもって公表できる範囲にとどめておくということをわかっていただけたらいいと思います。

(2) 戦後早くから自警団による事件を記した『関東大震災の治安回顧』(3)には船橋などの事件が出てきますが、どう評価しますか？

平形 一九四七年当時の出版としてはぎりぎり出せた公の記録だろうと思っています。国家が関与した核心は載せてない。でも、福田村事件(4)なんかを明らかにするのにとっても役に立ちました。（事実関係については）、軍隊と警察と国家に関わる部分では合ってないけれども、民衆の動きなどは比較的合っています。私、この著者に何度かお手紙を書きました。梨のつぶてでした。何とかして話をうかがいたいと思ったんですけども、だめでした。

(3) 朝鮮人犠牲者がいた飯場の位置や経過などについてはどこまでわかっていますか。

平形 全てわかってはいませんが、飯場は当時の北総鉄道、今の東武野田線（を建設する工事現場の近く）ですね。船橋、鎌ケ谷、塚田、馬込沢、丸山もそうなんですが、できるだけ調査はしました。丸山では「おこもり堂」（慈眼院）と呼ばれた場所を飯場として貸していました。塚田の松島も火の見のあたりに飯場がありました。

鎌ケ谷の粟野は石井良一さん(5)が確認されて、私も二・三回行っているんだけど、今はどこか困るくらいわからない。最初に行ったときには、近所の家の人は戸を閉めてしまい、話を聞けませんでした。今ならもう少し違うかなと思うけど、そういうところも丁寧さが必要だった、と思います。

(4) 習志野収容所と近隣の集落との関係は？ なぜ住民に殺させた地域が大和田新田・高津・萱田なのでしょうか。他にも関係する地域がありえたのでしょうか？

平形 習志野収容所と近辺の集落は軍隊と非常に近いというか、残飯を豚のえさにもらったり、飼葉の草を買ってもらうという利害関係があるんです(6)。当時の社会では軍隊の命令は絶対だと考えていたと思いますが、でもそれだけで殺すかどうか？

田中　（習志野収容所の）周辺の集落が他にもありますが……。

大竹　はい、ありますね。場合によっては他のところも……。

平形　（軍隊から）一五人もらってきて、大和田町の高津が最初に三人引き受ける。追加で二人と一人で六人。ということは、よそに、五箇所、ないし六箇所あっていいわけですよね。（下げ渡された計一八人のうち）高津で六人（殺してしまう）、萱田上が三人（八木ヶ谷証言では一人）、萱田下が三人、大和田新田が三人。ね、何人？　ほら、残るでしょ。だから、絶対にあることはわかっているけれども、もう証言する人もいない。中台墓地でも（追悼碑を）建てたんだけど、(7) 八木ヶ谷さん以外に証言する人がいない。私たちとつながりができなかったのが残念です。わかったのがこれだけで、（他にも）あったと思うけどわかっていないと受け止めていただくのがいいのではないかと。

田中　触れてはいけませんね。

平形　はい。確認できない地名は出せません。軍隊（陸軍習志野収容所）が民衆に渡して殺させたことが一番の問題なのだから。

(5)　朝鮮人を殺害した軍隊について教えてください。（保護の名目で）収容した朝鮮人を殺害してしまうような事例は、習志野収容所特有のものと考えていますか。

平形　騎兵連隊が第十三、十四、十五、十六とありますね。一日の夕方には戦時体制で、練習ではなく実弾を込める。将校は船橋の将校宿舎まで指揮刀を取りに行かせ、その体制で東京へ馬を走らせ（朝鮮人を）殺しているんです。それが帰ってきても、収容所から連れ出して沢山殺してね。六日に戒厳司令部から「注意」が出て、殺すなという命令で船橋での民衆による虐殺は終わるけれども、習志野収容所からは七日、八日、九日に（周辺の村に）配るでしょ。

このテーマで出てきたのは、習志野だけ。しかも、地域から日記という証拠が出てきたのではっきりしたわけで、他の地域のことはわかりません。

憲兵の資料は、二〇〇三年の八〇周年で私がレポートする日の朝の新聞に[8]（憲兵が収容所で朝鮮人の調査をしたという）資料発見の記事が出た。[9]すごいつながりを感じた。聞き取りでは出てくるんですよ。それが資料で裏付けられた。

二〇部だけ作成されたという『関東戒厳司令部詳報』というのがあるんです。目次（の一部）を切り取って、紙が貼ってある。[10]その章全部ないんですよね。『もうひとつの虐殺秘史』[11]を出した田原洋さんが最初に指摘されていて、私たちもそれを見て絶対おかしいと。それが出てくれれば、（軍隊の朝鮮人虐殺関係のことを書いた）資料を公にすることになるだろうって私は思っています。

田中　『いわれなく殺された人びと』では、七日から九日に近隣住民に「払い下げ」て、その後収容所での（軍隊自身による）虐殺が起こっているように思えます。なぜでしょうか。

平形　それね、『いわれなく殺された人びと』の時と今の理解は違います。聞き取りをすると「寒くなって」とか、「月の半ば」とかの表現がいっぱい出てきて、私たちも、中旬以降という（印象を受けた）。けれども調べていくと、早いんですよ。（東京方面に）軍隊が出かけて殺し、それが帰って来て（収容所で）殺していると理解しています。

田中　（近隣の住民に殺させたのと収容所内外で軍隊が殺した時期が）同時並行ということですか。

平形　ええ。同時並行ではないかと思います。中国人も、収容所のなかで食べ物を争ったという理由で、みせしめに軍人が殺したという証言があります。住民に殺させたのは七、八、九日で終わっていると思います。軍隊の内部ではその後もあったかもしれない。

大竹　収容所の軍隊、十三、十四、十五の連隊は東京へ一週間ぐらい行っていて、帰ってきてからもやっているんです。

平形　渡辺良雄さんという当時船橋警察にいた警察官が、「（送り込んだ収容者の数が）足りなくなった」と証言している。（単に怪我や病気で亡くなるだけでなく）なかで憲兵が選り分けて軍隊が殺したために減っているのではないかと思います。

姜徳相さん[12]も、絶対あの時期一人も出していない（収容所からは朝鮮人を釈放など、させてはいない）って言っています。軍隊のところが一番わからなくって。

大竹　南のほう、今でいう習志野、それから船橋の三山っていう、その辺でも噂話としては結構あるんですけどね。

平形　（軍隊による殺害の）一覧表[13]を、差し上げた資料の一番後ろに付けて置きました。軍隊の中で相当殺しているのよ。あれだって（国は）知らん顔になっている。

船橋では行田の海軍東京無線電信所船橋送信所に朝鮮人を連れて行くんですが、そこでは受け取らないんですよ[14]。それで船橋の警察署に連れて行く途中で、自警団に襲われ殺されていく。渡辺さんは受け取る側で、途中まで出向いているのに、鎌ヶ谷の自警団に付き添ってきた騎兵が、船橋の自警団に渡せと言われたからと警察に渡さない。それを警察署に報告している間に……（自警団が朝鮮人を虐殺する）[15]。

九月三日に送信所長が「送信所に来て守れ」って近所の自警団を集めて「朝鮮人を見つけたら殺してもいい」って刀を渡した。最初は民衆の問題だったけど、途中から軍隊の責任、国家の責任が一番大きいのじゃないかと。

(6)　村の組織と殺害との関係や直接関わった人びとについて教えてください。阿部こうさん[16]は「生意気な、喧嘩早い人たち」「農家のおやじさんたちはしません」と言っています。日記には、「主望者」が収容所に朝鮮人を受け取りに行ったという表現があります。

平形　これは大事な問題ですね。指示をする階層は大米《おおまえ》と書いてある。村の旦那衆でお金も出し、米も出し、面倒も見る自警団の首脳部です。実行の役割を担わされるのは、小米《こまえ》と書いて、小作ないしもっと下の人たち。猟師というところまで考えています。自警団は、一軒から大人一人出るんです。旦那が出る場合も息子が出る場合もあります。ほとんどが在郷軍人か青年団に属しています。それを見つめる人びとというのは、そこに参加しない男や女や子供。そんなふうに考えています。

「生意気な、喧嘩早い人たち」という表現は、百姓、農家のおやじさんたちはやらなかったと言っているから、その旦那衆ではない。ただ、自警団の中心メンバーは旦那衆。

それから、「主望者」とはどのような人びとか、ということですね。あの本を書く段階で、大竹さんも私も、みんなで何べんも考えて話し合ったんです。最初は字が間違っているんじゃないかって言ってたんですけど、この字の通り、受けとめました。「主に望んだ人たち」。これだけデマが流れて、自分たちだって少しやらなくちゃって、よこせと言った人たちが、いただろうと。渡辺良雄さんの証言のなかにも、くれと言ってくる人たちが地域にいるというのがある。それと併せて、血気盛んな若者、あるいはデマに踊らされた男たちであろうか、というふうに理解しました。

田中　ちょっと、判断がなかなか難しい……。

平形　そう、私たちも判断が難しいです。ただ、「主望者」という、この字の通りに読み取ろうね、というところまでいったんです。

（7）**萱田での殺害日時はわかっていますか。また、朝鮮人を殺害した民衆の意識について教えてください。**

平形　配られた日時が同じですから、七、八、九日で高津と同じだと思います。記録はありません。七日に配られていて、連れ回してとか、夜半にとか言われているから。

田中　大和田は……。

平形　大和田も同じだと思います。昼に「座らせられていて」夜に殺されている。だから、一緒に「配られた」人だと思います。追加については、わかっているのは高津だけなんですよ。ほかは追加があったかどうかわかりません。だから「一八人以上」と言っております。

（人びとの意識については）船橋の自警団事件の聞き取りで、「軍隊の命令は天皇の命令だから」と。本当に天皇に命令されて、褒美がもらえると思って殺しちゃった。船橋では、行田の無線塔の周辺では（朝鮮人を殺せば）褒美がもらえる、という言葉が出ている。だから、（警察が自警団を）捕まえに来た時は本当に不満だったたって。

捕まえに行く警察も大変だった。渡辺良雄さんは、武器を持っているやつを捕まえるのはとんでもないって。ご飯を食べている時ですぐには出てこなくて、食べてからにしろって（言われたそうだ）。捕まえるおまわりさんもこわごわ。捕まえられる側も不満で。

(8)『いわれなく殺された人びと』以降の活動（聞き取り調査・資料の発掘など）と現在の課題について教えてください。

平形　聞き取り調査が、本当にもう難しくなりました。資料の発掘は七〇周年のときに私たちも参加させていただいて、資料集づくりがとてもいい勉強になって(17)。松尾章一さんや皆さんにくっついてよく行きましたね。東京都公文書館の『戒厳司令部詳報』、防衛省の海軍関係。それから、国立公文書館、法政大学。

千葉県でもとにかく行けるところはいっぱい行って、まだ、あるんだろうと思うんですけど。憲兵の資料とか出てきてほしいけど。あとは外交文書。（当時、王希天をはじめとした中国人虐殺のことで）中国からいろいろ言ってきているでしょ。私たち外交文書はやっていませんので、できたら、この辺はやっていただくと……。

仁木（ふみ子）さんの関係のもの(18)、とっても、面白いんですよね。教育交流や教育援助。殺された人の村へ行って。

大島町のフィールドワークに参加しました。横浜の資料館での展示では、すごく丹念な中国人名簿まで出されて。中国人が何百人か大島で殺されているんですよね。（震災時の虐殺は）朝鮮人の問題でも中国人の問題でもあるんですよ。そのへんはぜひ……。

今は慰霊祭を続けています。毎年九月に四〇人ぐらい。時々新しい人が出入りしてくださって……。フィールドワークは頼まれたらできるだけやっています。これは地域の市民団体や小さなサークル、韓国の方も、高齢者大会も、母親大会も、平和委員会も、この問題をできるだけ広げ、知らせるためにやっています。

次に写真と資料が山ほどあるのをどうやって整理し残すか……。私の家のダンボールにいっぱいあるんです。部屋に積み上げてあるんですけど……。本当に、資料の整理をして、どういう保存の仕方をするのか。使える形にするにはどうすればいいのか。忘れられないためにどうすればいいのか。どう引き継いだらいいのか。もう、最大の課題です。日記のコピーやその他公表できないものもあるから、これ捨てられちゃったら困るねって。

大竹　あなた（小薗）が言ったと思うんだけど、（「異国人」と書いている萱田の「至心供養塔」に）「朝鮮人」と書けない。それは何なんだと前に思ったと言われたけれども……。どうなんでしょうね（小薗氏が初めて「至心供養塔」を見た時の感想(19)）。

小薗　難しい問題ですね。

平形　いろんな意見があるの。あれは書き直させるべきなんじゃないかという意見もある。それに韓国の人たちが来るとすごく違和感がある。私たちも違和感があるけれども、違和感の質がちょっと違う……。「書けなかったんだろうな」と思っちゃう私たちと。「何だこれは」と言う人たちと。（至心供養塔を建立した）あの時、あの地域に生きている人たちは「異国人」は最大限の表現。韓国人と朝鮮人どっちを書いていいかわからなかった。だからもっと前に「第三国人」と言われた時代は「第三国人」と（なぎの原の塔婆に）書いてあった。その後観音寺さんは朝鮮人と韓国人と並べましたからね。違和感があるのはいいけど、その後どうしたらいいかということですね。観音寺の慰霊碑を見ても、みなさんがいわれがわからないと言われる。説明板をつければいいかしらとか、説明のパンフレットをお寺さんに預けといたら来た方たちに渡してもらえるかとか、いろんなことを考えて、まだできていません。

田中　どうもありがとうございました。

（田中正敬）

注

（1）「日記」が公開されたきっかけについては、本書第5章を参照。

（2）高橋益雄氏は実行委員会創立時の実行委員長であり、調査・追悼に携わるとともに地域住民との交渉に力を尽くしたが、一九八八年三月六日に急逝した。高橋氏については、『いわれなく殺された人びと』のほか、本書第二部第5章と第6章、および実行委員会が発行する会誌『いしぶみ』（第一九号、一九八八年四月）での高橋氏の追悼特集を参照。

（3）吉河光貞『関東大震災の治安回顧　昭和二十四年九月特別審査局資料　第一輯』（法務府特別審査局、一九四九年）。

（4）いわゆる福田・田中村事件とは、一九二三年九月六日、千葉県東葛郡福田村三ツ堀において、香川県の売薬行商人の一行一五名が朝鮮人と誤認され、九名が福田・田中村の自警団により殺害された事件である。詳細は、石井雍大［二〇〇四］を参照。

（5）石井良一氏は実行委員会のメンバーで、鎌ヶ谷市の市会議員や農業委員を務めた。軍隊による王希天殺害事件を明らかにする土台となった久保野茂次の日記公開に尽力するなどしたが、一九九五年八月一六日に亡くなった。本書第二部第5章と第6章を参照。

（6）軍隊と近隣住民の結びつきについては、『いわれなく殺された人びと』九四頁以降、本書第一部第3章、を参照。

（7）中台墓地の追悼碑は、関東大震災七〇周年記念集会八木ヶ谷妙子氏が目撃証言をしたことを契機に、萱田上の住民が建立した。八木ヶ谷氏の証言は、「関東大震災の直後朝鮮人虐殺を目撃した小学校四年生」として、関東大震災七〇周年記念行事実行委員会編［一九九四］に収録。建立の経緯は、平形千恵子［二〇〇四b］を参照。

（8）当日の報告については、平形千恵子［二〇〇四b］を参照。

（9）「関東大震災後の憲兵隊　朝鮮人収容所にスパイ潜入　社会主義者警戒の課を特設　内部資料を発見」（『朝日新聞』二〇〇三年八月三一日付）。原文と松尾尊兊氏の解説は『論座』同年一一月号に掲載。併せて松尾尊兊［二〇〇四］も参照。

（10）この点について、田﨑公司・坂本昇「第Ⅱ巻　陸軍関係史料　解題」（松尾章一監修、田﨑公司・坂本昇編集［一九九七］一九頁）の分析は、以下の通りである。

「「第十一章」に関しては、切り取られ、そこに紙が張られた跡が見受けられ、それに相当する「本文部分」も切り取られている。この章については……「外国人及社会主義者ニ関スル事項」の記述があったものと想像される。すなわち、朝鮮人虐殺事件・中国人虐殺事件（大島町事件・王希天事件）・社会主義者殺害事件（亀戸事件・大杉＝甘粕事件）の詳報であり、この部分は何者かの手によって隠蔽されたのである」。

（11）田原洋［一九八二］。

（12）姜徳相氏は朝鮮の独立運動史から関東大震災時の朝鮮人虐殺に至るまで幅広い研究を続けている朝鮮近代史研究者。関東大震災朝鮮人虐殺に関連する研究業績については、本書第二部第4章を参照。

（13）「震災警備ノ為兵器ヲ使用セル事件調査表」（松尾章一監修、田﨑公司・坂本昇編集［一九九七］、一六〇〜一六五頁）を指す。この表には、全部で二〇件の軍隊による朝鮮人・中国人・日本人虐殺事件が書かれている。しかし、これが軍隊が関与した全てでないことは、『いわれなく殺された人びと』を始めとした各地域での調査研究によっても明らかである。

（14）『いわれなく殺された人びと』四二頁を参照。

（15）同右、四四〜四五頁、および本章第一部第1章を参照。

（16）詳細は、本書、第一部第2章を参照。

（17）その成果が、松尾章一監修、大竹米子・平形千恵子編集［一九九七］である。

（18）仁木ふみ子氏の代表的な業績として、仁木ふみ子［一九九一］、同［一九九三b］、今井清一監修、仁木ふみ子編［二〇〇八］を挙げておく。

（19）二〇一二年一月一三日付で、大竹米子氏よりこのやりとりについて左の通り付け加えたいとのお手紙をいただいた。

萱田の「異国人」なぎの原の「第三国人」の文言について

私は、韓国人から差別用語として苦情が出ているのは当然のことと考えていました。土地の人の気持ちとして次のことが働いていたと思います。

① 敗戦前には使っていた「朝鮮、朝鮮人、鮮人」を使うわけにはゆかないと考えて、それならどうするかで、異国人、第三国人を使っただろう。

② 関東大震災の朝鮮人虐殺事件をこの地域でやったということをはっきりさせたくない。

しかし、第三国人、異国人は差別用語であり、「朝鮮人」が民族の独立を意味しているところまでは、たぶん意識していなかったでしょう。小薗さんが「何だこれは」と思ったのは、この差別意識を突いています。韓国人の批判も同じ。それを一つ乗り越えたところに高津（観音寺の慰霊碑——田中注）の碑文の意義がある。

朝鮮民主主義人民共和国と大韓民国に気を使っただけなら、朝鮮人・韓国人と併記すべきだと言うだけのことで、何も難しい問題ではありません。私が問題を提起したのですから、ここまで話し合うべきでした。

以上

第二部　千葉県における関東大震災と朝鮮人犠牲者追悼・調査実行委員会のあゆみ

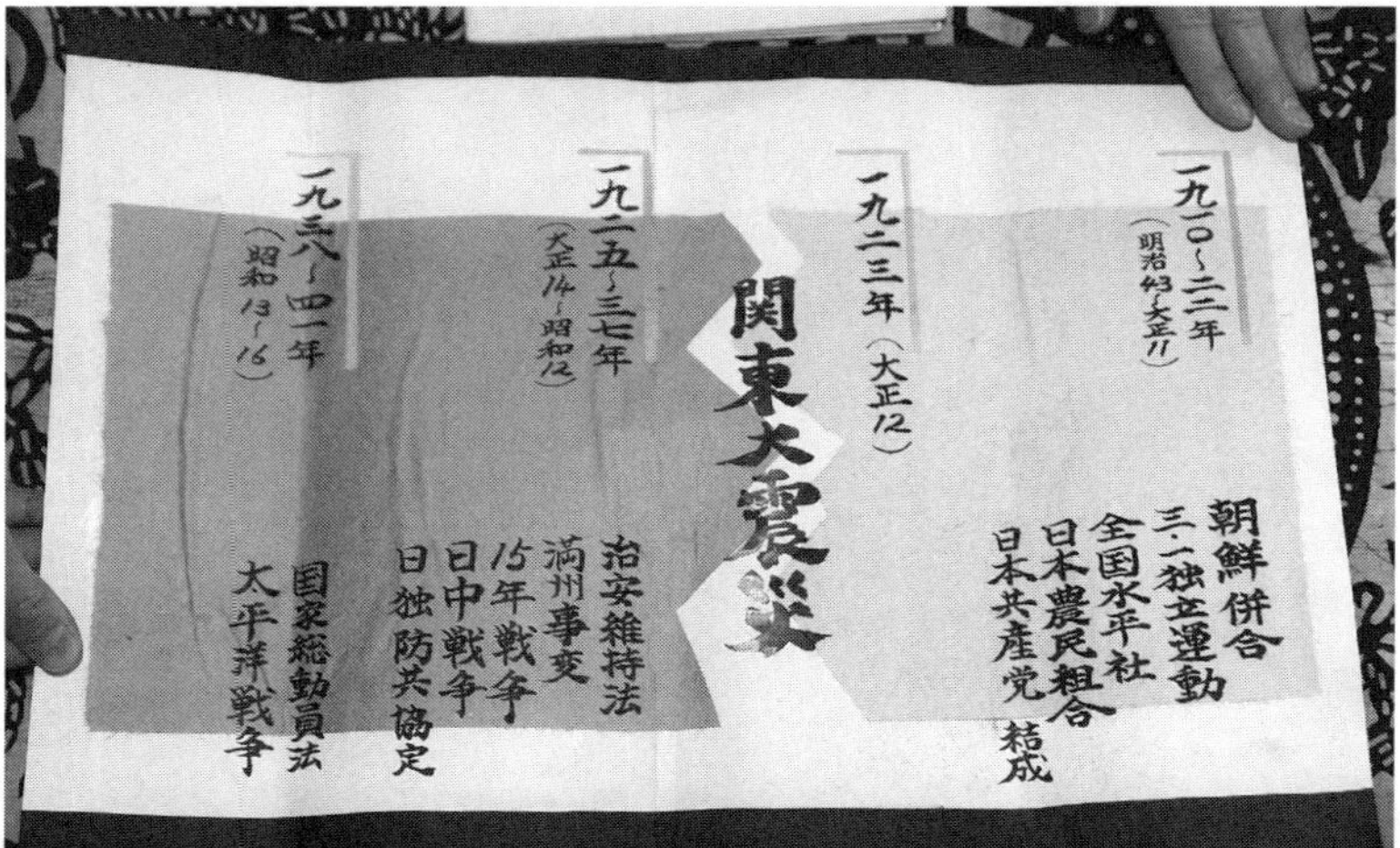

三山サークル作成のスライドの原画

第4章　関東大震災朝鮮人虐殺研究の二つの流れについて

――アカデミックなアプローチと運動的アプローチ

はじめに

事態を記憶すること、思いを残して逝った人を記憶すること、そして、ここに至るまでの過程を記憶すること――この行為が、人がもたらした災厄に対する抗議につながります。（成田龍一「記憶せよ、抗議せよ　そして、生き延びよ」[1]）

二〇一一年三月一一日に発生した東日本大震災は、地震と津波による天災と、福島原子力発電所の事故という人災との両面があり、その影響と被害はまだ終わらず現在まで続いている。引用文は震災の二ヵ月後である五月一一日の文章である。今回の震災は目をつぶりたくなるほどの惨憺な被害をもたらしたが、目をそらさずその災厄の全てのことを記憶するよう、成田龍一は言っているのである。今の危機を乗り越えるためにも、また同じ人災を繰り返さないためにも、目の前の事態から逃げ出さないことが必要であろう。成田は記憶の行為をもって、その人災に対して抗議することを提案しているのである。

だが、この抗議のメッセージは、一方では、二〇一一年三月のことに対する「記憶」の問題だけではなく、忘れていた過去の「忘却」にも目を向けさせる。本章は、一九二三年九月一日に起きた関東大震災の人災の側面としての朝鮮人虐殺が、現在までどのように記憶されながら抗議につながり続けてきたのか、その過程を辿るものである。そのため、震災時の朝鮮人虐殺に関する今までの研究成果を整理しながら、そのなかでおこなわれたさまざまな立場にある研究者の闘いを確認することにする。

具体的には、これらの闘いを二つの流れに分けて認識することである。「研究にあたり、地域における市民の活動に目を向けることなしに成果を得ることはできないであろう[2]」という指摘にもあるように、朝鮮人虐殺研究はアカデミックな研究だけではなく、地域の市民による追悼や真相調査の活動などとともに進められてきた。すなわち、朝鮮人虐殺の歴史が我々の近代史においてどのような意味をもっているか、という苦悩からこの問題を学問的対象として取り組んだアカデミックな研究者個々人の成果もあるが、自分がこの問題にいかなる形であれ、関わっていると考える人びとが集まって追悼や調査活動を進めてきた「市民の連帯」による成果もあるのではないかと思われる。この点から見ると、朝鮮人虐殺研究においては、アカデミックな成果とともに運動的成果をも一緒に考察する視野が必要だといえる。

しかし、アカデミズムと運動という区分をしたとしても、アカデミックな研究成果において運動的側面がないというわけではない。アカデミックな研究者のなかには追悼行事等の一員として活動している人びとも少なくないなど、研究者たちの活動領域においても、アカデミズムと運動との区分は自明ではない。だが、本章では研究上の主たる立場に注目し、「アカデミックな研究」とは歴史学などの学問の立場からこの問題を取り上げた研究を、「運動的研究」とは地域における市民の立場からの、追悼・調査活動を中心にする「市民の連帯」としての研究を意味する表現として限定しておきたい。

既存の研究においても、この両面を包括した研究史のまとめがなされてきたが、これを二つの流れに分けて各々の側面を考察しようとした試みはなかった。研究というものをアカデミックな世界に限定してきた我々の偏見にその原因があるのかもしれない。本章では、追悼・調査活動による運動的成果を震災研究のもう一つの流れとして把握し、アカデミックなアプローチと運動的アプローチとの二つの流れとして震災研究をまとめたい。とくに、アカデミックな研究に比して、それほど注目されてこなかった運動的成果に焦点を当てる。

第2節と第3節ではアカデミックな研究成果と運動的研究成果の二つの流れを紹介し、第4節では本書の共同研究の対象である「千葉県における関東大震災と朝鮮人犠牲者追悼・調査実行委員会」（以下、「千葉県実行委員会」と略）に注目し、研究の流れのなかで千葉県実行委員会の位置づけについて考えてみようと思う。研究についての簡単な紹介に留まる恐れがあるが、朝鮮人虐殺を中心とする震災研究における新たな可能性を探る試みとしたい(3)。

1　アカデミックなアプローチ

(1)　研究の始まり

戦前には政府の隠蔽の下で自由な研究がおこない得なかった朝鮮人虐殺について、初めて学問的分析を加えたのは、一九五八年一一月の斎藤秀夫の論文、「関東大震災と朝鮮人さわぎ――三五周年によせて」（『歴史評論』第九九号）であった(4)。この論文の末尾に「横浜地方史研究会やサークルの諸氏のご援助、激励のおかげであり、厚く感謝申上げる」と述べられているように、この論文は横浜地方史研究会や女性史サークルのメンバーとの共同作業だと、筆者自身は評価している(5)。後に斎藤は「私が、国民的歴史学運動に励まされて、学習サークルのなかで歴史を学びだし、横浜市域の発掘や調査に参加したとき、朝鮮人のなかまがいた。……なかまの朝鮮人・中国人の心の底深く秘められている日本人への不信感・憎悪は関東大震災に遠因がある、と思い知らされていた私は、「鮮人さわぎ」の実態・背景をつきとめようと思った」[6]のがこの論文の契機となったと回顧した。

この論文は、掲載当時の標題や本文の一部に「朝鮮人さわぎ」が括弧なしに使われたので、在日韓国・朝鮮人研究者からの批判を受けたが、その経緯は掲載から三五年を経て明らかになった。[7]この研究をきっかけに、「朝鮮人さわぎ」などの流言が官憲によって創作・伝播されたものではないかとの推論が提起され、後に論争を引き起こした。[8]右の点から本論文は、朝鮮人虐殺に関する注意を喚起する契機となったといえる。地域市民の一人としての地域研究会や歴史サークルの活動、またそのなかの在日朝鮮人仲間への関心が、朝鮮人虐殺に対する戦後初めての学問的分析につながったのであろう。このようにして始まった朝鮮人虐殺研究は、五年間の空白を経て震災四〇周年（一九六三年）を迎えて本格的に開始されることとなった。

(2) 震災四〇周年

震災四〇周年、在日韓国・朝鮮人研究者による資料集の刊行を契機に朝鮮人虐殺研究が本格的に始まった。この資料集とは、姜徳相・琴秉洞編の『現代史資料六　関東大震災と朝鮮人』（みすず書房、一九六三年）と、朝鮮大学校編の『関東大震災における朝鮮人虐殺の真相と実態』（一九六三年）である。前者は、政府関係文書を中心にして朝鮮人虐殺に関する基本資料を所収しており、四五年を経た現在までも基本資料集として読まれている。後者の所収資料は前者と重なるものも少なくないが、資料が府県別に整理されており、また朝鮮人の体験談を所収している貴重な資料集である。[9]

しかし、資料集刊行の当時、史料としての価値は認められる一方、史料の性格に関して論争が起きることになった。

姜・琴編『現代史資料六』の所収史料は日本政府関係文書を中心にしているため、虐殺事件に関する政府の責任を指摘している。そのなかには、朝鮮人流言についての部分も含まれているが、これをめぐって松尾尊兊と姜徳相・琴秉洞との論争がなされた。姜は流言が官憲の意図的な捏造によってつくられたという「官憲内発説」⑩を主張したが、松尾は民衆の間で自然的に流言が発生したという「自然発生説」の立場から「官憲内発説」を批判したものが、論争の核心である⑪。

この論争とは別に、一九六三年七月の『労働運動史研究』の特集号（第三七号）をめぐってもう一つの論争が展開し始めた。「特集　関東大震災四〇周年」⑫の「はじめに」で塩田庄兵衛が朝鮮人虐殺・亀戸事件・大杉事件を「扼殺三大事件」と表現し、今井清一もこの三事件を並列して論じた、いわゆる「三大テロ事件（史観）」論が登場したのである。しかし、「戦後の「科学的歴史学」の立場にたつ日本人研究者の、いわば「通説」ともいえる⑬」このような見解に対して、在日韓国・朝鮮人歴史家から厳しい批判が提起された。

また、『歴史評論』も一九六三年九月（第一五七号）に「特集　日本と朝鮮――大震災朝鮮人受難四〇周年によせて⑭」として朝鮮人虐殺問題を取り上げた。以上のように、震災四〇周年になってから本格的に朝鮮人虐殺は歴史的学問の分析対象になると同時に、日本近現代史のなかに入って位置づけされることになった。また、現代に至る二つの論争の口火、すなわち流言発生説と「三大テロ事件」をめぐる議論の登場も四〇周年の特徴であろう。この論争は、震災五〇周年に本格的に論じられることになる。

(3)　震災五〇・六〇周年

震災五〇周年には、四〇周年に提起された見解に対して姜徳相の本格的反論が展開されたという特徴がある。前述したように、資料集『現代史資料六』をめぐり、松尾尊兊の書評をはじめとした、流言発生説についての松尾と姜・

琴との論争が起こったが、姜徳相は五〇周年の『歴史評論』（第二八一号、一九七三年一〇月）の「特集　関東大震災五〇周年」[15]のなかで、松尾に対する反論を発表する。すなわち、この論文「関東大震災下「朝鮮人暴動流言」について」は、松尾尊兊の論文「関東大震災下の朝鮮人暴動流言に関する二、三の問題」（『朝鮮研究』第三三号、一九六四年一二月）で「朝鮮人暴動」の流言が民間に自然発生したと松尾が主張したのに対し、流言は官憲が捏造したとの姜の主張を続けているのである。一九七五年、姜の『関東大震災』（中央公論社新書）の刊行は、それまでの姜の研究が集約されたものとして、大きな反響を呼んだ。

震災六〇周年のアカデミックな研究成果としては、『季刊　三千里』（第三六号、一九八三年一一月）の「特集　関東大震災の時代」[16]を挙げられる。この特集のなかで注目すべきことは、高崎宗司「関東大震災・朝鮮での反響」が朝鮮人虐殺に関する朝鮮での反応を取り上げたことである。高崎は、朝鮮語新聞『東亜日報』や『朝鮮日報』を用いて朝鮮人虐殺が朝鮮に伝えられる過程とその反応について分析している[17]。

以前の研究と比べて、震災五〇・六〇周年のアカデミックな研究成果の数が少ないと感じられるのは、この時期に研究が少なかったことを意味するのではない。その原因は運動的研究から探せる。すなわち、震災五〇・六〇周年は、運動的研究成果が活発な時期だったからである。高柳俊男は、五〇周年を「日朝協会による聞き書き活動」の時期として、六〇周年を「研究の広がり」の時期として規定しながら[18]、「この問題に腰をすえて取り組む地域の研究グループも、少しずつ生れるようになった[19]」と評価している。右の運動的アプローチについては後述する。

(4)　震災七〇・八〇周年

震災七〇周年は、『歴史地理教育』（第五〇六号、一九九三年八月）、『歴史評論』（第五二一号、一九九三年九月）などで、歴史教育・歴史学の立場から特集が組まれた時期である[20]。『歴史地理教育』の「特集　関東大震災から何を学ぶか」[21]と『歴史評論』の「特集　関東大震災と朝鮮人虐殺事件」[22]に掲載された諸論文を見ると、運動的活動からの研究が多数を占めていることが目立つ。これは、震災五〇・六〇周年頃から盛んとなった地域の市民連帯を土台とする活動が、アカデミックなアプローチとの接点を模索していることを意味するのではないだろうか。

他方、震災七〇周年と八〇周年との間になされた資料集の編纂が注目される。琴秉洞編の『関東大震災朝鮮人虐殺問題関係史料Ⅲ　朝鮮人虐殺に関する知識人の反応（一・二）』（全二巻、緑陰書房、一九九六年）、『関東大震災朝鮮人虐殺問題関係史料Ⅳ　朝鮮人虐殺に関する植民地朝鮮の反応』（同右、一九九六年）は、朝鮮人虐殺に関する、当時の知識人や植民地朝鮮の反応についての資料集である[23]。また、松尾章一監修『関東大震災政府陸海軍関係史料Ⅰ～Ⅲ』（日本経済評論社、一九九七年）は、政府・戒厳令関係史料、陸軍関係史料、海軍関係史料の全三巻で構成されている。

震災八〇周年は、これまでの研究成果が単行本に集約されて刊行されたことが特徴だといえる。姜徳相、山田昭次、松尾章一は、朝鮮人虐殺研究の代表的研究者たちであり、八〇周年に彼らの研究が同時に出されたのは研究史において意味があることであろう。姜徳相『新版　関東大震災――虐殺の記憶』（青丘文化社、二〇〇三年）は、『関東大震災』（一九七五年）の増補改正版であり、この構成は「第7章　習志野収容所へ」が追加された以外はほぼ同じであるが、内容においては新しい史料に基づきながら官憲が流言を流布したなどの見解を主張している。山田昭次の『関東大震災時の朝鮮人虐殺――その国家責任と民衆責任』（創史社、二〇〇三年）は、朝鮮人虐殺に対する国家と民衆の責任を問う実践的意味をもつ研究である。松尾章一の『関東大震災と戒厳令』（吉川弘文館、二〇〇三年）は、震災当時の戒厳令により朝鮮人・中国人虐殺が起こった点を論証し、関東大震災をその後の国家総力戦体制構築への重要な転換期として位置づけている。また、八〇周年は雑誌の特集がもっとも多かった時期であり、『季刊　Sai』（第四八号、二〇〇三年八月）[24]、『情況』（第三期第四巻八号、二〇〇三年八・九月）[25]、『中帰連』（第二六号、二〇〇三年九月）[26]などの特集がある。

以上のように、震災四〇周年から八〇周年にいたる朝鮮人虐殺についてのアカデミックな研究とは、流言発生説と「三大テロ」論の二つの論争に見られるように、朝鮮人虐殺を歴史のなかでどのように位置づけるかという、歴史学における位置づけの問題に関わっているといえよう。また、流言発生説の論争について、「日本人民の責任を究明することこそがより強く日本帝国主義批判になるとする松尾（尊兊）氏の立場と、蔑視を植えつけられた民衆よりも蔑視を任務とした官憲の存在を重視したいとする姜氏の立場の相違であり、日本人と朝鮮人の立場のちがいでもあろう[27]」という分析もあるように、この位置づけの問題は研究者自身の立場の問題とも関わっている。たとえば、姜の日本人研究者の「三大テロ」論に対する批判、あるいは朝鮮人虐殺は植民地支配の問題と同時に民族問題だという見解において、「在日」という彼の立場は見逃せない問題であろう。

しかし、朝鮮人虐殺が亀戸・大杉事件のような「自民族内の階級問題」と同質化・並列化できる単純な性質のものではないように[28]、虐殺を民族問題の範疇だけでは取り上げられない部分もあるのではないかという疑問もある。朝鮮人虐殺は「日本人」が「朝鮮人」を殺した事件であるが、当時同じ空間で共に生活している人びとの間に起きた出来事でもある。そこには民族問題も含めたより広い枠組から分析することができる視点もあると思われる。震災八〇周年以後、その研究範疇が広がり、朝鮮植民地政策の問題[29]、在日朝鮮人政策の問題[30]、地域の問題[31]、記憶の問題[32]として朝鮮人虐殺を取り上げる、新しい研究が登場してきた。このような研究傾向は、朝鮮人虐殺を多方面からみる必要性を証するものではないか。

さらにより根本的な問題、「非日本人」として殺された在日朝鮮人の問題に関する考察について指摘しておきたい。日本人研究者にせよ在日韓国・朝鮮人研究者にせよ、日本帝国主義批判という点で両者は共通しているが、この日本帝国主義の産物である在日朝鮮人に関しては共通認識がないのではないかと思われる。朝鮮人虐殺研究において、植民地出身者、日本の労働者階級、近代日本のマイノリティーなど、いろいろな名の下で暮らしていた、虐殺の直接な被害者である当時の在日朝鮮人に焦点を当ててみる必要があるだろう。

次節では、地域の市民として活動しているグループについて考察する。朝鮮人虐殺が単なる過去ではなく、自分が住む地域の歴史であり、共に生活する在日韓国・朝鮮人の悲惨な歴史として捉えられる人びとからアプローチし得る研究とはどのようなものであろうか。

2　運動的アプローチ

(1)　震災四〇周年

日朝協会

日朝協会は「日本と朝鮮両民族の理解と友好をふかめ、相互の繁栄と平和に貢献すること(33)」を目的として、一九五五年一一月に結成された。朝鮮に対する植民地支配の反省、批判と精算をその事業内容とし、震災四〇周年である一九六三年六月の第八回全国大会でその具体的目標を立てた。その第一は、震災四〇周年を迎え、震災時に虐殺された朝鮮人の実態調査と慰霊祭とをおこなうことであり、第二は、アジア・太平洋戦争中に強制連行された朝鮮人についての調査研究、遺骨収集、慰霊事業であった(34)。

一九六三年四月末、羽仁五郎、難波英夫、石井あゐ子、松井勝重、近江幸正など、三〇余名によって「日朝協会朝鮮人犠牲者調査慰霊特別委員会」が発足し、関東大震災朝鮮人虐殺とアジア・太平洋戦争中の朝鮮人犠牲者についての調査および研究活動に取り組むこととなった(35)。朝鮮人虐殺についての調査のため、日朝協会埼玉県連を中心とする調査団を編成し、同年五月一二日埼玉県本庄市で第一回現地調査がおこなわれた。この現地調査では、国民救援会埼玉県本部、日朝協会高崎支部、日本朝鮮研究所、日朝協会県庁支部、東京部落問題研究会などから一七名が参加した。同年五月一九日には、千葉県船橋市で第二回現地調査が実施され、東京部落問題研究会、日朝協会神奈川県本部、地元の社会・共産両党などから約六〇名が参加した(36)。

一九六三年七月二日、二回の現地調査に基づき、日朝協会の提案で「慰霊祭実行委員会」が発足した。「慰霊祭実行委員会」は九月一日に日比谷公会堂で関東大震災朝鮮人犠牲者慰霊祭を開いた。慰霊祭には千三百名が参加し、献花から始まり、社会・共産両党、朝鮮総連、学会婦人会代表の追悼の言葉があり、当時の体験者である藤森成吉の思い出話および調査研究の発表がおこなわれた(37)。九月四日午後六時からは、両国公会堂で亀戸事件四〇周年追悼集会も開かれた(38)。慰霊祭の後にも、「慰霊祭実行委員会」では東京都内に葉書を配布して、大震災虐殺の目撃談や体験談を募ることを決め、調査活動と慰霊祭の実行をともに進めた(39)。

(2) 震災五〇周年

関東大震災五〇周年朝鮮人犠牲者調査・追悼事業実行委員会

震災四〇周年に日朝協会は証言収集と、本庄と船橋での現地調査をおこなったが、この問題への活動は五〇周年にも続けられ、その成果として『民族の棘――関東大震災と朝鮮人虐殺の記録』(日朝協会豊島支部、一九七三年)と『かくされていた歴史――関東大震災と埼玉の朝鮮人虐殺事件』(関東大震災五〇周年朝鮮人犠牲者調査・追悼事業実行委員会、一九七四年)が刊行された。『民族の棘』は、日朝協会本部と東京都連合会の支援で日朝協会豊島支部が編纂したものである。事件を経験した日本人二〇人からの聞き書きを中心に、既発表資料と参加者の感想文などを収めている(40)。

「関東大震災五〇周年朝鮮人犠牲者調査・追悼事業実行委員会」(以下、「五〇周年調査・追悼実行委員会」と略)は、

日朝協会埼玉県連合会の呼びかけにより、各界各層の賛同をうけ、一九七三年七月二八日結成総会を開催し発足した[41]。五〇周年調査・追悼実行委員会は、九月一日の慰霊祭、九月三日の追悼記念集会を開催し、朝鮮人犠牲者の慰霊事業とあわせ、埼玉県内における朝鮮人虐殺事件の調査活動をおこなった。とくに、実行委員会の内部に調査委員会を組織して埼玉県関係資料と目撃談を収集した。さらに現地調査を進め、熊谷・本庄・神保原・寄居などにおける虐殺のみならず、これまであまり知られていなかった児玉・深谷・桶川・戸田などでの虐殺事件まで明らかにする成果を収めた。

右の調査活動の報告書が『かくされていた歴史』である。この本は、聞き書き資料と文書資料を駆使して、埼玉県下に起こった自警団事件を明らかにした貴重な文献である[42]。日朝協会の震災四〇周年調査・研究活動により貴重な史料や文献が集められた。

関東大震災五〇周年朝鮮人犠牲者追悼行事実行委員会

震災五〇周年を迎え、日本と朝鮮の人民の連帯を願う団体と個人により「関東大震災五〇周年朝鮮人犠牲者追悼行事実行委員会」（以下、「五〇周年追悼実行委員会」と略）が結成された。五〇周年追悼実行委員会は、歴史教育者協議会委員長である高橋磌一が調査委員長となり、日朝協会東京都連が五〇周年追悼実行委員会の事務局団体として活動した。そして、歴史学研究会、歴史科学協議会、歴史教育者協議会の三団体が協力し合い、『歴史の真実　関東大震災と朝鮮人虐殺』（五〇周年追悼実行委員会編、現代史出版会、一九七五年）が出版された。この本は、五〇周年追悼実行委員会の慰霊碑の建立、虐殺事件の真相究明や調査活動を集約したものとして、「追悼行事の一環[43]」と位置づけられている。証言、体験記、権力側の資料などを通じて軍隊・警察・権力者の責任と役割を追究し、虐殺の歴史的背景を解明している。

五〇周年追悼実行委員会は、朝鮮人虐殺を当時の「日本とアジアの人民の連帯に対し、大きな打撃を与えた政治的色彩の濃い弾圧事件」と位置づけ、これを明らかにした『歴史の真実』が日朝両人民の友好の前進に役立てられることを願っている(44)。また、五〇周年追悼実行委員会はその行事の一環として、日朝協会を中心に東京都墨田区の横網町公園(元陸軍被服廠跡)に「関東大震災朝鮮人犠牲者追悼碑」を建てた。

(3) 震災六〇周年

山田昭次は、震災六〇周年を迎えて感じた変化について次のように述べている。

「六〇周年を迎えた今日、さらに運動主体の変化があることに気づく。それは一九七八年六月二四日の「千葉県における関東大震災と朝鮮人犠牲者追悼・調査実行委員会」の発足や、一九八二年一二月三日の「関東大震災時に虐殺された朝鮮人の遺骨を発掘し慰霊する会」の発足に示されている。五〇周年の運動の中心をなしたのは日朝協会であったのに対し、「追悼・実行委員会」と「発掘し慰霊する会」の会員のほとんどが、日朝協会やその他朝鮮・韓国問題の運動団体、研究会と関係のないズブの素人の地域住民である。……六〇周年には五〇周年行事以上に大衆のエネルギーが噴出し始めた。日朝協会は朝鮮民主主義人民共和国との交流を主要課題としているが、調査活動の上に六〇周年行事を担った前記二団体はそうではない(45)」。では、このような「大衆のエネルギー」は、具体的にはどのように立ち現われたのであろうか。山田の例示する「千葉県における関東大震災と朝鮮人犠牲者追悼・調査実行委員会」と「関東大震災時に虐殺された朝鮮人の遺骨を発掘し慰霊する会」の活動について見ることとしたい。

千葉県における関東大震災と朝鮮人犠牲者追悼・調査実行委員会

一九七八年六月二四日、様々な市民が集まって千葉県実行委員会を結成した。千葉県実行委員会は高橋磌一、今井清一、金原左門、松尾章一、山田昭次などの講演会を開き、聞き取りをまとめた資料集や会報『いしぶみ』を発行し、パンフレット・スライドなどを通じた地域活動をした。[46] 調査活動は資料集として、『資料編第一集　関東大震災と朝鮮人――船橋市とその周辺で』（一九七八年六月）[47]と『資料編第二集　関東大震災と朝鮮人――習志野騎兵連隊とその周辺』（一九七九年九月）にまとめられた。この二つの資料集は、体験者の目撃談や証言を載せている。

このような調査活動中、「個々の団体や個人の研究をつなげていくと新たに見えてくる全体像があることに気づかされ[48]」、震災六〇周年を迎え、この間の調査活動を集めてその成果として『いわれなく殺された人びと――関東大震災と朝鮮人』（千葉県実行委員会編、青木書店、一九八三年）が出版されることになった。震災当時に軍隊が朝鮮人を「払い下げ」て住民に殺させた事実を生々しく記録している日記を発見したことが、この出版のきっかけになったといわれる。[49] このように軍隊が収容所内で朝鮮人を選別して殺し、また近隣の村に下げ渡して殺させていたことが初めて明らかになったという点に、この本の意義を見出せる。

千葉県実行委員会は『いわれなく殺された人びと』を刊行した一九八三年から、虐殺された朝鮮人が埋められた現場の一つである「なぎの原」で毎年慰霊祭を続けた。九八年には六体の遺体を発掘し、九九年九月五日には千葉県八千代市の観音寺の境内に「関東大震災朝鮮人犠牲者慰霊の碑」が、地元の住民、実行委員会、観音寺の三者の共同で建てられた。[50] 現在もこの碑の前で慰霊祭を続けている。

関東大震災時に虐殺された朝鮮人の遺骨を発掘し追悼する会

千葉県実行委員会が千葉県の教師、主婦などの地域市民を中心として調査と追悼の活動を行なう一方、東京でも同様な活動をしているのが、「関東大震災時に虐殺された朝鮮人の遺骨を発掘し追悼する会」[51]（以下、追悼する会と略）である。追悼する会は、荒川の歴史を調べていた教師の教育活動のなかで結成された団体で、現在まで資料収集や聞き取りなどの調査と共に、追悼式や川原に埋められたままになっていると思われる朝鮮人の遺骨の発掘などをおこなっている。(52)

震災直後、亀戸事件の調査中、亀戸警察署に検束されていた朝鮮人が旧四ツ木橋近辺で銃殺されたことが明らかになった。一九二三年一一月一三日、亀戸事件遺族、南葛労働会会員、日本労働総同盟本部などにより、旧四ツ木橋での事件の掘り起こしが試みられたが、憲兵・警官が現場にいて遺族らに発掘をさせなかった。その後「日本人の死体は一つもなく総て鮮人のみ」という証言があったことで、以後現場発掘の試みはなかった。結局、戦前には旧四ツ木橋近くでの朝鮮人虐殺は取り上げられなかったが、戦後に荒川放水路工事についての調査活動からこの近辺での虐殺に関する事実が具体的に明らかになっていった。小学校四年の「地域の歴史」の教材づくりのために、荒川放水路史を調査していた絹田幸恵は調査中、震災時に荒川の河原で朝鮮人が殺されてそこに埋められていた、という証言を聞くことになったのである。それから、絹田は高野秀夫とともに事件調査と遺骨の発掘実現に取り組み始め、これを背景として一九八二年七月二八日に追悼する会の準備会が結成された。準備会は同年九月一日に慰霊式を現地でおこない、二・三日と七日には遺骨の試掘をおこなった。しかし、遺骨を発見することはついにできなかった。(53)

同年一二月三日、結成総会を経て追悼する会が発足した。追悼する会の会員は、若い市民、労働者、学生が中心をなしている。一次試掘の以後、証言や体験談の記録活動が始まり、聞き書き班、文献研究班、発掘準備班、学習会班に分かれて活動している。聞き書き班と文献研究班を中心にする調査活動によって、いままで知られていなかった、四ッ木橋の河原での虐殺などが明らかになる成果を収め、当時の朝鮮人の生活や日本人との関係を示す証言も現われることになった。(54) 一九八三年には、震災六〇周年追悼式を開催し、第一次韓国訪問調査をおこなって犠牲者側の体験を記録した。(55) このような活動は現在も続けられている。一九九二年には追悼する会の調査活動の成果が集約された単行本『風よ　鳳仙花の歌をはこべ――関東大震災・朝鮮人虐殺から七〇年』(追悼する会編、教育史料出版会、一九九二年）が出版された。

(4) 震災七〇・八〇周年

「来年の一九九三年には関東大震災から七〇周年にあたります。これまで大震災を契機とした犠牲者の追悼行事は、いくつかの団体がそれぞれの目的をもって独自の行事にとりくまれてきました。このことは意義のあることと思います。これらの犠牲者は、いずれも当時の天皇制権力の暴圧によるものであります。そこで、七〇周年の記念行事についてだけでも統一したものができれば、と願い懇談会のおさそいをする次第であります」[56]。

右の引用文は、加藤文三（実行委員会副委員長）が一九九二年二月六日付で、関東大震災犠牲者追悼に関わる団体・個人に送った文書の一部である。このような加藤の呼びかけをきっかけにして「これまで各団体が独自に行ってきた犠牲者追悼行事に加えて、七〇周年にあたり記念行事についてだけでも統一したものができればと願い、実行委員会を結成[57]」した。

一九九二年三月七日には最初の懇談会を開き、五団体と一二名の参加で「関東大震災七〇周年記念行事実行委員会」（以下、「七〇周年実行委員会」と略）の第一回準備会が始まった。正式発足まで東京歴史教育者協議会江東支部が準備会の諸実務を担う責任幹事団体として活動した。三回開かれた準備会では結成準備に関する『関東大震災七〇周年記念行事実行委員会ニュース』を発行して関係方面へ郵送し、賛同の団体や個人の輪も広がり始めた。六月二一日には結成総会を開催、四六名が参加して実行委員会が正式に発足した（委員長は松尾章一）[58]。

七〇周年実行委員会は、犠牲者の追悼、事実の学習、成果の交流・普及の三つの柱を活動の目的と決定し、月一回定期的に学習会を設けた。学習会は実行委員会と加盟団体である東京歴史教育者協議会日本史教材部会、同協議会江東支部の三者による共催として企画された。記念集会の成功裡の開催をめざして九回の学習会（一回は記念集会以後に開催）を設けた七〇周年実行委員会は、一九九三年八月二八日から三〇日にかけて東京の江東区総合区民センターで七〇周年記念集会を開催した（二八・二九日は分科会、三〇日は横浜方面の見学会）[59]。翌年（一九九四年）には七〇周年記念集会を記録した『この歴史永遠に忘れず――関東大震災七〇周年記念集会の記録』（七〇周年実行委員会編、日本経済評論社、一九九四年）が刊行された。

七〇周年実行委員会は一〇年後、関東大震災八〇周年記念行事実行委員会（以下、「八〇周年実行委員会」と略）につながっていった。七〇周年と同様に松尾章一を委員長とした八〇周年実行委員会は、構成に多少の変化もあったが、七〇周年実行委員会のメンバーの多数が八〇周年実行委員会の委員になった。また、八〇周年記念集会の準備会でおこなった議論も、七〇周年記念集会の成果をいかに継承し発展させるか、ということにあった[60]。その結果、八〇周年記念集会の意義として結論されたのは次の通りである。

「震災を記憶の彼方に風化させることなく、普遍的な、今なお起こりうる問題として位置づけること、震災下の虐殺の問題を日本の中のみで考えるのではなく、被害を受けた中国や朝鮮半島地域の研究者を含めた海外からの報告者・参加者にも議論に加わっていただきながら、ともに考え真の連帯の道を探ること、そして何よりも震災下の虐殺も含めた日本の侵略や植民地支配の責任が現在も果たされていない現実をふまえて、虐殺に対する国家と私たちの責任を問いつづけることであった[61]」。

このような問題認識に則して、二〇〇三年八月三〇日・三一日両日をかけて「関東大震災八〇周年記念集会」が開かれた[62]。この記念集会は、生者が被殺者の視点から歴史と人権を考えることと、ヒューマニズムのインターナショナルな継承・発展の道を切り開く展望をもつことが、この震災史研究や追悼活動の意義とされた[63]。このように八〇周年には、朝鮮人虐殺をより普遍的問題として取り上げようとする動きが見られる。

八〇周年記念集会により得られた成果は、以後の活動にも影響を与えた。震災史を「現在」の視点から考察し、日本内だけではなく「世界史」の中で位置づけようとした八〇周年の意義はその後にもつながっていった。二〇〇七年一一月一七日、震災八五周年を迎えるにあたって、日本人、在日韓国・朝鮮人、韓国人の市民や研究者が集まって「関東大震災における朝鮮人虐殺の真相糾明と名誉回復を求める日韓在日市民の会」(以下、「一九二三市民の会」と略)が発足したのである。一九二三市民の会の提案で、二〇〇八年五月九日「関東大震災八五周年シンポジウム実行委員会」が発足し(委員長は七〇・八〇周年と同様に松尾章一)、同年八月九日に「関東大震災八五周年朝鮮人犠牲者追悼シンポジウム」が成功裡に開催された。このシンポジウムの講演録『震災・戒厳令・虐殺　関東大震災八五周年朝鮮人犠牲者追悼シンポジウム――事件の真相糾明と被害者の名誉回復を求めて』(関東大震災八五周年シンポジウム実行委員会編、三一書房、二〇〇八年八月一五日)も刊行された。さらに二〇一〇年九月には、埼玉・群馬・千葉・東京の各地域の市民団体や研究者が集まり、日本政府が責任を認め謝罪し、真相究明もおこない、虐殺に関する資料を公開することを促す「関東大震災朝鮮人虐殺の国家責任を問う会」を共同で設立した(64)。

おわりに

以上、朝鮮人虐殺研究をアカデミックなアプローチと運動的アプローチの二つの流れとしてまとめてみた。歴史の中に朝鮮人虐殺をどのように位置づけるかという問題意識から取り組んだアカデミックなアプローチと、自分の生活や地域の枠組でこのような歴史をいかに受け入れ捉えるかという悩みから始まった運動的アプローチの、この二つのアプローチを通じて生み出された成果が、今日の関東大震災朝鮮人虐殺研究だといえる。

だが、この二つの流れからの諸研究は互いの協力と連関を保ちながら、それぞれの研究や活動を進めていったことに注目したい。国家の隠蔽工作によって埋められた「過去」が再び引き出され、国家がつくった「記憶」とは異なる形で今に至るまで朝鮮人虐殺を「記憶」し続けることができたのは、朝鮮人虐殺研究がアカデミックな研究だけではなく、運動的研究とともに進んできたからであろう。この点が朝鮮人虐殺研究の特徴であると同時に、運動的研究がもつ意義ではないかと思われる。

とくに、千葉県実行委員会の場合は、千葉県における地域史への取り組みから始まった朝鮮人虐殺の調査研究が、地域の市民の協力で歴史教育の問題として朝鮮人虐殺を取り上げたのみならず、これまで知られていなかった事実まで発掘することになった。千葉県実行委員会によって、震災当時、習志野の朝鮮人収容所周辺でおきた「もう一つの虐殺」が明らかにされ、その後、この問題は歴史研究者とともに取り組む課題として位置づけられた(65)。また、ここで注目すべき点は、調査活動に参加した生徒たちによる資料発掘である。研究者にはどうしても手に入らない、地域の市民にしか手に入れることができない証言や日記が若い生徒たちによって発掘され、虐殺のもう一つの事実が明らかになったのである。

「もう一つの虐殺」の歴史は発掘され新しい事実として歴史化されると同時に、調査に参加した学生たちにとっても自分なりの歴史として位置づけることになったと考えられる。教員や主婦などでもあり、実行委員会の会員でもある地域市民の活動により、朝鮮人虐殺の事実は単に暗い過去として隠されるべき歴史ではなく、真実に基づいた歴史として復活し、過去と現在が対話できる「通路」がつくられたのではないか。

これは、成田がいう記憶の行為による「抗議」とつながるのでもあろう。このような歴史化による「抗議」は、追悼や慰霊碑建立の活動においても同じである。追悼式や慰霊碑に接する地域市民にとって、この朝鮮人虐殺の歴史は、教科書や研究書に載っているものとは違うはずである。朝鮮人虐殺の歴史が個人の記憶とつながり、忘れられず継承されていく「抗議」の過程には、運動的研究の役割が働いているのであろう。本章では、朝鮮人虐殺研究において千葉県実行委員会が担っている、このような記憶・歴史化による抗議の役割の重要性について指摘しておきたい。

また、今後の課題として、千葉県実行委員会を始めとした運動的研究のアーカイブ化を挙げておきたい。朝鮮人虐殺真相調査や追悼活動に関して、これらの団体の公刊されていないフィールドワーク資料および内部資料は、これらの朝鮮人虐殺研究において重要な資料的価値を有するはずである。これらの資料の史料化、活動の記録化など、運動的研究のアーカイブ化は必要な作業ではないかと思われる。専修大学関東大震災史研究会の共同研究は、千葉県実行委員会の活動を記録しながら、そのアーカイブ化を進めており、これらの作業がまとめられて本書となった。この共同研究は、アーカイブ化のみならず、千葉県実行委員会の記憶行為による「抗議」を、さらに記憶することによって、一九二三年の朝鮮人虐殺の人災に対する「抗議」の継続性を作っていく意味をもっていると言えるだろう。[66]

（ノ・ジュウン）

注

（1）岩波書店ホームページ上の連載「三・一一を心に刻んで」、http://www.iwanami.co.jp/311/（二〇一一年八月一一日にアクセス）。

（2）田中正敬［二〇〇四］二八四頁（以下、本論との関わりで文献タイトルを明示する必要があるもの以外については、この形式で記す。本書末の「主要参考文献」を参照）。

（3）朝鮮人虐殺を中心にする震災研究については以下の論文を参照。高柳俊男［一九八三］、松尾章一［一九九三a］、松尾章一［一九九三b］、松尾章一［一九九三c］、松尾章一［一九九七］、望月雅士［一九九三］、坂本昇［二〇〇四］、田中正敬［二〇〇四］。

（4）高柳俊男［一九八三］七一頁。

（5）斎藤秀夫［一九九三］三〇頁。

（6）同右、二九～三〇頁。

（7）『歴史評論』掲載の際に「原稿をちぢめてほしい」ということがあり、原稿を要約する過程で括弧がはずれることになった（同右、三〇頁。)
(8) 松尾章一［一九九七］一四頁。
(9) 高柳俊男［一九八三］七一頁。
(10) 姜徳相［二〇〇四］。
(11) この論争は、資料集に対する松尾尊兊の書評（『みすず』第五七号、一九六四年二月号）をはじめとして、姜徳相・琴乗洞の「松尾尊兊氏『関東大震災と朝鮮人』書評についての若干の感想」（『みすず』第五九号、一九六四年四月号）→松尾の「関東大震災下の朝鮮人暴動流言に関する二、三の問題」（『朝鮮研究』第三三号、一九六四年九・一〇月号）→姜の「関東大震災下『朝鮮人暴動流言』について」（『歴史評論』第二八一号、一九七三年一〇月号）へと及んでいる（高柳俊男［一九八三］七二頁）。姜は「関東大震災八〇周年を迎えてあらためて考えること」（『朝鮮史研究会論文集』第四二号、二〇〇四年一〇月）で「官憲内発説」という表現を使いながら流言が官憲によって発生・流布されたという主張を維持している。
(12) この特集の構成は以下の通り。今井清一「大震災下の三事件の位置づけ」、姜徳相「大震災下の朝鮮人被害者数の調査」、戸沢仁三郎「純労働者組合と大震災」、南巌「南葛労働会と亀戸事件」、藤沼栄四郎「亀戸事件の犠牲者」、秋山清「大震災と大杉栄の回想」、湊七良「その日の江東地区」、青柿善一郎「大震災と抗議運動」、松尾洋「関東大震災事件日誌」、「関東大震災主要文献」、河上民雄「大杉栄について」、「日朝協会の記念事業」、「記念集会について」。
(13) 松尾章一［一九九七］二二頁。
(14) 構成は以下の通り。羽仁五郎「関東大震災朝鮮人虐殺事件四〇周年を迎えるにあたって」、姜徳相「つくりだされた流言——関東大震災における朝鮮人虐殺について」、慎昌範「私の体験」、吉岡吉典「関東大震災時の虐殺事件に学ぶ二つの立場」、梶村秀樹「日韓会談と「日本人の気持」」、加藤卓造「関東大震災の教訓——日朝協会の調査・研究活動」、権碩鳳「在日朝鮮公民の祖国への往来現実について」。
(15) 構成は以下の通り。藤井陽一郎「関東大震災と科学者」、室崎益輝「関東大震災と都市計画」、姜徳相「関東大震災下「朝鮮人暴動流言」」、小川博司「関東大震災と中国人労働者虐殺事件」、二村一夫「亀戸事件小論」。
(16) 構成は以下の通り。宮川寅雄「関東大震災の殺人」、金容権「子どもたちの震災体験」、高崎宗司「関東大震災・朝鮮での反響」、高柳俊男「朝鮮人虐殺についての研究と文献」、井上清「民本主義と帝国主義」、山田昭次「関東大震災と朝鮮人虐殺」、永井大介「防災訓練と第二の「関東大震災」」、姜徳相「関東大震災六〇年に思う」。
(17) 朝鮮での反応に関しては、高峻石の論文「関東大震災時の朝鮮国内世論」（『アジアの胎動』第三巻一号、一九七九年二月）もある。この論文も新聞分析を通じて朝鮮での反応を描いている。

(18) 高柳俊男［一九八三］七二・七四頁。

(19) 同右、七四頁。

(20) 田中正敬［二〇〇四］二八四〜二八五頁。

(21) 構成は以下の通り。矢野恭子「東京下町での調査と追悼から」、平形千惠子「地域からみた関東大震災と軍隊」、坂本昇「関東大震災と亀戸事件」、斎藤秀夫「関東大震災史研究が問いかけるもの」、千田夏光「(一) 戒厳令はどのように出されたのか」、三浦進「(二) 殺された、また殺されそうになった日本人」、仁木ふみ子「(三) 中国人労働者はなぜ殺されたのか」、榎本武光「(四) 現在の防災体制の問題点」、清水恵助「(五) 液状化はなぜ起こるのか」、松尾章一「関東大震災史研究・史料探索ガイド」。

(22) 構成は以下の通り。金原左門「関東大震災と現代」、山田昭次「関東大震災時の朝鮮人虐殺責任のゆくえ」、松尾章一「朝鮮人虐殺と軍隊」、丸浜昭「自治体史のなかの朝鮮人殺害事件」、坂井俊樹「虐殺された朝鮮人の追悼と社会事業の展開」、横田豊「王正廷のもうひとつの「大アジア主義」」、望月雅史「関東大震災研究をめぐる諸論点」。

(23) 資料集Ⅰ『朝鮮人虐殺関連児童証言史料』とⅡ『朝鮮人虐殺関連官庁史料』は各々一九八九年、一九九一年に刊行された。

(24) 構成は以下の通り。姜徳相「関東大震災朝鮮人虐殺の証言」、李眞姫「人権を考える窓口としての在日コリアンの歴史と空間――関東大震災の追悼碑、朝鮮学校、足立区を訪ねて」、「関東大震災朝鮮人虐殺を解明する本」。

(25) 構成は以下の通り。松尾章一「日本歴史上の最大の汚点――関東大震災時の朝鮮人・中国人虐殺事件」、大越愛子・井桁碧「「国家暴力」とジェンダー」、李恩子「今私たちに問われていること――関東大震災時朝鮮人虐殺八〇周年」。

(26) 構成は以下の通り。今井清一「震災下虐殺の背景」、仁木ふみ子「関東大震災における中国人虐殺」、日本弁護士連合会「日弁連調査報告書（抜粋）」。

(27) 高柳俊男［一九八三］七二頁。

(28) 姜徳相［一九七五］二〇七〜二〇八頁。

(29) 具体的には以下のものが挙げられる。田中正敬「関東大震災と朝鮮人の反応――その意識を考察する手がかりとして」（専修大学人文科学研究所『人文科学年報』第三五号、二〇〇五年三月）、丸本健次「関東大震災に対する植民地朝鮮での反応」（『アジア民衆史研究』第一〇号、二〇〇五年）、宮本正明「朝鮮総督府関係史料にみる関東大震災」（『アリラン通信』第三六号、二〇〇六年三月）。

(30) 具体的には以下のものが挙げられる。倉持順一「相愛会の活動と在日朝鮮人管理――関東大震災後の「内鮮融和」・社会事業と関連して」(『法政大学大学院紀要』第五三号、二〇〇四年)、ノ・ジュウン「関東大震災朝鮮人虐殺と日本の在日朝鮮人政策——日本政府と朝鮮総督府の「震災処理」過程を中心に」(『在日朝鮮人史研究』第三七号、二〇〇七年一〇月)。

(31) 今井清一『横浜の関東大震災』有隣堂、二〇〇七年が代表的な例である。

(32) 成田龍一「関東大震災のメタヒストリーのために——報道・哀話・美談」(『近代都市空間の文化経験』岩波書店、二〇〇三年、初出は『思想』第八六六号、一九九六年八月)。

(33) 日朝協会のホームページ(http://www.niccho-kyokai.jp/shokai_bun.html、二〇一一年八月一一日にアクセス)。

(34) 「日朝協会の記念事業」(『労働運動史研究』第三七号、一九六三年七月)四三頁。

(35) 加藤卓造[一九六三]四三頁。

(36) 同右、四四〜四五頁(第一・二回現地調査の調査団の具体的な活動についても参照)。現地調査後、「日朝協会朝鮮人犠牲者調査慰霊特別委員会」では、六月一九日に慎昌範を招いて「体験談をきく会」を開き、七月一七日には約五〇名の各団体の活動家を集めて「関東大震災朝鮮人犠牲者についての講演会」を開いた。この講演会では特別委員長羽仁五郎、特別委員都立大学教授塩田庄兵衛、在日朝鮮人科学者協会会員姜徳相からの虐殺についての研究発表が行われた(講演会の内容は、羽仁五郎[一九六三]、塩田庄兵衛[一九六三b]、姜徳相[一九六三b]、に所収)。

(37) 「関東大震災四〇周年を記念する二つの集会」(『歴史評論』第一五八号、一九六三年一〇月)四三頁。

(38) 亀戸事件四〇周年行事では朝鮮人虐殺に関する内容も含まれていた。亀戸事件四〇周年行事については、「関東大震災人民虐殺亀戸事件四〇周年追悼大集会」(『労働運動史研究』第三七号、一九六三年七月)と江口渙「関東大震災と社会主義者・朝鮮人の大虐殺」(関東大震災・亀戸事件四〇周年犠牲者追悼実行委員会編『関東大震災と亀戸事件』刀江書院、一九六三年)を参照。

(39) 前掲「日朝協会の記念事業」四三頁。

(40) 高柳俊男[一九八三]七二頁。

(41) 関東大震災五〇周年朝鮮人犠牲者調査・追悼事業実行委員会『かくされていた歴史——関東大震災と埼玉の朝鮮人虐殺事件』一九七四年、三〇二頁。

(42) 高柳俊男[一九八三]七二頁。

(43) 関東大震災五〇周年朝鮮人犠牲者追悼行事実行委員会編[一九七五]二頁。

(44) 高橋磌一「犠牲者一人ひとりが明らかにされるまで」(同右、二一〜三頁)。

(45) 山田昭次「関東大震災と朝鮮人虐殺——民衆運動と研究の方法論前進のために」(『季刊三千里』第三六号、一九八三年一一月)

三九～四〇頁。
(46) 平形千恵子「お母さんたちのスライドづくりと高校生の感想——関東大震災と朝鮮人虐殺」(『歴史地理教育』第三五六号、一九八三年九月)。
(47) 平形千恵子「千葉県での掘り起こしの提起するもの——軍隊の役割を中心に」(関東大震災七〇周年記念行事実行委員会編『関東大震災・学習会の記録』一九九三年)三二頁。
(48) 同右、三二頁。
(49) 同右、一九九三年、三二頁。
(50) 平形千恵子「関東大震災朝鮮人犠牲者の遺骨発掘と慰霊碑の建立」(『歴史地理教育』第六〇四号、二〇〇〇年一月)七六～七九頁。
(51) 「関東大震災時に虐殺された朝鮮人の遺骨を発掘し追悼する会」の最初の名称は「関東大震災時に虐殺された朝鮮人の遺骨を発掘し慰霊する会」であった。「慰霊する会」から「追悼する会」に変わったが、本章では「追悼する会」に統一して称する。
(52) 高柳俊男［一九八三］七五～七六頁。
(53) 山田昭次「東京下町の朝鮮人虐殺事件掘りおこし運動——「朝鮮人の遺骨を発掘し慰霊する会」の調査報告」(『歴史地理教育』一九八三年九月)五二～五六頁。
(54) 同右、五六頁。
(55) 矢野恭子「東京下町での調査と追悼から——震災下の朝鮮人虐殺事件にとりくんで」(『歴史地理教育』第五〇六号、一九九三年八月)。
(56) 逢坂英明「実行委員会の記録」(関東大震災七〇周年記念行事実行委員会編『この歴史永遠に忘れず——関東大震災七〇周年記念集会の記録』日本経済評論社、一九九四年)二九三頁。
(57) 「まえがき」(同右書、ⅰ頁)。
(58) 逢坂英明、前掲論文、二九四頁。
(59) 逢坂英明、同右、および田崎公司「関東大震災七〇周年記念集会参加記」(『歴史学研究』第六五三号、一九九三年一二月)を参照。
(60) 関東大震災八〇周年記念行事実行委員会編『世界史としての関東大震災——アジア・国家・民衆』日本経済評論社、二〇〇四年、三〇五頁。

（61）同右、三〇五〜三〇六頁。
（62）森脇孝広「関東大震災八〇周年記念集会参加記」（『歴史評論』第六四七号、二〇〇四年三月）を参照。
（63）坂本昇［二〇〇四］二八〇頁。
（64）『関東大震災朝鮮人虐殺の国家責任を問う会　会報第一号』二〇一一年五月。
（65）姜徳相「関東大震災——もう一つの虐殺——習志野騎兵連隊における朝鮮人虐殺」（『季刊三千里』第二三号、一九八〇年）。
（66）本章は、専修大学歴史学会編の『専修史学』（第四六号、二〇〇九年三月）に掲載した拙稿に加筆と修正を加えたものである。
本章はいくつかの例外を除き震災八〇周年（二〇〇三年）までの研究成果をまとめたものである。それ以後から現在までの少なからぬ研究成果と、韓国での研究成果については、今後の課題にしたい。

第5章　千葉県における関東大震災と朝鮮人犠牲者追悼・調査実行委員会の活動Ⅰ
――『いわれなく殺された人びと』（一九八三年）刊行まで

はじめに

本章では、千葉県における関東大震災と朝鮮人犠牲者追悼・調査実行委員会（以下、「実行委員会」と略称）の創立から現在に至るまでの活動の前半部分、『いわれなく殺された人びと』（青木書店、一九八三年）刊行までを検討する。本書は現在の船橋市と八千代市・習志野市にまたがる地域を中心に起こった関東大震災時の朝鮮人虐殺事件について、一九八三年の震災六〇周年を機にまとめたものである（**表5-1**参照）。

第一部の冒頭に述べたとおり、朝鮮人虐殺の主体は、船橋では自警団が中心であり、習志野収容所およびその周辺では軍隊およびその命令を受けた民衆であるという違いがあった。付言すれば、前者は流言のさなかに起こった事件であるのに対し、後者は流言が終息に向かいつつあった時期以後に、軍隊が朝鮮人を選別して計画的に殺していた（殺させた）という点に特徴がある。後者のような性格の虐殺は他に類例を見ない。

本書をまとめた実行委員会は一九七八年に結成されたが、ここに集う中学・高校の教員、公務員、市議会議員、「主婦」として働く女性などさまざまな職業を持った市民が、調査・追悼活動の主体であり、結成以前からすでに右

表5-1 『いわれなく殺された人びと』目次（一部省略）

の問題に取り組んできた人びとであった。

1　千葉県船橋市・習志野市・八千代市における調査・追悼活動の過程

(1)　実行委員会に集う人びと

最初に、一九七八年六月二四日の実行委員会の結成に参加したメンバーについて概観しておこう（表5-2を参照）。

前年秋以来、実行委員会結成の準備を進めた呼びかけ人が事務局メンバーの役員となった。

実行委員会のメンバーの活動は結成以前より始まり、その成果として、一九七六年には歴史教育者協議会（以下、「歴教協」と略称）船橋支部編『関東大震災と朝鮮人虐殺』、七八年には実行委員会準備会・歴教協船橋支

四　憲兵が間諜をはなっていた──瓜生武氏（鈴木淑弘）
五　無線の所長が「殺してもいい」と──高橋定五郎氏（高橋、平形、一九八一年二月二一日）
六　夫、武藤韻蔵のことなど──武藤よしさん（高橋・三橋ひさ子・平形）
七　父、徳田安蔵のこと──徳田恵三氏（高橋、今村隆文、木村誠、平形、一九七五年六月二二日）
八　関東大震災の追憶──渡辺良雄氏（手記＋吉川・鈴木・大竹による追加・補訂）

Ⅱ資料
一　船橋小学校『学校日誌』（一九二三年九月一～九月十五日）
二　『大和田小学校沿革史』抄
三　新聞報道抜き書き（島田泉）

終章　いま、なぜ関東大震災と朝鮮人虐殺なのか（高橋）
あとがき（高橋）

表5-2　実行委員会の構成

実行委員長…高橋益雄（日朝協会船橋支部、船橋市立高根中学校教員）
事務局長……鈴木淑弘（船橋史談会会員、船橋市職員）
常任委員……石井良一（鎌ヶ谷自然と文化財を守る会、鎌ヶ谷市市会議員）
今村隆文（歴教協船橋支部、船橋市小学校教員）
大竹米子（歴教協習志野・八千代支部、習志野市中学校教員）
平形千惠子（歴教協船橋支部、船橋学園女子高教員）
吉川清（千葉県自治体問題研究所、船橋市職員）
川崎英美（三山歴史サークル、第二回実行委員会より）。
西沢文子（三山歴史サークル、同右）

部・自治体問題研究所（以下、「自治研」と略称）船橋支所共編『自治研版「船橋の歴史」資料編第一集　関東大震災と朝鮮人──船橋市とその周辺で』（以下、『第一集』と略称）が発行された。結成後の七九年には、実行委員会・千葉県歴教協・千葉県自治研船橋支所共編『資料編第二集　関東大震災と朝鮮人──習志野騎兵連隊とその周辺』（以下、『第二集』と略称）が発行され、この他にも多くの調査結果を発表している。

実行委員会のメンバーはもともとグループや個人で調査活動を続けてきた。実行委員会自身のまとめに従うと、それは、①日本と朝鮮の友好運動の立場からの調査研究、②千葉県歴教協市川、船橋、習志野・八千代支部の教員による調査研究、③千葉県を中心とした労働運動・農民運動の実践や労働農民運動史研究、④前述した海軍東京無線電信所船橋送信所の歴史との関係からこの事件に取り組んだグループ・個人、の四つに分類される。[1]

右のうち、①のグループは、日朝協会朝鮮人犠牲者問題特別委員会『本庄・船橋調査報告』（一九六三年）や船橋日朝協会『日朝通信』第三号（一九六八年九月）で主として船橋の調査をおこない、前者は船橋市丸山の武藤韻蔵氏から、後者は徳田安蔵氏からの聞き取りをおこなっている。実行委員会では歴教協船橋支部の高橋益雄氏が日朝協会のメンバーでもあり、船橋での事件や在日朝鮮人による朝鮮人犠牲者の追悼への参加を呼びかけている。

②のグループは、後述する一九七四年の高橋氏のレポートを契機に船橋市で調査を始めた。歴教協船橋支部の平形千恵子氏、今村隆文氏が実行委員会の役員となっており、ともに活動をしていたのが木村誠氏、三橋ひさ子氏などである。八千代市では大和田新田と萱田における朝鮮人の下げ渡しと殺害についての聞き取りを進め、七六年に習志野市立第四中学校郷土史研究会の生徒とともに文化祭で発表した、歴教協習志野・八千代支部の大竹米子氏が実行委員会の役員となっている。また、歴教協市川支部の長友脩氏は、大竹氏とは別に市史編纂事業と関連して八千代市における聞き取りを進め、七八年出版の『八千代市の歴史』にその成果を記した。長友氏は発足時に役員にはなっていないが、その後実行委員会のメンバーとともに調査活動に関わっている。

③のグループでは、鎌ヶ谷市の市議会議員として活動した石井良一氏が、小作争議など地域の歴史を調べ、資料収集をおこなっていた。石井氏は、市川町の野戦重砲兵第一連隊に所属して震災時に出動した久保野茂次氏の日記が一九七五年に公開された際に、同じ鎌ヶ谷市に住む久保野氏を援助し、王希天事件の解明にも尽力した人物でもあった。[2]

後に実行委員長を務める吉川清氏は後述する鈴木淑弘氏と同じ船橋市の職員で、一九四七年から図書館・市役所等に勤務しながら市職員組合の委員長を務め（一九六四年および六六〜七一年）、地域の文化活動や労働・平和運動に関わり、その一環として千葉県自治体問題研究所の創設にも参加している。[3]

④では、郷土史の発掘をおこなっていた船橋史談会のメンバーである鈴木淑弘氏（船橋市職員）が、一九七一〜七

二年に「無線塔と関東大震災（一）～（六）」[4]を発表し、船橋送信所から発信された流言や船橋における朝鮮人虐殺のことなどについて論じている。

三山サークル[5]の川崎英美・西沢文子両氏は、一九七八年七月二二日の第二回実行委員会での報告以後に役員となった「主婦」グループ（以下、括弧とる）の中心的なメンバーである。大竹氏を講師に迎えた三山サークルは、七八年七月、習志野騎兵連隊にいた会沢泰氏への聞きとりをおこない、収容所内の朝鮮人虐殺についての証言を聞き出した。

(2)『いわれなく殺された人びと』が生まれる過程

実行委員会のメンバーの活動は、個々の思いはもちろん、結集を可能にするようなネットワークによっても支えられていた。加えて碑や塔婆を建て、ひそかに花を手向け施餓鬼供養をおこなってきた地域住民がいたこと、「関東大震災犠牲同胞慰霊碑」[6]を建て追悼式をおこなってきた在日朝鮮人の存在も事件の解明に寄与した。こうした背景を踏まえつつ、事件解明の過程を、［第一期］戦前からの追悼・調査、［第二期］一九七四年以後の実行委員会メンバーの活動～七八年の実行委員会の結成、［第三期］八三年の『いわれなく殺された人びと』刊行まで、に区分して検討する。

［第一期］朝鮮人の追悼と虐殺の調査活動の始まり

本章が対象とする地域で日本人により建立されたのが、現在の船橋市に建てられた一九二四年の「法界無縁塔」である[7]。この碑は西福寺の当時の住職を中心に船橋仏教会が建立したものであり、戦後にかけて碑の前で追悼式も開催された[8]。この碑は船橋で虐殺された朝鮮人が焼かれた火葬場の近くに建立されており、碑には「朝鮮人」と刻まれていなくとも、その事件を知る人間にとって碑の意味は自明だった。七二年五月に建てられた八千代市大和田新田の

「無縁仏之墓」も他の無縁仏とともに朝鮮人を祀ったものであることが実行委員会の調査によりわかっており、その左端には「大和田新田下区有志一同建之」の字も見える。八千代市高津のなぎの原においても六三年頃には住民有志が塔婆を建て施餓鬼供養が営まれるようになったが、いずれも虐殺の主体や犠牲者は明記されなかった。外部の人間にはわからない形で「有志」によりおこなわれた追悼は、これに関わる人びとの意識のありようや変化、あるいは追悼者が亡くなることにより、追悼はおろかその「記憶」についてもいずれ忘れ去られる可能性を持っていた(9)。

一方、在日朝鮮人は戦前より「法界無縁塔」の前で、船橋で亡くなった犠牲者を悼んできた。彼らは戦後いち早く一九四七年に「法界無縁塔」のそばに追悼碑を建てているが(10)、この碑には「関東大震災犠牲同胞慰霊碑」と刻まれているように、追悼の対象も明確である。また、この碑の裏面には関東大震災時の虐殺の経過や虐殺をもたらした国家責任について刻まれている。碑の建立以後、現在に至るまで毎年九月一日に欠かさず追悼式がおこなわれているが、これには近隣の日本人住民も参列していたという(11)。申鴻湜《シンホンシク》氏の回想によれば、彼らは戦後いち早く朝鮮人虐殺についての調査もおこなっていたが、所期の目的は果たせなかった(12)。

その後震災四〇周年を期して一九六三年に船橋の虐殺事件について日朝協会の調査がおこなわれ、『本庄・船橋調査報告』としてまとめられた。七一年には前述の鈴木論文が発表され、七二年には現在の八千代市大和田新田や萱田における事件を解明した習志野市立第四中学校の「郷土史研究会」が発足した。七四年には大竹氏を講師として後に習志野収容所の朝鮮人虐殺関連の聞き取りをおこなった三山歴史サークルが発足している。

［第二期］一九七四年――本格的な聞き取り・資料調査と追悼活動の開始

前述の歴教協船橋支部の教員による調査について、平形千恵子氏は次のように振り返っている。

高橋先生と地域の掘りおこしについて話し合ったのは、一九七四年の歴教協の兵庫大会の帰途、新幹線の中だった。この年、高橋先生は、千葉県歴教協の船橋集会で「関東大震災時の朝鮮人虐殺について」をレポートされており、兵庫大会の県の交流会の席上でも、九月一日の船橋市営霊園の慰霊祭への参加や調査を進めることをよびかけられていた。

新幹線で東京へ帰るまで、船橋市内の関東大震災当時の事件のこと、法田中学校の学区の丸山で二人の朝鮮人が助けられていること、その後農民運動があったこと、今ならまだ「聞ける」ことなど、いろいろ教えていただいた。私はこれがきっかけになって、住みはじめて間もない丸山の調査をはじめることになったのです。(13)

右のように、歴教協船橋支部の調査は高橋益雄氏の報告と呼びかけを契機として始まり、その過程で船橋における朝鮮人虐殺事件の解明、とりわけ朝鮮人を助けた丸山の地域住民に関心が集まった。高橋氏は一九六三年の船橋における日朝協会の調査で徳田安蔵氏への聞き取りもおこなっている。それは、高橋氏が丸山を学区としていた法田中学校の教諭であったことなど、丸山の人びととのつながりがあったためである。

一九七四年の平形氏による聞き取りと資料調査では、丸山の地域住民の金子誠一氏、徳田郁之助氏、徳田慶蔵氏より、二人の朝鮮人を救った丸山の人びとの意識や、戦前から戦後にかけての農家の生活、農民運動などについて聞いている。(14)九月には、歴教協船橋支部で「船橋における朝鮮人虐殺の問題のほりおこし」を研究テーマとすることが決定、七五年には他のメンバーも加わって、徳田恵三氏、武藤よし氏、大塚良平氏、安藤一茂氏に聞き取りをした。その成果は授業、歴教協船橋支部の例会、歴教協大会の報告、フィールドワーク等に生かされた。こうした取り組みの集大成がガリ刷りの『関東大震災と朝鮮人虐殺』（一九七六年）であった。七四年九月一五日の運営委員会では当時の民族学校の生徒への暴行事件が議論されており、取り組みは民族差別の解消という課題とも関連していたと考えられる。[15] また、歴教協船橋支部は、右の調査に加えて、在日朝鮮人主催の「関東大震災犠牲同胞慰霊碑」前の追悼式への参加を通じて、[16] 在日朝鮮人とともに殺害された朝鮮人を悼むことをもう一つの柱としていた。

一方、歴教協船橋支部の取り組みから少し遅れて一九七六年以後、八千代市大和田新田や萱田でも習志野第四中学校郷土史研究会による本格的な聞き取りが始まった。この経緯について、大竹米子氏は次のように述べている。

> 関東大震災の時に、朝鮮人虐殺事件が自分たちの町でもおきていたことは、すでに旧道さがしの調査（研究会創設直後の調査――引用者注）の時から聞いていました。……それを、これは放っておけないと思いはじめたのは、（一九七六年夏に――引用者注）大和田新田の事件を知ってからのことです。
>
> 証言者の阿部こうさんは六十三歳、退職したばかりの旧知の女教師でした。……
>
> 冬休みにかれらが作ったパンフレット『大和田の朝鮮人虐殺の事実を探る』が、主婦の（三山――引用者注）歴史サークルの会員によって拡げられ、萱田に住む人から、一人の老人を紹介してもらうことになったのです。老人は一度ひきうけて、また難色を示し、再度の要請を受け入れて生徒たちに会ってくれました。……
>
> 老人は、もう場所がわからなくなっている、などといいながら、線香を持って現場に案内してくれました。[17]

一九七六年七月に阿部こう氏などへの聞き取りをおこなった郷土史研究会は、九月に『大和田の朝鮮人虐殺の事実を探る！』として文化祭での報告をおこなった。七七年一〇月におこなわれた萱田の老人からの聞き取りもふまえ、一二月にその成果が郷土史研究会『第五回文化祭発表のまとめ――大和田の朝鮮人虐殺の事実を探る！』としてまとめられた。この取り組みは七八年の実行委員会結成にもつながり、大竹氏もこの調査の意義について報告・執筆している。[18] 萱田の老人を紹介した三山サークルも、中学生の調査活動に触発されて独自に調査を始め、七八年七月一八日には前述した会沢泰氏への聞き取りをした。

この頃歴教協市川支部に所属していた長友脩氏も、八千代市史の編纂事業のなかで、八千代市における虐殺事件の解明に向けて聞き取り調査をおこない、一九七八年にはその成果が出版された[19]。

こうした活動は、「大震災から五四年　朝鮮人虐殺の調査今も　船橋市職員・教職員ら　資料と聞き取りで秘話発掘　ピケで守った農民ら[20]」「関東大震災時の朝鮮人虐殺　八千代でもあった！　中学生サークルが調査　古老から聞き出す[21]」として新聞で報道された。一九七八年六月六日には、後者の記事を見た読者から、収容所から下げ渡された朝鮮人が高津観音寺から各地域に分配され、高津でも朝鮮人が殺害されたという、事件の流れが明確に記されている日記が「子どもたちには村の歴史を正しく伝えたいという感動的な言葉とともに知らされた[22]」のである。

［第三期］一九七八年――実行委員会の結成から『いわれなく殺された人びと』の出版へ

実行委員会結成の直接の契機は、一九七七年秋に小松七郎氏の著書の出版記念会であった。小松氏が船橋の朝鮮人虐殺を間近に見た体験談を話し、平形千恵子氏が丸山の事例を紹介した。歴教協船橋支部がつくった『関東大震災と朝鮮人虐殺』が回覧され「地元の運動をもっと掘り下げ、今の人たちに知らせていこう」という課題が提起された。自治研船橋支所は「小松七郎著千葉県民主運動史（戦前編）出版記念〝船橋の歴史を語るつどい〟話題つきず　定例化を約束！」として出版記念会の様子を紹介している[24]。

すでに『関東大震災と朝鮮人虐殺』に残部はなかったため、吉川清氏が増刷を提起し、一九七八年四月には同書を第一部とし、これに加えて準備会に集う人びとの成果が盛り込まれた増補版の『第一集』が完成した（**表5-3**を参照[25]）。

また、「この編集過程で、自治研支所準備会、船橋歴教協のほか「関東大震災と朝鮮人虐殺」に関心をもちそれぞ

表5-3 『第一集』目次

吉川清「自治研版「船橋の歴史」資料編第一集の発行にあたって」
[歴教協資料]
第一編　関東大震災と船橋における朝鮮人虐殺（一九七六年八月、船橋歴教協レポート）
一．はじめに（船橋歴史教育者協議会）
二．研究の経過と支部の取り組み
三．船橋における朝鮮人虐殺と私達の問題意識
四．なぜ丸山では二人の朝鮮人を助けたのか
五．今後の課題
六．参考文献・資料
七．〝ききとり〟資料
（一）金子誠一氏ききとり（平形千恵子、一九七四年八月二三日）
（二）徳田郁之助氏ききとり（平形、一九七四年八月二四日）
（三）徳田慶蔵氏ききとり（平形、一九七四年八月二九日）
（四）徳田恵三氏ききとり（今村隆文・高橋益雄・木村誠・三橋ひさ子・平形、一九七五年六月二二日）
（五）武藤よしさんききとり（高橋・三橋（夫妻）・平形、一九七五年七月六日）
（六）大塚良平氏ききとり（平形・三橋、一九七五年七月二四日）
（七）安藤一茂氏ききとり（平形・今村、一九七五年八月二九日）
第二編　小林武徳「関東大震災と朝鮮人の虐殺　―高校三年の授業実践」（日教組二七次・日高教（日本高等学校教職員組合）第二四次教研全国集会報告書、一九七八年一月）
第三編　大竹米子「大和田における朝鮮人虐殺事件」（第十一回県歴史教育研究集会レポート、一九七八年二月）習志野第四中学校郷土史研究会「大和田の朝鮮人虐殺の事実を探る」（一九七七年一月二八日、七六年九月の文化祭で発表）
第四編　木村誠「船橋における朝鮮人虐殺問題の教材化をめぐる諸問題」（一九七六年二月）
第五編　三橋ひさ子「船橋における朝鮮人虐殺と私達の問題意識」（『第二七回歴史教育者協議会全国大会　第三分科会日本近現代』一九七五年八月）
第六編　平形千恵子「町の歴史　―船橋市丸山町」（『船橋学園紀要』第四号、一九七四年）
[その他資料]
一、平形千恵子「関東大震災と船橋市における朝鮮人虐殺」（千葉県歴教協編『房総の民衆の歴史と現実』一九七八年六月）

二、朝鮮大学校編『関東大震災における朝鮮人虐殺の実態』(一九六三年)
三、小松七郎「関東大震災における船橋での朝鮮人虐殺とその直後のできごと」(民族教育を守る会十周年記念誌『こぶし』一九七八年二月)
四、内田金次郎「私の震災記録」(『佐倉地方文化財』第八号、一九七六年三月)
五、清川尚道「大正歳時記」(船橋ロータリークラブ編『船橋ロータリークラブ創立十五周年記念誌』(同クラブ、一九七二年二月)
六、〝救援決死隊〟(松村英男編『千葉百年』毎日新聞社、一九六八年十月)
七、鈴木淑弘「無線塔と関東大震災一～六」(船橋史談会『史談会報』二八～三三号、一九七一年十一月～七二年四月)
八、〝軍隊輸送中の朝鮮人を殺害す・船橋市の惨事〟(『東京日日新聞』一九二三年十月二一日)
九、大竹米子「クラブ活動で朝鮮人虐殺事件を調査発表して」(前掲『こぶし』)
十、高橋益雄「私の中の朝鮮」(前掲『こぶし』)
新聞記事

れの立場で地道に調査研究を進めていた日朝協会支部員、船橋史談会有志の協力が加わった」[26]ことが実行委員会への結集につながった。実行委員会は一九七八年六月二四日に結成された[27]。以後、月に一回の事務局会議では聞き取りや資料調査、追悼行事や講演会の開催、会誌『いしぶみ』の発行、資料集の刊行などを議論した[28]。

『第一集』発行と実行委員会の結成は新聞各社で取り上げられて大きな反響を呼んだ。当初二五〇〇部印刷した『第一集』は、急遽五〇〇部を増刷し、後の『第二集』発行時に再び増刷した。

一方、実行委員会の方針に基づいて、聞き取り調査も引き続き進められた。**表5-3**、**表5-4**に見られるように、『第一集』『第二集』にはその成果として多くの人の証言等が収録されている。また、申鴻湜氏と曺仁承《チョインスン》氏は収容所での体験を語り、とくに申氏から習志野収容所内で軍隊に危うく殺されかかった体験について聞いたのは、この調査が初めてであった。

これらの成果は会誌『いしぶみ』やパンフレット『関東大震災と千葉県における朝鮮人虐殺――関東大震災の体験を若い世代に伝えるために』(一九七九年)、その他学術雑誌・単行本に発表され、一九七八年の歴教協大会(大竹・

表5-4 『第二集』目次

はじめに（高橋益雄）
一．千葉県における朝鮮人などの虐殺（『現代史資料』、大竹米子、長友脩調査を所収）
二．関東大震災と習志野収容所での体験
「収容所からつれだされて」申鴻湜氏の話、（姜徳相・大竹・平形千恵子、一九七八年八月二三日）
「寺島警察から習志野へ」曺仁承氏の話（柳震太・大竹・平形、一九七八年八月二七日）
三．習志野の軍隊の中で何が行われたか
「戒厳令下の出動」土屋照巳氏の話（鈴木、一九七八年夏）
「連隊へひっぱり出して殺した」会沢泰氏の話（三山サークル、一九七八年七月十八日）
「憲兵が間諜をはなっていた」瓜生武氏の話（鈴木、一九七八年夏）
四．千葉県各地での調査
「我孫子の八坂神社の境内で」飯泉さんの話（長友、一九七八年十一月六日）
「花見川の橋の上から投げこんだ」石川さんの話（川鍋・長友、一九七八年夏）
「佐原ではなぐり殺した」A氏の話（長友、一九七八年十一月二日）
「両手をしばってつれていった」篠原さんの話（石井・平形、一九七八年七月）
「北総鉄道（東武線）の工事をしていた朝鮮人」石原輝夫氏の話（石井・平形、一九七八年七月）
長友脩「関東大震災と八千代市域」（八千代市編さん委員会編著『八千代市の歴史』八千代市、一九七八年、に若干の修正を加える）
「虐殺を目撃した」B氏の話（竹内久美子、一九七八年八月二二日）
五．関東大震災の思い出
渡辺良雄「関東大震災の追憶」（一九七四年、一九七八年六月に実行委員会へ寄贈）
石崎鷹之助「我が震災の憶いで」
六．レポート
大竹・平形「関東大震災における千葉県での朝鮮人虐殺――民衆はなぜ虐殺にかりたてられたか」（歴史教育者協議会第三〇回大会第一分科会地域の掘り起こし、での報告、一九七八年八月）
七．講演
高橋磌一「関東大震災と朝鮮人虐殺の真相」
付録…習志野騎兵連隊周辺地図

平形）や七九年の日教組教研集会・歴教協大会（長友）での研究報告等もおこなわれた。大竹・平形両氏は事件における民衆意識を分析し、長友氏は授業での生徒による発表を通じた実践的な歴史学習の方法を提示している。

だが、こうした発表・報告は、教員の手によってのみおこなわれたのではない。一九七九年の千葉県歴史教育研究集会での報告・執筆や、スライド『埋もれかけた記憶を――関東大震災と朝鮮人虐殺』（一九八二年）作成は、三山サークルがおこなった。多様な市民がおのおのの役割を分担して朝鮮人虐殺の事実を明らかにし、一般に広げていったのが、実行委員会の活動の特徴といえよう。

こうした調査・研究の集大成が、習志野収容所に関連する事項を中心として編纂された『第二集』（**表5-4**を参照）である。一九七九年九月に出版された『第二集』は、『朝日新聞』社会面のトップやＮＨＫのニュースで報道された。実行委員会には、在日朝鮮人や日本人から震災に対する思いが続々と寄せられた。なかでも実行委員会に衝撃を与えたのは、香川県から薬の行商に来ていた日本人の一行を虐殺した事件（いわゆる「福田・田中村事件」）について、「殺されたのは朝鮮人ばかりではない」という遺族からの電話と上京であった。『いわれなく殺された人びと』は、「被害者やその遺族の苦しみが私たちの想像をこえるほど深く重いものだということを感じることができた。利根川の土手で、一緒に供養しながら、あきらめきれないくやしさを感じさせられた」[29]と、その衝撃を語っている。

ところで、『第二集』には、高津の事件を記した前述の日記は収録されなかった。日記は、長い交渉の末、『いわれなく殺された人びと』に抄録で掲載された。大竹氏はこのことと関連して次のように記している。

「いわれなく殺された人びと」の出版に当って八千代の村の記録の公開は欠かせないことでした。あれこれのいきさつの末、所有者の某氏との最終的な交渉は、高橋先生に前面に立ってもらって、私は、後からついて行きました。某氏にとっても、父祖が記録した村の恥辱に関わることを公開するには決断がいったにちがいありません。要望された幾ヵ所かの削除部分を含めて、いつか全文が載せられることを願いつつも、削除部分を受け入れて、所有者の了解を得ることができたのは、焦らずに、粘り強く、それでも筋を通した高橋先生の交渉の賜でした。(30)

右のように、この日記の活字化には相当の時間を要し、しかも日記の全面的な公開は果たせなかった。聞き取りや資料の公開は、そのまま地域住民の「負の歴史」を白日の下にさらすものであった。実行委員会が調査を進めるにあたって、最も苦労し配慮をしてきたのは、こうした地域住民の複雑な感情であった。

だが、実行委員会の調査・追悼活動は他方において、地域住民の意識を変えていったと思われる。その一つの例は「なぎの原」（第一部第2章を参照）をめぐる追悼である。ここでは二人の住民が高津観音寺の住職に依頼して、一九六三年より塔婆を建て施餓鬼供養をおこなっていたが、実行委員会のメンバーにはその場所は隠されていたのである。しかし、小学校の教員が保護者から教えられたことを契機に場所が明らかとなった後、七九年の塔婆には初めて「朝鮮人」との文言で明示されるようになった（この点後述）。そして、八二年には高津観音寺において高津区民一同の名のもとに供養がおこなわれ、翌年の震災六〇周年には、『いわれなく殺された人びと』の刊行にあわせて観音寺・高津区・実行委員会の三者の共同で慰霊祭が開催されるまでに至ったのである。

一九八三年の三月に萱田でも大きな変化があった。殺された朝鮮人が埋められている萱田の共同墓地（もみよ墓地）周辺が大規模に住宅開発されることとなり、墓は近くの長福寺墓地へ改葬された。その際、花と線香を持ち、大竹米子氏と中学校の生徒たちを墓地に案内した君塚国治氏らが中心となって萱田に眠る朝鮮人の三体の遺骨の掘り起こしを提起し、長福寺墓地に改葬した。この時建てられたのが「震災異国人犠牲者至心供養塔」であった。このことはまた、軍隊が住民に朝鮮人殺害をさせたことが遺骨の発掘により証明されたことをも意味していた。

『いわれなく殺された人びと』は、かかる取り組みと地域住民の意識の変化のなかで出版されたのである。(31)

2　実行委員会を支えるネットワーク

実行委員会は、さまざまな職業を持つ人びとの集う場であった。かかる人びとを結集させたネットワークはどのように生まれ、それぞれの人はどのような役割を果たしたのだろうか。次に、歴教協における「地域に根ざす」実践の取り組みや、生活や子育てという仕事から生まれた市民運動の一環としての取り組みについて考えてみたい。

実行委員会にはさまざまな団体に属する人びとが集まっているが、歴教協は人びとをつなぐ役割を担っていた。それは、歴教協が地域の市民とともに歴史教育を発展させていくことを念頭に運営されていたこと、学校の枠を超えて地域の運動に参加していた教員がいたこと、教員と生徒・保護者のつながりからさまざまな活動が生まれていたためである。また、教員たちは実行委員会の調査研究の核となっていたが、それは歴教協に所属する教員たちが「地域に根ざす」といった歴史教育の課題に取り組んでいたからに他ならない。(32)しかもその課題は単に実践等にとどまらず、地域の人びとの要求に対応し、ともに学ぶような枠組みをつくることにより達成されるべきものであった。

言葉として「地域にねざす」ことをいってはいても、具体的にどう実現するか、という点で、この集会（一九七二年の千葉県歴教協安房集会――引用者注）は大きな飛躍となった。……他のサークルの仲間・父母・地域の労働者・漁民・農民等の人々が「単なる集会のお手伝い（下足番や受付）」的な参加のし方ではなく、自分たちにとって、歴史教育とは何か、ということや、歴史教育への要求などをもちよって集会の準備がなされたのであった……。

これを基礎に県歴教協の日常活動は地域の中に根をはる方向、すなわち、県内各支部の例会活動に基本を置き、一人一人の会員がその中で実践・研究を深める方向ができていった。

船橋集会（一九七四年——引用者注）は、そういうことが本当に千葉県歴教協全体のものとして定着していたかどうか、それをはっきりさせた。……集会当日、地域の人々の参加は参加者全体の半数に及び、船橋からの報告は全体の報告の半数以上を超え、その大部分が歴教協以外のサークル、地域の人々の実践の中から創り出され、要求され、歴教協にとって地域の要求にこたえられたのかどうかという切実な問題にぶつかった。職場・地域での一人二人の先進的活動が、どこに目を向け実践されているのか、例えば「私たちはこうして自主錬成した」「教科書のどこそこが悪い」という様なことだけでは「そういう（先進的活動をする？——引用者注）人以外に沢山の教師がそうでない職場の中で（「にいる中で」という意味か？——引用者注）家の子はどうしたらよいか」「悪いこと知《(ママ)》っていて何故それを使うのか」という疑問や要求には十分応えられない面もあった。(33)

このように、「地域に根ざす」とは、教員と地域に生活する人びととの厳しい議論のなかで、歴史教育の課題を共有することであった。かかる認識に基づく実践のためには、教員以外の人びとが加わるような体制づくりと、歴史教育や地域の歴史に関わる問題を広く地域に問うような取り組みが必要であった。このことは、『第一集』のもととなった船橋歴史教育者協議会編『関東大震災と朝鮮人虐殺』（一九七六年）にもうかがえる。本書の冒頭には「調査し、わかったことをがり切りし、より多くの人に読んでいただき、批判してもらう。そして、共に調査し、考え、討議していく。そのくり返しをねばり強く追求していく。その第一歩としてこの冊子を作ろうと思いたった」(34)と書かれている。また、実行委員会の意義についても「実行委員会ができたことで聞き取り調査をするのは歴教協会員の教師だけではなく、参加した自治体職員、主婦サークル、地域活動に熱心な地方議員など、さらにそれぞれが行動をともにするとき、私たち教師の及ばない人と人とのつながりのなかで問題を掘りおこすことができた[35]」という意識があったのである。

実行委員会の教員も、それぞれが地域との結びつきを持っていた。高橋益雄氏は吉川清氏と知り合いであったし[36]、前述のエピソードに見られるように石井良一氏とも親交があった。また、大竹米子氏と三山サークルのような、地域の学習会などを通じた結びつきなどもあった。三山サークルの西沢文子氏は次のように述べている。

息子が小学校に入った年に、先生の呼びかけで、『母と子』の読書サークル土曜会ができました。子どもの教育で、いろいろと悩んでいた私は、この学習会で、みんなで解決してゆくという方向を学びました。学級ＰＴＡの活動や話し合いを中心にした民主的なＰＴＡの運営を目ざして、必死の勉強が始まりました。一人でも多くの先生を土曜会にと、三山小はもちろん、隣の習志野市の小中学校からも、先生方をひっぱり出してきて、いっしょにとりくみました。……

教師と親との連帯の中で、地域教育懇談会、高校増設運動、児童館建設、子ども劇場の運動が進められてきました。さらに住民の多様な要求を反映して、人形劇、児童文庫、三山読書サークル、三田くらしの会、コトバの会などの自主的なサークルが生まれました。……

子どもが成長して小・中学校のＰＴＡから離れたとき、教育懇談会などにも足が遠のきます。月に一度は顔を合わせる場の確保と、日ごろ勉強したいと思っていたのと、運よくＯ（大竹――引用者注）先生を紹介されたのとで、三山女性史サークルが生まれました。一九七四年の秋でした。土曜会を中心に、三十代から四十代後半の小・中・高・大学生の母親たちで、勤めを持つ人もいます。会場は私の家で、月一回、夜七時半からの勉強会です[37]。

右に加えて、とりわけ吉川氏が実行委員会で果たした役割は重要であった。吉川氏は労働運動や文化運動に積極的に携わり、各地域での市民の運動に精通していたため実行委員会結成のパイプ役となり(38)、地域の住民との交渉の場にも立ち、資料収集や整理・編集においても図書館職員であった吉川氏の経験が生かされた(39)。

こうしたつながりや問題意識からさまざまな成果が生まれた。その一つが、前述の三山サークル作成のパンフレットやスライドである。これに関わった三山サークルの川崎英美氏は、スライド作成の理由について、次のように述べている。

歴史の勉強会のときでした、(ママ)習志野四中の郷土史研究会の生徒さんたちが、聞きとりをしてまとめた小さな手作りの「しおり」を見て、自分たちの身近なところでの事件の事実を知り驚きました。

さらに私たちは近所に住んでるおじいさんで習志野騎兵連隊本部で書記をしていた会沢さんから聴き取りをして、その中から眼と鼻の先の連隊の中でも朝鮮人の虐殺が行われていたことも知りました。……

しかし先生方中心の会は専門的になってきて、私たちには難しくなってきました。ほりおこしが難しくなるほどだんだん関心も薄れてきました。……

次代に学ぶ大勢の子どもたちに関東大震災と朝鮮人犠牲者の事実を正しく知ってもらい、若い人たちに伝え、広めていくためには、やさしく、目で見て、わかりやすいようにと願い、私たちはスライド作りに取り組みました(40)。

右の記述から、川崎氏は「歴史の勉強」が、次第に「専門的」になる傾向があり、これを克服するためにスライドを利用して、よりわかりやすく若者へ伝えていこうと考えていたことがうかがえる。このように、実行委員会における調査活動には、実証研究の側面と、問題の本質をやさしく明快に伝えようとする側面があったが、それは実行委員会が多様な市民で構成されていることと無関係ではないと思われるのである。

3　朝鮮人虐殺をめぐる人びとの意識

(1)　実行委員会のメンバーにおける問題意識

次に、実行委員会に集う人びとの個別の問題意識について考えてみたい。『いわれなく殺された人びと』には実行委員会のメンバーが朝鮮人虐殺に関わった動機が記されている。高橋益雄・吉川清両氏は朝鮮人差別を目の当たりにした経験を持ち、石井良一氏も鎌ヶ谷の朝鮮人が船橋で殺された話を父親から聞いている[41]。長友脩氏は一九七九年一月の千高教組教研集会での報告で、四歳で朝鮮に渡り朝鮮人の子どもたちと遊んだ経験について触れている[42]。

こうした朝鮮人との関わりは、慰霊祭での在日朝鮮人との交流や在日朝鮮人の生徒との関係からもうかがえるが[43]、加えて左の大竹米子氏の文章に示されるように、被害者や遺族などの証言も、朝鮮人虐殺の解明に取り組む原動力となった。

阿部（こう——引用者注）さんの話を聞いた生徒たちは、膚で感じた恐ろしさと憤りを自分たちの直感でとらえようとした。「夜、勉強していると、朝鮮人が後ろに立って、もっと明らかにしてくれ、もっと明らかにしてくれと言っているような気がする。」

実際、かれらの活動を支えたものは、この恐ろしさと憤りだった。そして、私をかり立てたのも同じ憤りである。私たちは、それが何に対する恐れと憤りなのかを探ってきたように思う。

なかでも、強い憤りを持ったのは、朝日新聞の報道に、「殺されたのは朝鮮人だけではありません」と、怒りをもって電話をしてきた大阪の婦人の証言を聞いたときだった。……

被害者の氏名、出身地が明らかで、裁判の判決まででているものを、ついに（福田・田中村事件の――引用者注）遺族に知らせなかった。朝鮮人、日本人にかかわらず、民衆の命を、そんなにも粗末に権力は扱っていたのだ。(44)

ここには、国家権力が朝鮮人を殺し、殺させたばかりでなく、事後の責任を果たしていないことに対する強い怒りが感じられる。それは震災を一つの契機とする戦時体制への転換とその後の侵略戦争の過程への視点、そして個々の戦争体験などともつながり(45)、調査者の「現在」における、国家と民衆・戦争と平和に関わる問題意識とも結びついていよう。こうした認識は、実行委員会のメンバーの文章に共通して現れるものである。

三山サークルの西沢文子氏は、次のような歴史教育に対する思いを書いている。

明治から現代への歴史の中で、侵略戦争は、どういうふうにして起きたのかを学び、現代がどんな時代であるのかを、一人一人が判断し、自覚できる、そういう力量をもつことが必要だと思います。家庭でも、学校の授業とはちがった形で、子どもたちの歴史の認識を深めることはできると思います。やっぱり、母親の学習は、家事、育児の仕事そのものといえます。(46)

右のように、西沢氏は、生活や育児をめぐる諸問題と関連して近現代史を捉え、そうした諸問題を認識し解決するための実践的な学問として歴史学習を位置づけているのである。

(2) 民衆への視点

右の国家への意識の対極にあるのが、民衆への視点である。聞き取りが進められていくなかで、調査者はさまざまな立場にある民衆と出会うこととなる。前述のように、その初めは船橋市丸山の住民への聞き取りだったが、この地は住民たちが一丸となって朝鮮人を護ったことが確認された地域であった。「丸山にいる朝鮮人二人を生かしておいてはと、法典村の馬込・上組（三丁目）の二つの部落から殺すぞと言っていると伝わってきた。……長く土地に住んでいた朝鮮人で、悪いことはしていないとみんなが認めた。……「悪いことをしたことのない人をころしてはかわいそうじゃないか」と一歩も入れないでがんばった。渡せば殺してしまうと皆が思っていた[47]」という住民の対応の理由として、貧しい小作農が多いという特徴や、村の中心人物の徳田安蔵氏の性格などが指摘され[48]、そこから丸山における農民運動に関心が向けられていく。

右の聞き取り調査からは、「日本の朝鮮植民地化の歴史や、当時の教育までも含めて、なぜ虐殺が行われたのかをはっきりさせたい。そして虐殺の中で船橋市丸山にみられるような助けたという事実をとらえる《ママ》か。なぜ助けたのかをはっきりさせ、この両方を対比させることによって、私達のこれからの歴史の課題をつかみたいと思う[49]」という問題意識が生まれる。しかし、真にこれに答えるためには、加害の側に立つ住民や軍隊の関係者からの聞き取りが必要であった。

一九七六年以後の大竹米子氏、郷土史研究会や三山サークル、あるいは長友脩氏による聞き取りは、朝鮮人虐殺の問題を、加害者の立場からも構造的に捉える上で重要なものであった。そうした聞き取りのなかから複雑な人びとの感情が引き出されることとなる。それは、「まじめな、誠実な農家のおやじさんは～《ママ》（殺害を――引用者注）しませんよ。女たちはもちろんいきません」[50]という阿部こう氏の証言や、「自分は考えれば、どんな石でも建てたらどうかなァーと考えてはいる。無縁仏じゃかわいそうですよ。なにしろ、もう朝鮮（人――引用者注）がやったにはちげえねえだよね。亀戸辺りだって、朝鮮が井戸に毒って騒ぎあったもんね」[51]という萱田の老人の証言からうかがえる。三山サークルは、証言者が「朝鮮人のことになると、……Aさんは、おばあさんがしゃべりかけたのを、メッとにらんで止めさせてしまいました。……Bさんは、うーん、あまりよくわからない話だから……まあもう時効だからいいでしょうと、さかんにいいわけをします。……Cさんは、うっかりしゃべると、ほら、国際関係がむつかしいからねといっていました」[52]と書いている。

大竹氏と平形氏はこうした住民の感情を次のようにまとめている。

加害の意識は強烈な場合は朝鮮人への恐怖感となって現れる。当時、朝鮮人をしばって警察へ送り込んだだけの地域でさえも、フィールドワークの私たちを朝鮮人が押しかけてくると誤解して、雨戸を閉めてとじこもってしまった例もあったくらいである。

老人が加害の意識から逃げこもうとするもう一点は〝あのさいだからしょうがない〟にある。……これはかれらの加害の言いわけであると同時に、もう一つの側面で、老人たちが自分たちにはどうにもならなかった事態、言い換えれば自分たちを全面的に加害者と認めてしまうにはなんとも割り切れない被害の側面を、六〇年のなかで感じているのではなかろうか。……

第一は、軍隊が彼らを動員したことにある。……

第二に、かれらは個人として動くことのできない村の共同体（規――引用者注）制のなかにあったことである。……村の共同責任を個人が明すことはできなかったから、人は口を噤んできた。（朝鮮人の殺害を記した――引用

者注）「日記」の所有者が全面公開を頑なに拒んだのもそのためであろう。(53)

この論文には、前述した高津観音寺の住職と住民有志とによるなぎの原の施餓鬼供養についても紹介されている。

高津の虐殺現場を知ったのは、その年（一九七九年――引用者注）の春休みに地元の小学校の女の先生が、クラスの子どもの祖母から聞いたのはこのあたりらしい、と一緒に探してくれたときだった。……しかもそこには、

「為関東大震災第三国人犧牲者諸霊位」

「為関東大震災外国人犧牲者諸霊位」

という古びた施餓鬼供養塔の文字が読めるではないか。文字は第三国人から外国人に変わっている。供養している人までいたのだった。施主は個人名であった。塔婆の字は場所を教えてくれなかった観音寺の住職であろう。毎年八月二十三日に行われるこの地の施餓鬼供養の塔婆である。住職を尋ね、施主を尋ねると六十代の片腕のない老人であった。山番の塔婆のほうに名のあった八十代の老人と二人で一〇年近くも前から供養の塔婆をたててきたという。長友さんは、もう一人の八十代の老人とは、以前に青筋を立てて「その話はやめてくれ。」と拒絶した人ではないだろうかといった。……

ところが、この年の施餓鬼供養の塔婆の字は同じ施主の名で、

「為関東大震災朝鮮人殉難者諸霊位」

と変っていた。これには、はじめてこの場所を見たときとはまた違った感動を覚えた。「第三国人」が「外国人」となり、「朝鮮人」とはじめて明らかにされているのである。(54)

右の記述のように、地域の住民は彼らの方法でひっそりと朝鮮人を悼み、しかし外部への事実の公表は拒んできた。高津観音寺の住職は、後年、次のような回想をしている。

　当初の高津区民は朝鮮人の虐殺に対しては、恥部であり他に知られないよう堅くなに口をとざしてきました。「いわれなく殺された人びと」の原稿の段階で故高橋益雄会長と檀家総代さんに出版について相談に行った時、私に「君はどちらの味方か」とお叱りを受け住職退任の運動も起こりかねない状況であった。時節因縁を待つほかなかった。[55]

ここに見られるように『いわれなく殺された人びと』の出版による事件の公開には、なお地域住民の反対があった。被害者を悼む一方で、加害者の立場に立つ苦悩をどのように受け止めるかが実行委員会の課題だったのである。それを乗り越えたのは、住民の意識の変化と、実行委員会と住民とが互いに信頼を深めるなかで共に死者を悼んだことであった。住民の感情を目の当たりにした平形氏は、出版の前年、新聞のインタビューで次のように述べている。

　つらいのね、虐殺に加わった人たちは。聞き取り調査で虐殺の話を持ち出すと、それまで気軽に話してくれたおじいさんが、突然、額にシワを寄せ、口をつぐんで、苦しそうにあえぐの《ママ》。六十年近くたっても、そのつらさから逃れられないんだと思うと、デマに乗せられた民衆も被害者だったのではないか、とも思います。過去の過ちを多くの人に知ってもらい、いつかは地元の人と一緒に慰霊碑を建てて、犠牲者を追悼したい。それまでは、私たちの運動に終りはないように思いますね。[56]

高津区民と実行委員会との共同の追悼行事は、『いわれなく殺された人びと』が出版された一九八三年に実現した。そこには在日朝鮮人も含めて百名以上の参列者があった。平形氏は当日の模様を次のように記している。

九月十日、当日の朝、近くに住むお年寄りの方が、塔婆周辺の草を刈る手を休めて、「時折たずねてくるあなた方を、私は、朝鮮人ではないかと思っていたのですよ」と話された。テントを張ってくださったあと地域の方のお一人は、小学校一年のとき、学校へ行く途中に観音寺へよって境内につながれていた朝鮮人をみたことを話された。様々な思いのこめられた集まりとなった。今も犠牲者が埋れている高津、なぎの原での現地慰霊祭であった。(57)

おわりに

実行委員会の委員長であった高橋益雄氏は、一九八三年九月一〇日の慰霊祭において、犠牲者に向かい『いわれなく殺された人びと』が出版できたこと、追悼を地元の住民とともにおこなえたこと、そして将来はなぎの原に眠る遺体を発掘して手厚く葬るという決意を述べた。(58)しかし、これが実現するのは一九九八年、なお一五年あまりの歳月が必要であり、慰霊碑が完成したのはその翌年であった。実行委員会のメンバーがしばしば述懐しているように、本書の完成はあくまでも実行委員会の活動の中間報告であり、終着点ではない。

しかし、本書は、丸山の農民、在日朝鮮人、軍隊関係者、朝鮮人を下げ渡された地域住民という立場の異なる人びとから証言を引き出すなかで、これまで知られずにいた重大な事実を明らかにしたものであり、それは当時の関東大震災研究の発展に大きく寄与するものであった。ここで特徴的なことは、第一に、事実の究明が、中学校の生徒を始めとした地域の多様な市民のネットワークを土台に、地域の住民との信頼関係の構築の中でおこなわれたこと、第二に、真相究明の調査が、追悼とともにおこなわれていることである。

本書の成果は、実行委員会の右の二つの特徴と無関係ではないと考える。そもそも、こうした特徴は、各地で続けられている関東大震災に関する研究に共通する要素であり、外部からやってきた研究者などが簡単に得られる性質の成果ではない。筆者はこれが本書の持つ歴史的な意義であると同時に、歴史研究としての関東大震災研究の特徴であると考えている。そして、そのことはまた、朝鮮人虐殺のもたらした「事実の重さ」を想起させるのである。

（田中　正敬）

注

（1）『いわれなく殺された人びと』一七五〜一七六頁。

（2）同右、第一部Ⅳ-二「王希天事件と久保野日記」を参照。

（3）吉川清［一九八二］。

（4）鈴木淑弘［一九七一-一九七二］。

（5）三山サークルとは、三山小学校ＰＴＡの地域活動をおこなっていた女性グループを中心に一九七四年に発足した三山歴史サークル、三山読書サークル、あるいはその双方を指すようであるが、メンバーは重複しており、本章では「三山サークル」に統一する。

（6）現在は船橋市営馬込霊園に建てられている。

（7）現在は「関東大震災犠牲同胞慰霊碑」の隣にある。

（8）詳細は、山田昭次［二〇一一］および、田中正敬［二〇一一］を参照。

（9）山田昭次［二〇〇三］はこうした碑の問題点についてまとめている。また、大竹氏は次のように述べる。「当時の人々は互いに事実があったことを知っていた。そして、どちらも、当座は土まんじゅうがつくられ供物が供えられたりしたらしい。それがだんだん忘れられている。大和田新田では市が土地を売ったりしている。萱田では、この辺ですよと指さされた地面のすぐそばに、昨年十二月に、新しい墓が建てられていた。当然のことながら、忘れられていくことが、問題である」（大竹米子［一九七八ｂ］一六〜一七頁）。
(10) 詳細は、田中正敬［二〇一一］を参照。この碑は現在、「法界無縁塔」とともに、馬込霊園に移設されている。
(11) 大竹米子・平形千恵子［一九七八］（後に『第二集』所収、六頁）には「馬込沢にある船橋市営霊園の九月一日の慰霊祭には、今も丸山の老人の姿をみかけることがある」との記述が見える。
(12) 「終戦直後に私は朝連（在日本朝鮮人連盟――引用者注）の準備時代からの中央委員だったんですよ。ずいぶん調査をやりましたが、千葉から埼玉からずっと調べ歩きました。三〇年も前ですから、そのときは多勢かかわった人がいたのですが、自分が何らかのかかわりをもった人は、一切「知らん」ですね。通りがかりにみてむごいのでびっくりしたということは話しますが。あの頃は、我々のほうも興奮しているし、相手もみんな興奮しているし、これはまだいかんと思いましたよ。こういう状態で調査したのでは本当の真相も出てこないし、本当の日本人の気持ちがもっと落着いて反省期に入らなければいかんという気持でしたよ。それから、これは我々がやることではなくて、日本人がやることだと。」（「関東大震災と習志野収容所での体験　申鴻湜氏の話」『第二集』十三頁）。
(13) 平形千恵子［一九八九］一三九頁。
(14) 平形千恵子［一九七四］および、同［一九七五］。
(15) 「研究の経過と支部のとりくみ」（『第一集』三頁）では暴行事件についての議論のなかで「授業の中で朝鮮が出てきた時、どう扱うのか、考えるのも重要」であるという意見があったことが紹介されている。
(16) 平形氏によれば、すでに高橋氏と石井氏は一九七四年以前から追悼式に参加している。
(17) 大竹米子［一九八三］二三一〜二三八頁。
(18) 大竹米子［一九七八ａ］および、［一九七八ｂ］。
(19) 長友脩［一九七八］。
(20) 『朝日新聞』一九七七年八月三〇日付の記事。
(21) 『千葉日報』一九七八年六月四日付の記事。
(22) 『いわれなく殺された人びと』一一頁。
(23) 小松七郎［一九七七］。
(24) 『住民と自治　船橋読者通信』（第四号、十二月四日）。
(25) 吉川清［一九七九］三九頁、参照。

(26) 同右。
(27) 船橋市中央公民館第八集会室、出席者は三八名。
(28) 『いわれなく殺された人びと』一七七〜一七九頁。なお、実行委員会の意義をメンバーがどのように捉えていたのかについては、吉川清［一九七九］の他、大竹米子［一九七八c］および平形千恵子［一九七八b］が参考となる。
(29) 『いわれなく殺された人びと』一六一頁。
(30) 大竹米子［一九八九］一三八頁。
(31) このことについて大竹氏と平形氏は次のような感慨を記している。「高津区が区民一同の名で角塔婆をたてて供養したのが一九八二年の秋の彼岸、実行委員会と区が合同慰霊祭をしたのがこの年一九八三年、つまり関東大震災と朝鮮人虐殺から六〇年。六〇回忌という仏教的な思い入れが土地の年寄りたちには働いたのかもしれない。……しかし、住民の動きにもっとも大きな影響を与えたのは私たちが続けてきた掘りおこし運動ではないかと自負している。なぜかといえば、住民の動きがあったのは高津をはじめ、調査を続けてきた萱田下、大和田の三か所だからである。聞き取りを続け、九月がめぐってくるたびに、見学者を案内する機会があるたびに、花と線香を持っておまいりし、地域を訪ね続けてきたことがいまこうして変化につながってきたのである」（平形千恵子・大竹米子［一九八三］一九頁。
(32) この点については、歴史教育者協議会編［一九九七］に詳しい。
(33) 高橋達（千葉県歴教協事務局）［一九七五］。なお、船橋集会の意義については、大野一夫氏が「船橋——父母ショック」という表現でまとめている（大野一夫［一九八〇］）。
(34) 「はじめに」（『第一集』）一頁。
(35) 平形千恵子・大竹米子［一九八三］一二三頁。
(36) たとえば、「日朝協会は、僕（片岡善司——引用者注）が議員になってすぐのころかな、内田智さん、高橋益雄さんと三人ぐらいで動き出した。S三八か三九年ごろ、チョンリマの上映運動を準備会ということでとりくみ内田、高橋、吉川清さんなどが中心だった」という回想が残っている（村上明「片岡善司さんと語る」千葉民族教育を守る会［一九七八］四六頁）。
(37) 西沢文子［一九八〇］一四〇〜一四一頁。
(38) 『いわれなく殺された人びと』一七六頁。
(39) 具体的には、本書第三部第7章2、のインタビューを参照。
(40) 川崎英美「関東大震災と朝鮮人虐殺のスライド作り」（第十六回千葉県歴史教育研究集会レポート、一九八三年一月二九日）。

(41) 高橋益雄「私の中の朝鮮」、吉川清「朝鮮の友人との出会いをふりかえって」、石井良一「何のためにこの運動に参加したか」。いずれも『いわれなく殺された人びと』所収。
(42) 長友脩［一九七九］五二頁。
(43) 平形氏は筆者に朝鮮人虐殺問題解明への原動力として次の三点を挙げた。それは第一に、左の大竹氏同様に朝鮮人や日本人の被害者や加害者の証言などであり、第二に、調査研究の中で慰霊祭で出会った在日韓国・朝鮮人のたくさんの方々への思い、第三に、生徒の中にいる何人かの在日韓国・朝鮮人がどう誇りを持って生きていける歴史教育をするかという問題意識である（二〇〇九年一月一〇日）。
(44) 大竹米子「私をかりたてるもの」（『いわれなく殺された人びと』）二〇三頁。
(45) たとえば、川崎氏は一九四五年三月一〇日の東京大空襲を経験している（『いわれなく殺された人びと』二〇六頁）。
(46) 西沢文子［一九八三］七三頁。
(47) 「徳田慶蔵氏ききとり」（『第一集』）二一～二三頁。
(48) 「なぜ、丸山では二人の朝鮮人を助けたのか」（『第一集』）一一頁。
(49) 同右、一二～一四頁。
(50) 「阿部こうさんからの聞き取り――大和田新田」（『第一集』）六六頁。
(51) 大竹米子［一九七八ｂ］一二頁。
(52) 三山歴史サークル・三山読書サークル［一九七九］四頁。
(53) 平形千恵子・大竹米子［一九八三］二二～二三頁。
(54) 同右、二〇頁。
(55) 関光禪「関東大震災八五周年にあたって」（『いしぶみ』三五、二〇〇八年一〇月二五日）三頁。
(56) 「語りつぐ　関東大震災　朝鮮人虐殺一　救助　二人の引き渡し拒む　混乱の中冷静だった農民」（『朝日新聞』一九八二年八月三一日付）。なお、平形氏は筆者に「あえぐ」という表現は適当ではなく、「苦しそうにする」と訂正した（二〇〇九年一月十日）。
(57) 平形千恵子［一九八四］六四頁。
(58) 平形千恵子・大竹米子［一九八三］一九～二〇頁。

第6章　千葉県における関東大震災と朝鮮人犠牲者追悼・調査実行委員会の活動II
——遺骨の発掘と慰霊碑建立

はじめに

本章は、「千葉県における関東大震災と朝鮮人犠牲者追悼・調査実行委員会」（以下、実行委員会と略）の一九八三年以降の活動を対象として考察する。同年に出版された、実行委員会による『いわれなく殺された人びと——関東大震災と朝鮮人』（青木書店、以下『いわれなく殺された人びと』と略）は、当時の実証研究の一つの到達点として、関東大震災時の千葉県における虐殺の実態をえがいた。同書の出版後、実行委員会には多大な反響が寄せられるが、その一つに『千葉史学』第四号（一九八四年四月）の中里裕司氏による「新刊紹介」がある。

そこでは、遠山茂樹氏が一九八一年の自由民権百年全国集会に向けたアピールとして語った、研究基盤の拡大（遠山氏の言葉では「生活者的研究者」の拡大）を引きながら、「自由民権研究以外でも地域に根ざした活動によって掘りおこされるべき過去がまだまだ多いことを本書は知らせてくれる」と紹介された。自由民権百年全国集会では多くの市民的な地域研究者を組織し、参加者数も膨大であったが、当時の研究は民権派と民衆が一体となり明治政府に抵抗したという構図での運動のとらえ方だった。そこでえがかれる戦う民衆像に対して、集会に参加する者たちの多くは自己を投影することができただろう。しかし、関東大震災時の朝鮮人虐殺という歴史的事件に向きあった場合、虐殺の主体（加害者）に自己を投影することは難しい。実行委員会が「根ざした」地域は、加害者ないしは加害者に近い人たち（近親者等）がいる地域だった。実行委員会の会員はその加害の地域の近くに住んでいたとしても、外部の存在だった。

『いわれなく殺された人びと』が出版された後、実行委員会の活動は、大きくわけて二つの目標が掲げられた。朝鮮人犠牲者の遺骨発掘と慰霊碑建立である。実行委員会が明らかにした高津（現千葉県八千代市）の虐殺については場所も、被害者の人数もわかっていた。その地域の遺骨の発掘が当面の課題となった。実行委員会が遺骨発掘を成しとげた後の会報『いしぶみ』第二七号（一九九八年一二月二四日）には、「実行委員会の二十五年間」をふりかえって、「はじめの十年間は主に調査活動を、あとの十五年間は追悼・慰霊を主にして、四半世紀が経ちました」と会の活動を位置づけている。本章では、実行委員会の活動のもう一つの柱、「追悼・慰霊」活動、なかでも遺骨発掘と慰霊碑建立にいたる過程をみていく。

1　『いわれなく殺された人びと』の反響とその後の課題

『いわれなく殺された人びと』は一九八三年九月一日、関東大震災からちょうど六〇周年目に出版された。同書には大きな反響があり、朝日・毎日・読売等の各新聞やラジオ等で紹介された。実行委員会の事務局になっている平形千恵子氏の自宅には電話や手紙によってさまざまな反響が届けられた(1)。そのなかには、本の入手方法をたずねる者もいれば、震災時の自己の体験を語る者もいた。また、七四年に結成された歴史を学ぶ主婦サークル・三山サークルは、八二年に実行委員会の大竹米子氏とともにスライド『埋もれかけた記憶を——関東大震災と朝鮮人虐殺』を作成した

（本書前章および第三部第7章3参照）が、そのスライドを秋の高校の文化祭で上映したいと依頼を受けたりした。さらに、予想外ともいえる反響には一九八五年九月一日に千葉県八千代市高津・観音寺に建立された「普化鐘楼」がある（本書第一部第2章2参照）。

『いわれなく殺された人びと』の刊行後も実行委員会は、自分たちの成果を歴史教育者協議会全国大会等で報告していく。そうすることで、貴重なアドバイスや新たなる虐殺に関する証言を得て、自分たちの実態究明における活動もより進展するようになる。

一九九三年八月二八～三〇日にかけて東京の江東区総合区民センターを中心会場として開催された関東大震災七〇周年記念集会(2)は、大学教員やさまざまな地域の市民研究者が一堂に会した集会だった。実行委員会もこの集会に参加したが、集会では萱田上（現千葉県八千代市）の事件（本書第一部第2章6参照）を目撃した八木ヶ谷妙子氏が証言し、実行委員会の実態究明はより深まった。さらに、こうした集会による交流から、九六年から翌年にかけて松尾章一氏監修による『関東大震災　政府陸海軍関係史料』第Ⅰ～Ⅲ巻（日本経済評論社）が出版されるが、第Ⅰ巻は実行委員会の大竹米子氏と平形千惠子氏が編集している。

しかし、調査が進展する一方で実行委員会にはほかにやるべき課題が残っていた。一九八四年八月二三日刊行の実行委員会会報『いしぶみ』第一五号には『いわれなく殺された人びと』発刊から一年として、「あらたな決意」が六点記されている。

一、私たちは会員や協力者の職場や地域で小集会を組織し、『いわれなく殺された人びと』を中心に学習会、懇談会を開きます。

二、八千代市高津に眠る関東大震災朝鮮人犠牲者追悼慰霊祭を高津区民のみなさんと今年も開きます。

三、私たちは来年度高津犠牲者の遺体発掘調査実行委員会の結成を目途に準備をすすめていきます。
四、船橋市営馬込霊園での関東大震災朝鮮人犠牲者慰霊祭に積極的に参加を呼びかけます。
五、同じ目的を持って各地で活動している諸団体と情報を交換し連携を深めます。
六、機関紙「いしぶみ」を発行します。

このなかで三の「遺骨発掘」（それに伴う慰霊碑建立）は、最も大きな課題であった。一九八七年の七月下旬、なぎの原における朝鮮人犠牲者の遺骨発掘と慰霊碑建立の計画をすすめるため、地元区長、高津観音寺住職、実行委員会らによって「関東大震災朝鮮人犠牲者高津遺骨収集・慰霊碑建立実行委員会」（以下、遺骨収集・慰霊碑建立委員会と略）が結成された。当時の実行委員会代表である高橋益雄氏はその趣旨を次のように説明する。

この事件（千葉県で起きた朝鮮人虐殺）が全国に明らかにされたのは、千葉県における関東大震災朝鮮人犠牲者追悼調査実行委員会編『いわれなく殺された人びと』の出版によりますが、殺害現場がほぼ確定できる高津なぎの原の区有地では、以前から地元区民、観音寺住職の手で施餓鬼供養が毎年行われてきていました。数年前からは、同実行委員会主催、地元共催の慰霊祭として毎年九月初旬に開かれ現在に至っておりますが、この間、両者間で現場の発掘調査と慰霊碑建立の話し合いが進められてきました。その結果、来年迎える関東大震災六十五周年までに、発掘調査を完了し、慰霊碑を建立することを目標に、「関東大震災朝鮮人犠牲者高津遺骨収集・慰霊碑建立実行委員会」を結成、活動を開始いたしました。(3)

遺骨収集・慰霊碑建立委員会の目標は、一九八八年までに発掘調査を完了し、慰霊碑を建立することだった。しかし、それは会が発足してから一年ばかりしか猶予がなく、いささか早急な計画に思えるが、実行委員会には慰霊碑を建立する意志が以前からあった。『いわれなく殺された人びと』が出版される前年の八二年八月三一日の『朝日新聞』（千葉県版）には平形千恵子氏のインタビュー記事が載っている。そこでは「いつかは地元の人と一緒に慰霊碑を建てて、犠牲者を追悼したい。それまでは、私たちの運動に終わりはないように思いますね」と述べている。また、『いわれなく殺された人びと』出版直後、実行委員会、観音寺住職、高津区特別委員会（旧住民の慶弔を担当する委員会）三者で初めて開催された、「第一回　関東大震災朝鮮人犠牲者追悼慰霊祭」（本の出版は九月一日、慰霊祭は九月一〇日）では、高橋益雄氏が「みなさんの遺体を発掘し手厚く葬りみなさんの霊を安じたい(4)」と弔辞を述べている。

関東大震災から六五周年をむかえる頃は、当時の事件の関係者が相次いで亡くなっている。一九八四年八月四日、曺仁承《チョインスン》氏が亡くなった。八三歳だった。曺氏は七八年に実行委員会から大竹氏、平形氏が聞き取り調査にいった相手だった(5)。曺氏は震災時、荒川河川敷および東京の寺島警察署の朝鮮人虐殺を目撃し、自身も命の危険にさらされたこと、その後に習志野収容所に収容されたことを証言した被害者であった。

さらに一九八五年四月二〇日に久保野茂次氏も八四歳で亡くなった。久保野氏は震災時、陸軍第一師団野戦重砲兵（市川・国府台）第一連隊第六中隊に所属していた一等兵で、当時日記をつけていた。日記には震災時の軍隊の動き、軍隊・自警団による朝鮮人虐殺の様子、中国人留学生の王希天が軍隊に殺害された事件（王希天事件）が記されていた。一九七二年に鎌ヶ谷に住む石井良一氏（実行委員会よびかけ人）に見せ、その後公開に踏み切った(6)。

また、久保野氏とは別に王希天殺害の模様を記録した日記があり、それは当時久保野氏と同じ連隊の第三中隊長だった遠藤三郎氏による日記だった。実行委員会は横浜の遠藤氏宅への訪問を考えていたが、その矢先（一九八四年一〇月一一日）に遠藤三郎氏は九一歳で亡くなる(7)。久保野氏と遠藤氏の記録は加害者側の記録として貴重だった。

関東大震災の当事者世代が亡くなると、聞き取り調査による虐殺の解明は難しくなってくる。虐殺の実態について新しい研究成果が出ないと、事件への関心が薄まってしまう可能性があり、その場合、事件の忘却につながるおそれがある。実行委員会が遺骨発掘や慰霊碑建立を早期に達成しようと試みた当時は、ちょうどそのような時代にさしかかった頃である。慰霊碑は、死者の霊を慰めるものであると同時に、事件を後世に伝える機能をもっている。実行委員会が課題とした、遺骨発掘と慰霊碑建立は「繰り返してはならない」歴史を同時代の人たちと次世代の人たちに伝えるうえでも重要だった。

しかし、その二つの課題をこなすために尽力していた高橋益雄氏（初代実行委員会代表）が、一九八八年三月六日の早朝に急逝した。その直後の会報である『いしぶみ』第一九号（一九八八年四月一四日）は「高橋益雄先生追悼号」とした。追悼号の一面には告別式における、吉川清氏（次の実行委員会代表）の弔辞が掲載された。そこでは「先生が投げかけられた問題の一つ「八千代市高津に慰霊碑建立」の課題は、今なお遅々として展望が開かれたとは言えない状況にあります。この課題解決の先頭に立って指導し励ましてくれた先生を失った私達は悲嘆に暮れ、右往左往を繰り返すことになるかもしれません。しかし嘆き悲しむことの繰り返しは、先生の本意に背くことを私達は承知しています」とし、これからの活動に「最善の努力を払う」ことを約束した。

吉川氏の弔辞では、その頃の実行委員会の状況を「羅針盤を失った小舟が逍遥する姿」と表現したが、これからの活動に対する漠然とした不安が当時の実行委員会には少なからずあったと思われる。実行委員会の会報において、次号『いしぶみ』第二〇号（一九八八年八月二五日）が出された後、一九九三年に出された第二一号まで五年間の長い空白があったのは、それが関係しているのではないかと思われる。

とはいえ、実行委員会は単に悲嘆に暮れていたわけではない。同じ月の二六日には、香川県から千葉県野田市に来た福田村事件(8)の犠牲者の遺族と町役場職員の二人と実行委員会の大竹米子氏、平形千恵子氏は合流し、いっしょに事件の供養をおこなっている。さらにその香川県から来た二人を船橋市営馬込霊園に案内もしている。(9)

高橋益雄氏の死によって、高橋氏が課題としてあげた「八千代市高津に慰霊碑建立」は、実行委員会にとって今後の大きな課題であることを強く認識するようになり、活動のモチベーションになっていたと思われる。大竹米子氏は『高橋益雄先生　追悼記念文集』のなかで次のように述べている。「マスさん（高橋益雄氏のこと）、また私たちに仕事を言い付けておいて。ほんとうに、もう……。それにつけても、私はもう、時間の無駄はできない年なんだと思いましたよ」(10)。

2　遺骨発掘にむけて

『いわれなく殺された人びと』出版後から、実行委員会と観音寺住職、高津区特別委員会の共催で毎年おこなわれる、なぎの原での慰霊祭は貴重な交流の場になっていた。逆説的にいえば、それぞれの関係性には容易に立場をともにすることができない緊張関係が常に内在していた。大竹米子氏が調査をはじめたばかりの頃、高津の虐殺の現場となる、なぎの原は教えてもらえなかった。また『いわれなく殺された人びと』が出版される前にも高津区の住人から厳しいことを言われたこともある。懸案である高津の朝鮮人犠牲者の遺骨発掘と慰霊碑建立について、実行委員会は合同慰霊祭のたびに話題にし、三者で実現できるような雰囲気を醸成させていく。

一九八七年七月二四日、遺骨収集・慰霊碑建立委員会が結成された。同日の第一回の遺骨収集・慰霊碑建立委員会の会合では、実行委員会、観音寺住職、高津区長等が参加した。そこでは、代表者に実行委員会代表の高橋益雄氏を立てること、遺骨の発掘は区の役員会の了承を得ておこなうこと、実務は実行委員会がおこなうこと等を決めた。当初、実行委員会は、みずからがイニシアティブをとりながら、高津区の了解を得て遺骨の発掘と慰霊碑の建立をおこなうことを構想していた。実行委員会は翌年までにそれを目指したが、その課題が容易ではないことは、この後の遺骨収集・慰霊碑建立委員会において思い知らされることになる。[11]

第二回の遺骨収集・慰霊碑建立委員会の会合は同年九月六日におこなわれた。その日は高津・なぎの原での第五回合同慰霊祭もおこなわれている。第二回の会合では、高津区の区役員会はまだおこなわれていないが、区役員の大方は遺骨発掘をおこなう意向であること、関光禪氏（観音寺住職）から詳しい説明を役員会で聞きたいとのことが高津区側の様子として実行委員会に知らされた。その他に、役割分担、碑石の見積り、講演と映画の企画、「やらされた」事件の本質を知ってもらうための企画を高津区の住民の要望に応じた形でおこなうこと、趣意書の草稿、慰霊碑建立募金口座を開く予定などが話し合われた。ここで実行委員会のいう「やらされた」事件の本質とは、高津の住民による朝鮮人虐殺は「権力によって引きおこされ、軍隊によって彼らの罪悪をカモフラージュし、責任を転嫁するためにつくりだされたものである[12]」と事件を位置づけている点にある。

第三回の遺骨収集・慰霊碑建立委員会の会合は、同年九月二八日におこなわれた。その一週間前の九月二一日に高津区役員会がおこなわれ、その内容を関光禪氏が報告した。それによると碑を建てることに異議はないが、それまでの段階で全員の一致を得ることはできなかった。役員会では結論は出されず、当分見送りになったということだった。実行委員会はその報告に驚くが、地元の区役員会の了承を得られない状態なので、遺骨発掘に関する趣意書の配布を見合わせることになる。

第四回の会合は、同年一〇月二二日におこなわれた。そこでは一一月の中旬から一二月の上旬の間で、一度、高津区役員会と実行委員会との交流ができないかと、実行委員会が高津区長に申し入れる。しかし、この交流も実現できなかった。ここで問題とされた碑を建てる前段階の問題とは、発掘に関して実行委員会が当初提言していた「科学的に掘る」ことである（本書第一部第2章1参照）。それを高津区特別委員会は受け入れられなかった。

実行委員会の目指した、関東大震災六五周年における遺骨発掘と慰霊碑建立は、結局実現しなかった。『いわれなく殺された人びと』出版が「多くの人に深刻な衝撃を与え、大きな反響を呼ぶものとなり、この地での慰霊碑建立にも大きな弾みをつけるものと考え」ていた実行委員会は、あらためて地域における加害意識の重さと、立場の相違を認識しなければならなかった。[13]

実行委員会の最初の代表である高橋益雄氏が亡くなったのは、第四回の遺骨収集・慰霊碑建立委員会の会合で提案した、一二月までの実行委員会と高津区特別委員会との交流が実現されないなかで、さて、これからどのようなアプローチで交流をおこなうかという問題を抱えていた時期にあった。これまで、実行委員会を代表として高津区にコミットしていた高橋氏は、一九八八年の春に高津区の役員の家を回る予定だった。[14]

高橋氏が亡くなり、遺骨収集・慰霊碑建立委員会が自然消滅した後、[15]『いしぶみ』が一九九三年に再刊されるまでの五年間、遺骨発掘と慰霊碑建立に向けて実行委員会がどのように高津区と交流を構築していたかを細かく追うのは難しい。「実行委員会の二十五年間」をふりかえった『いしぶみ』第二七号によれば次のように記されている。

八七年から九三年にかけての五年間は、七〇周年に向けて、遺骨収拾と慰霊碑建立の念願が高まった時でした。実行委員会の提案に、まず区民の総意をはかるべく、岩井豊吉区長はじめ長老方がご尽力下さいましたが難しいことでした。在日韓国人の金善玉《キムソンオク》さんらの同胞への慰霊と村の人々の呵責の荷を軽くしたいという熱い説得もありました。市議会議員であった熊崎守司さんは、当時の仲村（和平）市長と区の役員と実行委員会をつなぐために奔走してくださいました。その間、岩井次郎現区長、特別委員長の石井二三雄さんらにお骨折りいただきました。九三年八月、市長公室で仲村市長、熊崎氏、関住職、区から元・前区長、石井特別委員長、江野沢貞義氏、鈴木利秋氏ら七人、在日韓国人として金善玉氏ら二人、実行委員会から吉川代表ほか三人が参加して話し合いは行われたが、やはり実現は難しい問題でした。[16]

その後、一九九三年から再刊された『いしぶみ』をみても、遺骨発掘と慰霊碑建立における特別な活動——遺骨収集・慰霊碑建立委員会の設置のような——はみあたらない。もちろん、実行委員会は遺骨発掘と慰霊碑建立の悲願を失っていたわけではない。九三年八月二八日～三〇日に東京で開催された関東大震災七〇周年記念集会では、実行委員会を代表して大竹米子氏が慰霊碑の建立を「地域の事業として取り組むことに意義がある」(17)と述べている。また、毎年九月になぎの原でおこなわれる実行委員会と観音寺住職、高津区特別委員会の合同慰霊祭では、吉川清氏が弔辞において「この地に眠る犠牲者の皆さん」、「私ども実行委員会の非力のため、諸般の実行計画、とりわけ地元の方々の合意を頂いてこの地の遺骨収集を行ない慰霊碑を建立するという計画が実現の目途を立て得ぬまま遅々としております」と述べている。(18)

吉川氏の弔辞の語り方は、遺骨発掘と慰霊碑建立が実現できない責任を自分たち実行委員会の力不足として、虐殺の犠牲者（死者）へ詫びながら、同時に高津区特別委員会へ計画の実現のために訴えるような構造になっていた。このような語り方が有効だったのは、実行委員会の代表として、高橋氏の後を継いだ吉川氏が、高津区住民とコンタクトをとっていたからだと思われる。吉川氏は合同慰霊祭の前には高津区に行って打ち合わせをしたり、地域でおこなわれる伝統的な祭りに参加したり、区の役員が選挙で当選した際には出向いてお祝いしたりして日ごろのつきあいを大切にした。

このように何度も高津区へ足を運び、実行委員会と共同で遺骨発掘と慰霊碑建立ができるような雰囲気をつくっていったことが、現実的に実を結んだのではないかと思われる。ある時には世間話をしながら、またある時には実行委員会の活動への思いを語りながら、時間をかけて少しずつ両者が折り合いをなす地点を模索したのであろう。一九九八年九月五日、なぎの原で第一六回合同慰霊祭がおこなわれた。慰霊祭には地区役員五人が正装で参加し、江野沢隆之氏（高津区特別委員会委員長）が地元にて発掘の話し合いが進んでいると次のように報告した。

（前略）大震災から七十五年を数える今、当地で事件に関わった世代は多くが他界され、生活者は次世代に移り、また人口は当時の一〇倍を超すなどの中でまちの姿も一変し、不慮の災害についての伝承も風化しつつあります。

こうした中で私ども高津地区地元住民は、昭和五十六年に事件の土地が国有地から高津区に委譲されたのを機会に、不幸な出来事に対する区民一同の痛恨の思いを込めて、大震災五十九年目の昭和五十七年、いわれなく犠牲となられた皆様のご冥福を祈ってなぎの原に角塔婆を建立しご供養をさせていただきました。そして、事件より六〇周年の翌昭和五十八年、追悼調査実行委員会の皆様と共同開催となりました第一回慰霊祭に際しましては、当時の江野沢寿区長が地元代表として弔文を捧げ、以後実行委員会の皆様を中心とした慰霊祭にご協力をさせていただいてきているところであります。

軍命令は絶対的な権威を持っていた時代の潮流に逆らえず不幸な事態に関わった過ちを再び引き起こすことのないよう、私ども次世代の者たちは心に銘じ、いわれなくこの地に生命を失われた諸精霊が安らかな眠りにつかれますよう努力を重ねてまいる所存であります。好むと好まざるとにかかわらず加害の立場に立たされ、苦渋の念にさいなまれ心をいためてきた地元民は、一日も早い問題の解決を願いながらも、残念ながら歴史の重圧によって速やかな解決を押しとどめられて参りました。そして、私どもの努力は時の流れの速さに比べ遅々として皆様方の期待にそうまでに至りませんでした。

しかしそうした中で七十五周年を迎えたいま、真に遅くなりましたが、長年懸案の諸精霊の望郷の思いに応えるべく、遺骨を清浄申し上げ、皆様の祖国から寄贈建立された鐘楼の鐘の音響く観音寺に安置するための合意に到達することができましたことをご報告申し上げます。（後略）(19)

直後の九月二四日、なぎの原にて遺骨発掘作業がおこなわれた。高津区から参加していた江野沢隆之氏は、後年、発掘の様子を次のように語っている。

午前中は市役所の用事で、午後になりました。私が駆けつけたときまだ掘ってたんですけれども、お骨が出たときかな？　私はすごく身体の節々が痛くなってね、あれ？　これはなんだと。まあ、体験ですよね。出てきたお骨を拾って洗って手を合せて拝んでいるうちに、だんだん節々の痛みが治ってきましてね、高津のこの地に埋まっていた方々の霊が私にね、乗り移ったのかと思いました。[20]

3　慰霊碑建立

一九九八年一〇月一日関光禪氏（観音寺住職）と吉川清氏（実行委員会代表）で、八千代警察署を訪問した。刑事課担当官に震災下の高津における虐殺を記した住人の日記を提示し、状況を説明したところ、刑事課と鑑識の警察官六人が高津に来た。警察は発掘現場を確認し、納骨堂に仮安置されていた遺骨の検視をおこなった。監察医によって日記のとおり六人の遺体であることが確認された。その後、警察署から八千代市長宛に必要文書が送られる旨の説明があったので、同日午後、市の窓口である保健福祉課長を訪れ経過を説明、火葬許可書交付を要請した。数日後、関住職に許可書交付の連絡が届き、諸手続きが完了。一〇月一二日船橋の馬込斎場での火葬が決定した。

一〇月一二日、改葬の火葬においては通常、僧侶の読経等はおこなわれないが、今回は関光禪氏の協力でおこなった。火葬終了までの一時間余り、遺骨の発掘をおこなった石友工業社長の用意した控室で、実行委員会、高津区特別委員会、在日本朝鮮人総聯合会、在日本大韓民国民団等の参加関係者が、それぞれの思いを語り合った。その内容を一部紹介しよう。

関光禪氏（観音寺住職）

「今回の発掘供養は、区民が会合を開いて、区民全体の意見で実現しました。長い時間かかって申し訳なかったが、念願の発掘が実現して安堵しています。（中略）今後の事については名前もわからず、北も南もわからないので、観音寺の境内にまつり、長く供養を続けたいと考えています」。

金善玉氏（在日本大韓民国民団）

「長い間の皆さんのご苦労を察します。当時の軍の命令でやったことで仕方がない。地域の皆さんは、今日帰られたら、「なぎの原のことはこれですんだから安心しておやすみ下さい」と、ご先祖に申しあげて下さい。これからは、ちょうど金大中大統領が来日して、過去のことは、精算をして互いに仲好《（ママ）》くすすむという話があったが、互いに心を開いて誠意をもってつきあってもらいたい。その関係をいつまでも壊さないように、今後よろしく協力しあいながらやっていきたい。江野沢議員さんは、八千代市のために貢献されたと思います」。

尹東煥《ユンドンファン》氏（在日本朝鮮人総聯合会）

「発掘に携わられた皆さん、大変ご苦労さまでした。発掘を直接お手伝いできたらもっとよかったと思います。追悼調査実行委員会が発足したころ、千葉にいましたが、その後、十六年間千葉を離れていました。追悼調査実行委員会の皆さんは、それ以来ずっと活動を続けてこられた。江野沢先生、関先生、本当に貴重な仕事をして下さったことに心から感謝します。重い歴史をしっかり子供たちにも伝え、歴史に学び、再びこうしたことがおこらないように真の友好親善をつくっていかなければならないと思います。南の大統領は、戦後の処理は、解決ずみといったが、北との戦後処理はされていません。これは、戦後処理の問題の一つです。歴史の教訓を生かして、新しい朝日関係が生ずるように、二十一世紀に向けて、二十世紀の残す期間を、善隣友好に心掛けたいと思います」。

相沢友夫氏（石友工業社長）

「改葬の業者は、いわれたままにお手伝いするのですが、私どもは、過去、何千体を扱って来ましたが、今回は、社員で、職人たちが『いわれなく殺された人びと』を読み合わせ、はじめて歴史的な大事業に参加することを学びました。関先生がずっと守り続けた仏さまです。普通ですと、そのまま箱に入れ焼骨するところですが、若い人が本当に丁寧に洗骨していました。七五年という大変な年月、後世に二度と起こらないように、日韓、日朝、の友好に役に立てたかと思っています。この仕事に参加させていただいたことに感謝しています(21)」。

そして、江野沢隆之氏（高津区特別委員会委員長・八千代市議会議員）は「長い間、お待たせしました」と遺骨発掘に時間がかかったことを詫びた後で、慰霊碑建立の決意を語った(22)。火葬した六人の遺骨は三つの骨壷に納められ、観音寺に安置された。

一九九九年の春、実行委員会は慰霊碑の石材の選定のために、石友工業の熱心なすすめもあり茨城県真壁に二度、採掘場・加工工程を見学しにいった。慰霊碑建立は間近だった。そして碑文の選定をめぐって実行委員会、観音寺住職、高津区特別委員会の間で話し合いが繰り返された(23)。しかし、今度は慰霊碑に刻む碑文をめぐり、実行委員会と高津区特別委員会とで意見の相違が生まれる。実行委員会が作成した碑文の原案を以下引用しよう。

一九二三（大正一二）年九月一日相模湾を震源地としておきたマグニチュード七・九の大地震は死者行方不明

者一四万、家屋焼失四五万・全壊一三万の惨害と流言による社会不安をもたらした。この大災害の中で陸軍習志野練兵場の一角高津廠舎に朝鮮人中国人被災者の収容所が設置された。陸軍は、軍管理の下にあったこの収容者の中から指導者と見なされる者を、九月七日〜九日、近接の数ヶ所の集落（現八千代市内）に振り分けて「処分」することを命じた。絶対権力をもつ軍の命令を受けた各集落は軍の命令の呪縛に縛られ長い間口を閉ざしてきた。

ここ高津区では事件から半世紀を経た頃から、重い心の傷跡の修復を願って心ある区民の中で犠牲者の霊を弔い、区・観音寺・実行委員会による慰霊祭が恒例化されこの行為に理を認めた韓国民有志や仏教会から鐘楼と慰霊塔が寄進された。

この地に眠る犠牲者の御霊が明るい陽光に巡り会えるまでに四分の三世紀という長い時を必要とした。二度とこのような悲劇を起こすことの無いよう地区住民はもとより全国各地有志の願いを込めてここに六名の犠牲者慰霊の碑を建立する。(24)

実行委員会が提案した碑文の原案作成にあたって、平形千恵子氏は「地域住民は加害者でありながら、軍隊に「取りにこい」といわれてやらされたことから、被害者でもある。その事実の経過と軍隊の責任についてだけは碑の裏面に書いて残したいと私たちは強く思った(25)」と述べる。その原案をもとに、話し合いは三回ほどおこなわれ、その度に修正を施したが、結局、碑文について高津区からの合意は得られなかった。

実行委員会の西沢文子氏は、高津区の反応を次のように述べている。「実行委の原案をたたき台にして、何回も集まって話し合い碑文を検討しました。あるとき、高津の人が、「後世に残る碑文に、軍隊に命じられて殺したことを書かなければいけないとはわかるけど、やはり、それは書けない」と呟いたのが、いまも私の耳に残っています(26)」。また、平形氏も「代が変わって当事者の次の世代の人たちから、「それはわかるのだが、やったことにはちがいない」

と地域の責任を強く感じる言葉が出て」きたと述べている。[27]

結局、碑の文言は、表には「関東大震災朝鮮人犠牲者慰霊の碑」とだけ記されることになった。そして裏面には「高津区特別委員会委員長　江野沢隆之、高津区民一同、高津山観音寺　住職　関光禪、千葉県における関東大震災と朝鮮人犠牲者追悼調査実行委員会委員長　吉川清」と記されることになった。慰霊碑は高津観音寺の境内に建立され、発掘された六人の犠牲者の遺骨が納められた。

一九九九年九月五日、高津観音寺での第一七回合同慰霊祭にて慰霊碑の除幕式はおこなわれた。[28] 午後二時、岩井健三氏（高津区特別委員会副委員長）による開会の言葉に続き、韓国から送られた梵鐘をついて黙祷。実行委員会、観音寺住職、高津区特別委員会の三者の代表による除幕、献花の後、江野沢隆之氏（高津区特別委員会委員長）、吉川清氏（実行委員会代表）の弔辞が読まれた。開眼供養には関光禪氏（観音寺住職）を導師に、林了一氏（正覚院住職・八千代仏教会会長）、多田博雄氏（長福寺住職）、関琢磨氏（観音寺副住職）が唱和した。その後、李徳満《イドクマン》氏（在日本大韓民国民団江戸川支部）、尹東煥氏（在日本朝鮮人総聯合会千葉県本部副委員長）、松尾章一（関東大震災七〇周年記念行事実行委員長）らの弔辞や挨拶があった。除幕式には高津区民をはじめ千葉県内外から八四人が参加した。以後、合同慰霊祭は高津観音寺の敷地に建立された慰霊碑の前で毎年おこなわれるようになる。

4　その後の活動について

二〇〇三年八月三〇日・三一日に「関東大震災八〇周年記念集会」が東京都の亀戸文化センターでおこなわれた。[29] 七〇周年の記念集会同様、内外問わず、大学教員、地域における市民研究者等が参加した。実行委員会も参加し、代表して平形千恵子氏が「朝鮮人犠牲者の遺骨掘り起こしと慰霊碑の建立」を報告した。

八〇周年の記念集会では歴史学者の山田昭次氏が「関東大震災と現代——震災時の朝鮮人殺害事件と国家責任・民衆責任」と題して講演をおこなった。山田氏は、「問題なのは、日本人が建てた碑、ないしは日本人が碑文を書いた碑で、日本人が殺しましたと書いたものはまだひとつもないという現状」であり、「私も日本人ですから。それぞれの地域で民衆が朝鮮人を殺してしまっているから、碑文の筆者も書きづらくなってしまったのでしょう[30]」と述べている。そして、「日本人」が虐殺の主体を明記した碑を建立するように次のように述べる[31]。

なぜ民衆が朝鮮人を殺したかというと、官憲がデマを流したからであります。あるいは習志野騎兵連隊が村人に朝鮮人を殺せと渡したからであります。だから民衆が朝鮮人を虐殺したと書いた上で、次になぜ殺したかといえば、国家責任が浮上してくる（中略）日本の民衆が有終の美を為してほしい、辛いけれども、自分が殺したと認め、そしてなぜ殺したかということについて国家責任と対決していくことで、民衆責任を果たすことが完結するのではないだろうかと私は考えています。

山田氏の述べる国家責任と対決する具体的な形とは、一つは慰霊碑に日本人の手により虐殺の主体と国家の責任が記されることであり、もう一つは現在の政府に対する直接的な要求だった。坂本昇氏は「関東大震災八〇周年記念集会を終えて」と題して次のように述べる。

二〇〇三年八月二五日、関東大震災に関する研究・運動関係者にとっては、画期的な出来事が報じられた。日本弁護士連合会（日弁連）に設置された委員会が、小泉内閣に対して、関東大震災時の朝鮮人殺害事件などに関する日本政府の責任を明らかにして、虐殺の責任をみとめて謝罪すること、集団虐殺の再発防止措置をとること

などを勧告したのである。(32)

山田氏の提言した民衆責任の果たし方は、その後少しずつ形になっている。先の日弁連の勧告を無視するような政府の対応に対して、二〇〇七年一一月「関東大震災における朝鮮人虐殺の真相究明と名誉回復を求める日韓在日市民の会」(一九二三市民の会)が発足した。同会の目的は「日韓両国でこの重大な歴史的事件を伝え」ることと、「日韓両国政府に真相究明と名誉回復のための「関東大震災朝鮮人虐殺に関する法律制定」を求め」ることである。(33)参加メンバーは実行委員会を含めた、関東大震災の七〇・八〇周年記念集会に参加した多様な研究者や団体だった。

慰霊碑に関しては二〇〇九年九月に、「関東大震災時に虐殺された朝鮮人の遺骨を発掘し追悼する会　グループほうせんか」による「悼　関東大震災時　韓国・朝鮮人殉難者追悼の碑」が荒川河川敷(東京都墨田区八広)に建立された。建立した市民グループは、当初、行政に河川敷に碑を建立することを認めるように、はたらきかけたが認められなかった。その後、河川敷近くに私有地を取得して自分たちの手で建てた。同碑は「日本人」が建立し、虐殺の主体と経過を記した初めての碑とされる。

山田氏が問題だとした碑の一つには実行委員会が建立した「関東大震災朝鮮人犠牲者慰霊の碑」も含まれる。もともと実行委員会は、前節で述べたように碑文の原案を作成しており、山田氏が述べたような虐殺の主体や事件の経過を記したかった。吉川氏によれば慰霊碑に碑文がないと、「後で説明の仕様がない」というのが基本的な実行委員会の態度であり、その解決策として実際に計画していることとしては、会報の『いしぶみ』や、新たにパンフレットを作成し、観音寺の寺に常置しておくことをあげている。また、『いわれなく殺された人びと』以後の活動について、「石ではなくて、モノを書いて残す」ことなどを検討している。

実行委員会の国家責任を厳しく追及する姿勢は、現在でも高津区において虐殺に関して容易に語ることができないという状況が続いているということと無縁ではないだろう。前節で紹介した碑文原案では、「絶対権力をもつ軍の命令を受けた各集落は軍の命令の呪縛に縛られ長い間口を閉ざしてきた」とある。実行委員会の問題の捉え方からすれば、政府が当時の軍隊の責任を明らかにすれば、高津区住民も閉ざされた口を開き、碑に文字を刻んで記録を残すことができると考えているのではないだろうか。

記録に残す作業は、実行委員会がおこなってきたこと、明らかにしたことの引き継ぎを視野に入れており、現在の実行委員会の課題としてすすめられている。二〇〇九年に実行委員会は『関東大震災八五周年　千葉県における関東大震災と朝鮮人犠牲者追悼・調査実行委員会　資料集　増補改訂版』を刊行した。この資料集は実行委員会の会報である『いしぶみ』の創刊号（一九七八年六月二四日）から第三五号（二〇〇八年一〇月二五日）までを中心に、集会のビラや、さまざまな研究会でのレポート等をまとめたものである。

二〇〇九年に刊行されたのは、当初、実行委員会は関東大震災八五周年にあたる前年秋に資料集を作成したのだが、どうしても入れたい資料が出てきたために再編集したからである(34)。その資料のなかの一つに、八千代市史編纂委員会に対して訂正を要請した文書がある。二〇〇八年三月一五日刊行の『八千代市の歴史』（通史編・下巻）の関東大震災下の虐殺に関する記述に誤りがあることに気づいた実行委員会は、二〇〇九年三月五日に編纂委員会あてに訂正を要請した。その文書には次のように記されている。

『八千代市の歴史』は、八千代市が自治体として公に発行されたものであり、教育現場で教材として、歴史学習の資料として、また専門の研究者にも利用されるものです。韓国・朝鮮など諸外国からも注目されるものと考えられます。八千代市民にとっても、市史に間違った歴史が残ることは困ります。また、（中略）深い心の痛みに長く誠実に取り組んできた関係地域の住民に対しても市史に事実誤認、記述の誤りがあることは許されないこ

写真6-1　高津・観音寺の「関東大震災朝鮮人犠牲者慰霊の碑」（1999年、右）と「普化鐘楼」（1985年、左）の前でおこなわれる合同慰霊祭の様子（写真は2011年９月４日）

とと考えます。ぜひ、正確を期して訂正されることを要請いたします。[35]

以上のように述べたうえで、『八千代市の歴史』に誤って記されている高津における虐殺の人数、遺骨発掘の時期等[36]の訂正を具体的に説明しながら要請している。ここからも自分たちが明らかにしたことを他の人に伝えること（引き継ぐこと）のこだわりが強く感じられ、また虐殺があった地域への配慮が読みとれる。大竹米子氏は、資料集のあとがきで「高津の人びとが、三代にわたって語れなかった苦悩と、遺体を掘り、改葬し、墓碑を建立するに到るまでの苦闘をこそ、後世に伝えるべきではないでしょうか[37]」と述べている。この資料集は、実行委員会の活動を通して、現在まで続く地域における虐殺の問題を伝えるとともに、実行委員会の課題を未来へ向けていかに継承するかを考えさせられる機能をもっている。

最後に、実行委員会は一九八三年より毎年の合同慰霊祭を欠かしたことはなかった（写真6-1）。その原動力として端的に語っている文章がある。二〇〇六年九月一日の船橋市営馬込霊園、九月二日の荒川河川敷の慰霊祭に参加して、九月九日の高津観音寺の慰霊祭をおこなった平形千恵子氏の感想である。平形氏は、各慰霊祭で「共通して感じたことは、犠牲者に対する追悼・慰霊の行動が、（虐殺を）繰り返さないことはもちろんだが、決して忘れないことにつながり、この問題に関心を持ち続けることは、歴史から学んで、学んだことを現在に実行していくことではないかということだった」(38)と述べている。地域との問題に取り組むため、そして関東大震災下の虐殺の問題を後世に伝えるためにおこなわれる高津観音寺の慰霊祭は、実行委員会が長い時間をかけて加害の地域の人たちと建立した慰霊碑の前でおこなわれる。実行委員会は慰霊祭のあと、希望者を募って高津のみならず、大和田新田、萱田下、萱田上の虐殺があった地域を案内し、歴史的問題を語り継いでいる。そこで語られる話は関東大震災下の虐殺の話だけではなく、その後の地域住民の苦悩も含まれている。この慰霊祭は地震のあった九月一日ではなくて、軍隊からの下げ渡しによる虐殺があった九月七、八、九日、または集まりやすいその前後の日におこなわれている(39)。

おわりに

本章は、実行委員会の活動について、一九八三年の『いわれなく殺された人びと』出版後の活動を中心に検討した。出版後の課題は、虐殺現場がわかっている千葉県八千代市高津なぎの原の朝鮮人犠牲者の遺骨発掘と、その犠牲者を供養しての慰霊碑建立だった。『いわれなく殺された人びと』の大きな反響は、実行委員会の活動の原動力となり、課題の早期解決をめざしたが実際には長い時間を必要とした。実行委員会のこだわりは、加害の地域と共同して課題をこなすことであり、そのために地域とのつながりを大切にした。

実行委員会、観音寺住職、高津区特別委員会による遺骨収集・慰霊碑建立委員会は数回の会合をもって消滅してしまう。その時に問題とされたのは、実行委員会が提案した遺骨の発掘における科学的な検証であった。実行委員会は、出版後から毎年継続しておこなわれるようになった合同慰霊祭の時に、遺骨発掘と慰霊碑建立の課題を主張し続けた。また、実行委員会の代表である吉川清氏が地域の行事に参加したりして、それとなく二つの課題の話をした。このような行為が、地域の人たちの心を動かすきっかけになったのだと思われる。

一九九八年九月二四日、なぎの原にて遺骨の発掘作業がおこなわれた。参加者は実行委員会と観音寺住職、高津区特別委員会、作業は専門の業者がおこなった。マスコミには伝えず、作業の過程における記録もとらなかった。震災時の資料どおり六人の遺骨が発掘された。

その翌年の一九九九年九月五日に「関東大震災朝鮮人犠牲者慰霊の碑」が建立された。その建立にあたっても、慰霊碑の碑文をめぐって実行委員会と高津区特別委員会とで立場の違いがあらわになった。実行委員会は軍隊の責任を最も重要なこととして、虐殺の主体と経緯を慰霊碑に刻みたかったが実現できなかった。この時の高津区特別委員会の心情をどのように考えていけばいいだろうか。

山田昭次氏は「日本人」の民衆責任として、国家責任を追及する必要を訴えている。実行委員会もそれに賛同しているが、「日本人」の民衆責任という枠組みのなかに、実行委員会と高津区特別委員会とが容易にくくれないことを実行委員会はわかっているだろう。実行委員会には市長を交えて話し合いをしても、早急に遺骨発掘と慰霊碑建立の課題が解決しなかった経験がある。高津区住民が碑文に虐殺の過程を刻むことを拒否したことは、「やったことにはちがいない」という、かつての地域住民が虐殺の主体にたったという事実に対する心情による。その心情を読みとらない限り、いくら軍隊の問題にしても加害地域の住民が虐殺を語ることは容易ではない。

実行委員会は、多くは語らない慰霊碑の代わりに、慰霊碑のある観音寺に説明文を設置しようとしている。また、毎年おこなわれる慰霊祭では、フィールドワークを設け、実行委員会が周辺地域を案内して供養するなかで、虐殺の問題について語っている。慰霊祭には今も高津区特別委員会が参加しており、貴重な交流の場になっている。このような実行委員会の地道な活動こそが、加害の地域の人びとが少しずつ事件について語ることにつながったのであろう。

筆者は本共同研究で実行委員会に聞き取り調査をおこなってから毎年、この地の慰霊祭に参加している。慰霊祭後の実行委員会が案内するフィールドワークは、多くは語ることができない加害の地域を考えるうえで非常に重要だと思っている。そもそも、実行委員会はこの地において、あまり文字にされない歴史を聞き取り調査によってひも解いてきた。本章で述べたように虐殺の問題は関東大震災下に限らず、加害の地域においてその後も生きていた。フィールドワークでは、実行委員会がこれまでの活動を通してみてきた、地域における、現在につながる虐殺の問題についてしばしばふれる（何度聞いても新しい発見がある！）。文字で書かれた歴史と、口で語られる歴史との間には差異があり、後者の歴史には解決されない問題が含まれている。そのような歴史には、虐殺をとらえ返すヒントが隠されていて、それを知るためには、またあらためて話を聞くしか手段がないのである。

（小薗　崇明）

注

（1）『いわれなく殺された人びと』の反響については『いしぶみ』第一四号、一九八四年一月一九日、二～四頁。
（2）七〇周年記念集会についての記録は、七〇周年記念集会実行委員会編［一九九四］を参照。
（3）『いしぶみ』第一八号、一九八七年九月一日、一頁。
（4）前掲『いしぶみ』第一四号、一頁。
（5）曺氏の証言記録は千葉県における関東大震災と朝鮮人犠牲者追悼・調査実行委員会、千葉県歴史教育者協議会、千葉県自治体問題研究所船橋支部共編［一九七九］に収録。また『いわれなく殺された人びと』二一〜二七頁にも紹介されている。
(6) 久保野茂次氏の日記、通称「久保野日記」は、関東大震災五〇周年朝鮮人犠牲者追悼行事実行委員会・調査委員会編［一九七五］の第一部に「一兵士の日記」として一部所収。また、「久保野日記」の公開にあたっては久保野氏の葛藤と石井良一氏の努力があったが、それに関しては『いわれなく殺された人びと』九三頁を参照のこと。
(7) 『いしぶみ』第一六号、一九八五年八月一〇日、一頁。遠藤三郎氏の震災時の日記は、宮武剛［一九八六］で一部紹介。
(8) 福田村事件は一九二三年九月六日に現在の千葉県野田市三ツ堀の利根川で、日本人の行商人が自警団に殺害された事件である。詳しくは、千葉県福田村事件真相調査会編［二〇〇一］［二〇〇二］［二〇〇三］を参照のこと。
(9) 『いしぶみ』第一九号、一九八八年四月一四日、二頁を参照。
(10) 大竹米子［一九八九］一三八、一三九頁。
(11) 「関東大震災朝鮮人犠牲者遺骨収拾・慰霊碑建立実行委員会」の活動については、『いしぶみ』第二〇号、一九八八年八月二五日、一頁を参照。
(12) 『いわれなく殺された人びと』一三〇頁。
(13) 『いしぶみ』第二二号、一九九三年一月一五日、二頁。
(14) 前掲『いしぶみ』第二〇号、一頁。
(15) 一九八八年九月八日高津なぎの原で第六回合同慰霊祭がおこなわれた際に、第五回遺骨発掘・慰霊碑建立委員会が開かれるが、ここでも話し合いはまとまらず、この後は委員会は開催されなくなってしまった。
(16) 実行委員会会報『いしぶみ』第二七号、一九九八年一二月二四日、三頁。最後の一文は実際の資料では「話し合いはまとまったのでしたが」となっていたが、今回掲載するにあたっては実行委員会の要望により「話し合いは行われたが」に変更。
(17) 関東大震災七〇周年記念集会実行委員会編［一九九四］一〇八頁。
(18) 引用部分は一九九二年九月五日の合同慰霊祭の吉川氏の弔辞から引用。前掲『いしぶみ』第二一号、二頁。遺骨発掘と慰霊碑建立が進まないことを犠牲者に詫びる形で弔辞を読むことは実現するまで毎年おこなった。
(19) 前掲『いしぶみ』第二七号、二頁。
(20) 『いしぶみ』第二八号、一九九九年一一月五日、一頁。
(21) 前掲『いしぶみ』第二七号、四頁。
(22) 同右。

(23) 真壁の見学と話し合いについては、前掲『いしぶみ』第二八号、一頁を参照。
(24) 千葉県における関東大震災と朝鮮人犠牲者追悼・調査実行委員会・委員長編集・作成［二〇〇九］一七八頁。
(25) 平形千恵子［二〇〇四b］九二頁。
(26) 『いしぶみ』第三〇・三一合併号、二〇〇五年七月一五日、八頁。
(27) 平形千恵子［二〇〇四b］九二頁。
(28) 第一七回合同慰霊祭・慰霊碑除幕式については、前掲『いしぶみ』第二八号、二、三頁。
(29) 八〇周年記念集会についての記録は、関東大震災八〇周年記念行事実行委員会編［二〇〇四］を参照のこと。
(30) 山田昭次［二〇〇四］一四、一五頁。
(31) 同右、一六頁。
(32) 坂本昇［二〇〇四］二七五頁。
(33) 千葉県における関東大震災と朝鮮人犠牲者追悼・調査実行委員会・委員長編集・作成［二〇〇九］付録・巻末、二四頁。
(34) 千葉県における関東大震災と朝鮮人犠牲者追悼・調査実行委員会・委員長編集・作成［二〇〇九］一七八頁。
(35) 同右、一七〇頁。
(36) 『八千代市の歴史』の誤記は多々あり、実行委員会は訂正箇所を「「陸軍習志野支鮮人収容所」について」「高津について」「大和田新田の「無縁仏之墓」について」「萱田について」「大和田関係について」と五項目に分類しており、それぞれを丁寧に説明しながら訂正するように促している。詳しくは同右、一七〇〜一七三頁を参照のこと。
(37) 同右、一七七頁。
(38) 『いしぶみ』第三三号、二〇〇六年一一月一五日、二頁。
(39) 平形千恵子［二〇〇四b］八六頁。

第三部　聞き書き記録

右から吉川清さん、大竹米子さん、平形千恵子さん
（2010年 4 月17日、なぎの原にて）

聞き書き記録について

専修大学関東大震災史研究会では、これまで五回の聞き取り調査をおこなってきた。いずれの調査も千葉県における朝鮮人虐殺の追悼・調査に関わった関係者への聞き取りである。今回収録をした四本のインタビュー記録は、『専修史学』に掲載した記録の抄録である。聞き取り記録の全文については、各『専修史学』を参照されたい。また、抄録にあたっては、誤字・脱字をあらため、紙幅にあわせて再構成をしている。

本記録の活字化にあたっては、できる限り発話者の話をそのまま起こしており、その記録を、話し手に事前にみていただいて、『専修史学』に掲載する手続きを踏んだ。この記録が、実行委員会と地域の人びととの信頼を損なうことを恐れたためである。

今回本書に収録することができなかったが、専修大学関東大震災史研究会では実行委員会の中心メンバーである大竹米子氏へのインタビューも二〇一一年に実施している。これについては今後、『専修史学』に掲載する予定である。

（宮川英一）

第7章　実行委員会への聞き書き

聞き書き記録について

本章1での話し手である平形千恵子氏は、実行委員会結成以前の一九七四年から高校の教員として勤務するかたわら、船橋で朝鮮人虐殺についての調査・研究に携わっていた。七八年の実行委員会結成当時からのメンバーであり、資料収集や関係者への聞き取り調査をおこない、『いわれなく殺された人びと』を共同執筆した。(1)

本書では実行委員会のメンバーとの出会いの経緯のほか、平形氏が実行委員会での取り組みにかける思いについてうかがった。記録をまとめた鈴木孝昌は、平形氏が「戦後の民主主義教育を守る」という強い思いを持っていたことが活動の継続の大きな理由になったと指摘する。(2)平形氏の教員としての立場から千葉県における朝鮮人虐殺にたいする研究にどのように向かい合っていったのかを知ることができる。

本章2での話し手である吉川清氏は、一九八八年三月から実行委員会の委員長をつとめ、実行委員会と地域の住民との交渉や事務を担当し、実行委員会と地域との結節点の役割を担った。実行委員会の活動へ参加する以前より、船橋市の職員として勤務するかたわら（在職期間は一九四七～九三年）、船橋市職員労働組合運動に取り組み、あわせて船橋市における地域の諸運動にも取り組まれている。(3)ここでは、吉川氏と実行委員会との関わりの部分に焦点をあてて再構成した。

本章3の話し手である西沢文子氏は、実行委員会の結成直後からのメンバーであり、地域の母親たちの学習活動として一九七〇年代から継続する三山歴史サークル（旧、三山女性史サークル）の中心的役割を担っている。(4)本記録は、千葉における朝鮮人虐殺についての聞き取り調査など、実行委員としての西沢氏の諸活動について、聞き取りをまとめたものである。抄録した記録からは、実行委員会として聞き取り調査に臨んだ西沢氏の経験や、一九八二年に三山サークルが作成したスライドの作成過程を知ることができる。（宮川英一）

1　平形千恵子氏

（二〇一一年五月一三日専修大学神田校舎にて）

話し手　平形千恵子氏（実行委員会委員、一九四一年生まれ）

（聞き取り　小笠原強・小薗崇明・鈴木孝昌・田中正敬・宮川英一）

平形　私は横浜の鶴見で生まれました。生まれてすぐに父の転勤で滋賀県の大津に移りました。社宅の小さな幼稚園で、空襲警報が鳴ると砂場の藤棚の下に逃げて、そこから自分の家まで連れて帰ってもらうという、今じゃ考えられないような生活でした。小学校も大津でした。

一九四八年に父の転勤で東京に戻って、世田谷の下北沢に住みました。小学校二年で編入して、その後はずっと東京で過ごしました。中高は立教女学院です。高校は今では考えられない徹底した選択制度で、社会科系は全部取りました。特に日本史、世界史は授業中ノートを取れるだけ取って、帰ってからもう一度ノートを整理するんです。

鈴木 歴史はいつ頃から興味がありましたか?

平形 小学校からです。小学校の五、六年の女の先生がものすごく熱心に指導してくださった。

宮川 お父さまはどんなお仕事をなさっていたのですか?

平形 会社員でした。戦争には二回、朝鮮に行きました。四〇代近いですから前線じゃないと思いますが、あまり話したがらなかった。「殺さなかった」というのは一度聞いたことがありました。

田中 大学はどちらに?

平形 立教大学の史学科です。卒業論文はドイツの共同体ですが、大学のクラブは地理研究会なんです。入学して何をやっているか大学のクラブを聞いて回って、歴史研究会は資料読んでいるって言って、地理研は農村調査やっているって。これは入らなくちゃと思って。地域への関心が下地にあったんです。

田中 大学院は?

平形 行きたかったけど、父が定年で弟までいるから無理だと思って就職を考え、私立の教師の口がたまたまあったので。学校の先生になっても勉強は続けようと。

鈴木 歴教協(歴史教育者協議会)はいつ頃から参加されましたか?

平形 最初は柏日体高校だったんですが、一年目の夏に、同じ職員寮の立教出身の先輩に誘われて、(群馬県)伊香保の歴教協全国大会(一九六四年)に参加しました。一年に一回大会に参加して、本を読んで勉強するのが自分の勉強だった。吉田悟郎さん、鈴木亮さんとか、世界史関係の話を聞く。半分はわからないけど面白くって、帰るとそういう本を買って一生懸命読んで。

歴教協大会のいいところは、必ず地元の先生がフィールドワークの案内をしてくれる。地域でやっている人が案内するとこんなに面白いのかと。

鈴木 歴教協の中で高橋益雄さん(5)、大竹米子さん(6)と知り合ったのですか?

平形 そうです。大竹さんとは伊香保の大会で初めて会った。関東大震災を調べる前から大竹さんとは知り合いでした。いろんなことやるのは十年も後なんだけど。高橋さんとは福岡の大会(一九六六年)で会ってます。

田中 朝鮮人虐殺に取り組むきっかけは、兵庫大会(一九七四年）の帰りの新幹線ですね。

平形　高橋さんが（船橋市立）法田中学校の教師で、地域の人を紹介されて。それで私、法田中の近くに引っ越したんです。子どもの学童保育と、保育園が歩いて行ける距離にあることを確かめて、法田中の学区丸山を選んだ。高橋さんは、地域に密着して一生懸命やっていて、本当に助けられました。最初は、聞き取りも高橋さんが「あそこに行くといい」とか、「一緒に行くか？」とか。

　丸山の話を聞いてからは一人でどんどんやっていきました。松島（船橋市旭町）の高橋定五郎[7]さんとか、いくつかの聞き取りは高橋益雄さんに、鎌ヶ谷の聞き取りは石井良一[8]さんに助けられました。

田中　石井さんとお知り合いになったのは？

平形　高橋益雄さん経由です。高橋さんに誘われてすぐの九月一日、船橋の慰霊祭に行った時に石井良一さんも来ていて、そのまま高橋さんの車に乗って石井さんの家まで行って、小作争議の時の布施辰治[9]事務所の下書きの紙とかいろんな資料を見せてもらいました。

　石井さんは「粟野の飯場が見つかったから行くか？」とか、「針金で縛って送ったのはあの人だけど一緒に行くか？」とか。地域の違うところの聞き取りは、誰かに教えてもらって行ったのが多いですね。（野田市）福田村は吉川さんのつてで見つけてきたところですね。

田中　高橋さん自身は、地域での話をどのように聞いていたんですか？

平形　日朝協会[10]に入っていらしたから、日朝協会の船橋調査[11]には参加しているのかな？　船橋調査の青焼きのプリントをもらったのは高橋さんからだから……。

田中　教え子から話を聞くことがあったんでしょうか？

平形　あったでしょうね。生徒の中に朝鮮人の子がいた話も残っています。中身が面白くて、いろんな話を聞きました。私が子育てをしているからみなさん家の二階に来てくれました。その代わりに自宅を事務局にして電話を受けて。

田中　嫌がらせの電話みたいなものもありましたか？

平形　ありましたよ、特に新聞に出た時は。息子が「お前のところは朝鮮人か？」って電話を受けたり。それから、電話がかかってきていきなりいろいろ言われたので、「失礼ですけどお名前名乗っていただけますか？」と慇懃無礼に言ったらまたいろいろ言うから、「名乗っていただけない方とはお話しできません」と言って、電話を切ったりとか……。

田中　調べたことを授業で話しましたか？

平形　話しますよ。九月一日は始業式のあと年休とって慰霊祭に行っていました。ホームルームで「昨日はここに行って来たのよ」とか話しました。授業の中では必ず地域の話として使いました。

田中　でも、地域の人たちに配慮しなければいけないところもある。

平形　それはもちろんです。具体的なことは話さずに。でも私がそういう勉強をしているのは……

田中　知っているわけですね？

平形　そうです。そんなに（生徒は）関心は無い。たまにフィールドワーク行くけど行く？　と聞くと、一緒に来る生徒は何人かいましたけど……。

田中　埼玉・東京など各地の取り組みがありますよね。繋がりはどうでしたか？

平形　そうですね、一九九三年の七〇周年集会の時かしら？[12]それまではあまり……。でも絹田（幸恵）[13]さんとは結構親しくお手紙のやり取りをしていました。

田中　絹田さんは八〇年代の発掘からですか？

平形　そう、発掘の時にお願いをして、山田昭次[14]さんと絹田さんとで講演会に話に来てもらったりお手紙をいただいたり。

田中　山田昭次さんとはどこで知り合ったんですか？

平形　山田昭次さんが立教大学の助手の時でした。そのあと歴教協の大会で何度かお会いして、このことをやりだした時からはよくお手紙をいただくようになりました。山田先生が徐（勝、俊植）兄弟の救援運動[15]をされている時にはいろいろ送って下さり、私もカンパを送ったりしていました。

田中　東京や、埼玉、横浜の方たちとは？

平形　やはり、七〇周年からですかね？　それまでは日朝協会と東京としか繋がりが無くて……。あとはそういう話を聞くのは歴教協でしょうね。

（埼玉県）秩父大会（一九八四年）の時に各県で（震災の研究を）やっている人たちがレポートを持ち寄った。それから熊本大会（一九八三年）で、石井雍大さんに福田村事件を調べてくれないかというお願いをしました。上京された時にご案内するとか、『いしぶみ』[16]を送るとかですね。歴教協が全国組織であることが随分役に立ちました。私たちの発表が伝わるし、よその発表も私たちに伝わる。[17]

田中　石田貞[18]さんは？

平形　直接は知りませんでした。日朝協会でしょうか。でも、かなり早い時期に埼玉の本は買って読んでいました。

田中　地域それぞれで調査とか追悼の形が少しずつ違ったりしますね？

平形　違いますね。それぞれがやってきている中で生まれたものですから、むしろ違って当然だと思います。荒川は教会もお寺も関わって下さっているし、私たちは観音寺さん、長福寺さんとの関係で仏教だけだし……。そうするとやはり「慰霊」という言葉になりますよね？　あちらは慰霊する会を追悼と名前変えられましたよね？

田中　大学などの研究者との関係は？

平形　私たちは、追悼調査実行委員会を作った頃、毎年九月は講演会をやっていたんです。最初は高橋磌一[19]さん。山田昭次さん、金原左門[20]さん、今井清一[21]さん、松尾章一[22]さん。大江志乃夫さんは日程が合わず残念でしたけど……。毎年誰か候補を挙げて、直接あたるんです。

みなさん気持ちよく来て下さった。講演をきくと、テープを起こして、送ってまた直していただいて、私たちのものに載せさせてもらうとか。（講演とセットで）地元の琵琶を弾いてくれる方にも来ていただきました。山田昭次さんの時は絹田さんとか。三山サークルのスライド[23]を上映したり、私が中間報告をしたこともあります。研究者の方から私たちは勉強させていただく、本を読ませていただく、でもこちらがお願いしたいときは思い切りよく交渉をする。

田中　他にも姜徳相[24]先生と一緒に申鴻湜[25]さんのところにいらっしゃったり。

平形　習志野収容所に入っていた人の話が聞きたいということになって、朝鮮大学校の本を読んで、姜徳相先生にお手紙を書いたり電話をしたりして、一緒に行ってくださるということになって、申鴻湜さんのところへ行きました。

朝鮮大学校の柳震太[26]さんの紹介で、曺仁承[27]さんの家に行って……。柳震太さんが、学生に話す時はもっと厳しいんだよと、あなたたちだからずっと遠慮して話しているね、という話を終ったあとにしてくれました。

夏休みや冬休み、春休みしか私たちは動けないから、誰でも頼み、行ける所に行く（笑）。しかもいっぱい聞いているようだけど、大学の先生みたいに一年中調べられない。普段は仕事で朝七時に家を出て夜七時に家に帰ってくる。だから普段は忘れているというくらい忘れているんです。チャンスがあったらいくらでも行って、聞く。そういう長さで考えていただかないと……。しかも私が一人でやったことではなくてみんなでやったことだから。

田中　こういうことをしておけばよかったということがありますか？

平形　もう山ほどあります。本も読みたいし、書いておきたいし、聞き取りももっとしたかった。特に証言者が亡くなってしまった時。だけど、時間の限界、体力の限界はいつもあって。

田中　以前、船橋の追悼碑についてご存じの奥さんに聞いておけばよかったと言われたので。

平形　林秀子さんね。というのは、知っている話をぱぱっとなさるんですけれど、ゆっくりお話聞かせてくださいなんて言うと、「またね」と言って、私も「はい、また来ます」なんて言っていたのね。だけどああいうのはもっと聞いておくべきだったなと。

女の人は、夫が慰霊碑の移葬などの中心となって動いていた時を知っているんですね。「総連関係の結婚式が今日あるんだけど、あなた達の（慰霊祭）に来たよ」と言って私たちの慰霊祭に来てくださったこともあります。そういう親しさを持ちながら、もっと聞いておくべきだったと。

田中　尹東煥[28]さん（父は尹槿氏、慰霊碑の碑文を書いた）も。

平形　あんなに早く亡くなるなら、尹東煥さんにはもっと聞いておくべきだった。それは、琴（秉洞）[29]さんにも言われて……。琴さんにも聞きに行きますと言って、いいよというお返事もらっていたのに、そのあと田中さんから亡くなられたというお話を聞いて……。思い立ったらその時じゃなくては駄目だと思いました。みなさんもできるだけ早くいろんな人からお話を聞いてください。

田中　最初のフィールドワークの後、八千代台の喫茶店での話（本書第一部補記）の中で、加害者と被害者と実行委員会の立場について触れられていましたが。

平形　私たちは微妙な立場でしょ？　私たちは総連とのつながりが強い団体と見られていました。慰霊祭に行くだけじゃなくて、朝鮮大学の先生方にもお世話になるし、いろんな形で……。その頃は、民団系の人が慰霊祭に来てくださっても、お互いが近寄らなかったり厳しい時代が長かった。

　もう一つは、被害者の朝鮮人を悼んでいるんだけれど、地域の加害者の人たちと一緒に取り組んでいるわけです。地域の人は……。時々話のはじめに[30]「悪いことをしたにしても」という言葉がつくんです。君塚さんなんかそうでしょ？　あの人たちは悪いことをしたにしても、あんなふうに殺されてかわいそうだよな、という言葉が出るんです。

　福田村事件の被害者の親族の方が上京された時に、何にも悪いことしていないのになんでここで殺されなきゃなんないんだ、私は村の人に文句を言って帰りたいと言われる……。でも私たちがこのようにやってきて、村の人たちもさせられてしまったのだから、それを明らかにしたくてやっているから、ここではそれだけは言わないで帰ろうと言って。その時は言わないで帰って下さったんだけれども、家に一晩泊まりみんなで話を聞いた時に、「あんたたちがそう言うから言わずに来たが、私は今も村の年寄りに言いたかったんだ」と。

　私たちは、一生懸命いろいろやっているのだけれども、いろんな狭間で本当に自分たちはそれでいいのかなと思うときがある。いいと思いながら「うーん」と思うことがある。殺されたのはとんでもないことだけれども、殺さざるをえなかった人たち……、軍隊に返しに行くわけにはいかないから、流言を信じてしまったから……。「あれは村で二番級の家だったけど、それがあってからは持ち崩して家が断絶してしまった」とか、聞くじゃない？

　そのまま受け取ればいいんでしょうけど、私の中で整理しきれなくなることがある。でもやっぱり私たちなりにそれを受けとめて、なんとか繰り返さないように、こんなことがあったということをはっきり残して。

　高津観音寺の碑の裏に、何とかしていわれを書いて残したいと。三回も四回も吉川さんたちが書き直して、何とかこの辺でいいとなっても、村の役員会では駄目と返ってきてしまう。その時に碑を建てるのを優先するか、碑文を書くのを優先するか、あるいは掘るのを優先するか、あきらめるかなんていうことはいっぱいあるわけ。

その時は一人でも悩み、みんなで話し合って、相手の条件を受け入れて掘ることを優先しようと。悩んだことはいっぱいあるんです。時々これで良かったのかなとか、もっとできたんじゃないかとか、大竹さんと時々話します。でも、最後はしょうがないねって、言ってきたんですけどね。

田中　なるほど。

平形　仕事がいろいろあって『いしぶみ』がしばらく出なかった時も、八千代市役所に行って交渉はしているんです。

こんなことやってると、体が続かなくてもう無理と思う時もある（笑）。一番無理だったのは、長女が小学校に入学して学童保育に行って、真ん中の子が保育園に行って、三番目が保育園に入れなくて個人の家に預けたの。駅降りてから三人集めて家帰るまでに一時間かかる（笑）。それが一ヵ月半くらい経った時はさすがに、学校の教師の仕事自体が続かなくなると思いましたね。

小薗　実行委員会の名前は最初から追悼・調査実行委員会で、それは追悼と調査を同時に盛り込むという問題意識だったと思うんですよね。実態を明らかにすることに重点を置く人はたくさんいると思いますが、発掘とか慰霊祭という発想はなかなか起きないと思うんですが。

平形　そうですか。私はそう聞かれることの方が不思議というか、最初に何て名前を付けるかという時に、そこはみんな一致していた。船橋の慰霊祭に出ることから始めたということがあります。船橋ではこのテーマは慰霊祭から始まるんですよね。だから普通という……。

慰霊する会という名前を付けようという案は無かったですね。追悼、慰霊、調査から名前を決める時は追悼調査……。これは意外とスムーズに決まったんですよね。

小薗　今後の課題は何でしょうか？

平形　やることは山ほどあるんだけれども、みんな年をとってきて（笑）。このあいだ集まった時には、やはり書いて残すとか、フィールドワークの案内のパンフレットを作るとか。私個人としてはまだ千葉県のわかっていないことが山ほどあるから、せめて最後にもう少し千葉県のことをまとめておきたいなということがあります。

千葉県だけじゃなく、いまいろんな全国的なつながりができて、東京に行ったり、横浜の話を聞いたり、埼玉や群馬の話を聞いたりすると、やはりもっと全体をまとめなくてはいけないんだろうなと思います。だけど地域、地域が詳しく丁寧にまとめておいてはじめて全体の意味があるんだろうと思ったりしています。『いわれなく』のあとをちゃんと書いてないね、ちゃんと書きなさいと言われた時もあるのだけれど。

いろんなことをやる方をしてきた……。引き継いでいただきたい、一緒に実行委員会をやっていただきたいと思うくらいです。

小薗　二〇〇七年の歴史地理教育の五月号で、[31]今日の話のように子どもの頃の話からはじめて、地域の憲法学習を考えるという話を書かれていますよね？　戦争経験の影響が強いと感じたんです。その中で「「戦後」が戦後のまま続くのかという心配すら感じる」という文章の意味をお聞きしいのですが。

平形　「戦後」と鍵括弧を付けたのは、私は日本の本当に戦後の民主化教育を受けたわけね、いい意味で。だけどそのすぐあとから、急旋回でその戦後の民主教育がどんどん駄目になってそのまま戦争に戻ってしまう恐怖があります。教科書問題や憲法改悪など。震災の問題もそうだけれど、今毎日思っているのは教科書問題なんです。今回の自由社と育鵬社の関東大震災記述を比べて読んでください。

自由社は虐殺を消しました。びっくりしました。育鵬社は（虐殺の記述が）入っていますが、住民たちが作る自警団などと書いてあって、この表現だと社会主義者も住民が殺したことになってしまうわけです。自由社の前の教科書と今回のものと比べると、前は注に書いているんです。でもその注も全部無くなって……。

とんでもないことですよ。教師が教えるチャンスを無くす。私たちが一生懸命やってきたことも全部歴史の中から消されてしまう。（こんどは）南京事件が消されるんじゃないですか？　本当にいま、こういう教科書で……。

千葉危ないんですよ。だからいま一生懸命教科書問題をやるんですけれども。ほんの少ししかやる人がいないんです。こっち（震災）より大変です。いま教育の方が大変なところまできてると思っている、そういうことのつながりで読んでいただきたいです。

小薗　すごく気になったのは、平形さんが生きてきた六〇年安保の時にリーダーだった人たちが転向してつくる会を作ったりしているじゃないですか？　ということは、戦後の中での平和主義、民主主義が正しかったかどうか自体に疑問を持っているのかなという……。

平形　あ、そうか。私はそれを自分の中でものすごく大事なものだと思っていて、私はその中で育ったと思っています。それを守っていくのが私たちの世代の大事なことだと思っています。

戦後の教育って一体何だったんだろうと。何とか守りたいし、日の丸や君が代問題なんかも、立たなければ君が代歌わなければクビ切られる時代が来ちゃっていることは、大変な時代だと思うんですけれどね。心情的に私は、戦後すぐの民主的な教育を作ろうとした情熱と、生活の苦しさの中で一生懸命だった時代をものすごく大事なものと考えているというのは、わかってほしいなと思います。抵抗する力がいま弱過ぎると思います。

鈴木　平形さんは実行委員会の活動を「仕事」と表現されていますが。

平形　家の中の子育ても中途半端だし、教師の仕事もそうだし、こういう勉強もそうだけど、全部半分ずつでも足せば増えると思うんですよ。わかります？　教師の仕事半分で、勉強、研究の仕事半分で、子育て半分でも足すと一・五になるじゃない？　そういう足し算をすると私は私なりにやりたいことをやってきたから、これも仕事だと思っています。いま仕事が何にも無いはずなんだけれども、子育てもなくなったし、家の中のことも適当にしかやらないから（笑）、教科書問題とか、歴教協とか、実行委員会とかが今の私の仕事だと思っています。私が出掛けてくたびれて帰ってくると家で、「どうせ好きでやっているんだろ」と言われたり、その通りだなと思います（笑）。

小笠原　今日は聞き取り調査の下地のことを聞こうと思っていたんですが、学生時代の話を聞いて、その下地を知ることができて、面白かったです。

平形　私は聞き取りって相手には迷惑かもしれないけど、好きなんですよね。丁寧にいろいろなことを聞かせていただいて、その周りのいろんな事も聞かせていただくといいことがいっぱいありますね。

あと、大竹さんと聞き取りに行くと、どちらかが聞いて、どちらかが書いたりしながら、終わってこうだったねとか、ああだったねとか話していると、見方が違ったりするのね。それもまた面白い。あの時のこの表情はこうだったんじゃない？　とか、こういう意味だったんじゃないとかやりとりを……。もう一回テープを聞きなおしてみると、ここで詰まっているなとか、ここで言っていたことは大竹さんの方が正しいかなとか。話せなかったのはどうしてか、門前払いされたのはどうしてとか。翌日行ったら知らん顔されて、そんな人知らないと言われたりしたこともあるけど。

あの人は話づらいだろうねとか、あの人にとってこれは大したことが無いのかもしれないとか、一人で行ってテープを起こしながら考えるのもいいけど、二人で行って話すのも面白いし。古いお墓のなかに入ったり何をやっているのかと思われるよねとか言いながら、これは何の時代だとか、あの時代の無いかしらねと言いながら見て歩いたりとかするんだけれど。肩透かしをくらって帰ったり、絶対あの人知っているのに駄目だったということもあって。

聞き取りって私にとっては大変面白いし、勉強になるし、聞きたいこと以外の、その人の人生を教えてもらえる時のような気がします。そういういろんなことを、私は教わってきたかしらと思います。これからもチャンスがあれば聞きたいけど、なかなかチャンスが無くて。

一番最近聞き取りしたのは、丸山の人たちがどうして（朝鮮人を）守ったんだろうと、昔の話が気になっていて、つい二年くらい前から二回聞き取りして、その方のお父さんが下請けの会社で帳簿付けをしてたと。だからあそこで帳簿付けをしていたということは、そうすると助けられた二人はたぶんネクタイをしてたとか言うから、朝鮮人労働者の中では比較的リーダー層の人。それでやっと地域の人と一緒に働いていたということが直接（守られた朝鮮人と守った日本人の間が）繋がったのね。[32]

でも、その人と話をして、もっと詳しく出てきたのは、戦後のその人のお父さんと一緒に行ったいろんな農民運動の活動の話が出てきたりしてね。聞いて良かったと思って帰ってくる。縦にも横にも斜めにも聞き取りは広がることが多いから。この前も言ったけど、船橋市図書館に行って、『安川家文書』関係の資料をずっと見ていた時に法典教会の洗礼名簿に、徳田安蔵さんの名前が出てきた。八歳の時に洗礼を受けている。お父さんの佐助さんという人が、教会に通っていて、息子と娘とおばあちゃんが洗礼を受けている。丸山で一軒だけ洗礼を受けていた。法典教会と徳田安蔵さんとのつながり、農民運動だけじゃないつながりが見えて。いろんな事が面白いです。だから、みなさんも地域の調査や聞き取りを本当にたくさんやってみてください。

（文字起こし担当　鈴木孝昌）

2　吉川清氏

（二〇〇九年八月九日大竹米子氏の仕事場にて）

話し手

吉川清氏（実行委員会委員長、元船橋市役所職員、一九三二年生まれ）

大竹米子氏（同会委員）

平形千恵子氏（同会委員）

（聞き取り　小笠原強・小薗崇明・鈴木孝昌・田中正敬・宮川英二）

実行委員会のメンバーとの出会いについて

田中　高橋益雄さん[33]との出会いのきっかけは?

吉川　高橋益雄さんとは直接のつき合いはあまりなかった。ただ、一緒にやったのは一九七一年に、船橋にテレビのブラウン管を作っている工場があって、そこが鉛を使って、鉛公害というのが出た。それで批判ビラを共産党が作ったんです。そのビラを作る時の特別チームで高橋さんと一緒になった。

田中　日朝協会とは「千里馬」上映運動が最初ですね（一九六四年）。日朝協会とはずっとつき合いがあった[34]のですか。

吉川　恒常的なつき合いはない。映画の話だけれども、社会主義国の文化活動で、ソ連映画や中国映画、朝鮮映画などを上映した。そのうちの一つで日朝協会や日中友好協会があった。国際友好運動を一緒にやるわけですよ。ただ、それに集中するということはしていない。とくに日朝協会では、青年懇談会[35]のなかに、李さんという朝鮮の青年が参加していて、彼は、最初は日本人として参加していたが、青年懇談会の活動のなかで、「いや、実は自分は朝鮮人なんだよ」という話になって、「ああ、そうだったのかい」という感じで。また、その時期に日朝協会の県の事務局長かなんかをやっていた人と会った。

とにかくいろいろなことがあったから、継続的ではなかった。「千里馬」の場合は映画の上映のため、入場券を売ったり、人を集めたりしなければいけないから、あっちこっち歩きましたね。その時に教員組合には高橋益雄さんや片岡善司さんがいて、市役所からは僕が参加した。

田中　小松さんの本の出版記念会[36]の時に高橋さん、小松さんとご一緒だったわけですが、以前からおつき合いはありましたか？

吉川　個別にはあるけれども、一緒にということはない。高橋さんと小松さんの関係は、僕にはわからない。僕と小松さんは直接的なつき合いはない。演説会の時の準備かなにかで顔を合わせるぐらいだね。

田中　平形さんはどうでしたか？

平形　高橋益雄さんに誘われて。

吉川　あの時（前出の出版記念会）、歴教協（「関東大震災と朝鮮人虐殺」のパンフレット）の説明をしてくれたのは平形さんで、益さん（高橋益雄）は来ていなかった。

平形　私に会を紹介したのは高橋さんですが、一緒に行ったかどうかはおぼえていない。でも、その前に一緒に船橋の馬込霊園[37]の慰霊祭に行っている。慰霊祭では石井（良一）さんに会っている。

吉川　慰霊祭は、最初、共産党として参加した。共産党には正式に招待が来るから、共産党の地区委員会が「ぜひ参加してください」とね。ところが途中から、向こうからの連絡がなくなった。というのも、向こうは社会党に乗り換えたからね。社会党は五人、一〇人ワァーッと行くんだけれども、こっちには声もかからない。声はかからないけれど、一回、二回くらいは行ったんだよね。だけど、全然相手にされない。

平形　蛸八郎右衛門氏[38]など、並んでいた。

吉川　上野……。

平形　上野健一さんはその後だった。社会党の県会議員です。北朝鮮といろいろあった時期は、そこにはいろいろな人が来ていたんだけれど、雰囲気が変わってしまった。一番初めは、社会党関係者が並ぶ所に座ってしまってね（笑）。石井さんや津賀さん[39]は気持ちで来た人として隅の方にいた。国際的な関係や政治的な関係で、呼ぶ方も来る方もいろいろに変わってくる。そういうなかで石井良一さんとか津賀さんとか鎌ヶ谷、船橋の古い市会議員さんは、呼ばれても呼ばれなくても自分たちはずっとそこにいるという感じだった。個人的なつき合いがある方とは、丁寧なおつき合いをしていた。尹東煥[40]さんや李沂碩さんとは一緒だった。

　船橋は、千葉市の次に在日朝鮮人が多い地域だから。日本名を名乗りながら地域の普通の生活のなかにいっぱいいる。そういう方たちとは丁寧なおつき合いをした。私たちが実行委員会として始めてからも、朝鮮大学校の資料を一冊、コピーして持ってきてもらったこともあったしね。最後、掘って、焼骨する時に船橋斎場には尹東煥さんが来てくださった。もう亡くなられてしまったけれども……。組織的な変化や国際関係の問題などいろいろあっても、個人的なつき合いは、ずっと続いていた。一方で青年懇談会でのおつき合いで育ったものというのは、人間的な信頼関係の繋がりですよね。

吉川　そうですね。

田中　実行委員会のなかで、地域の方々との交渉の際に中心になったのは、高橋益雄さんですか。

吉川　そうですね。

平形　船橋の中学校の先生だから、転々としていて、海神中学校にも、行田中学校にもいたし、坪井中学校の教頭で亡くなったけれど。私が知り合ったのは行田中の時です。

田中　高橋さんが習志野の人たちと、もともとおつき合いがあったのかと思っていました。

吉川　いや、地元とかの関係というんじゃなくて、実行委員会の代表だから。彼は市原の出身で、今は市原は、開けちゃったけど、彼がいたころの市原はまだ漁師町みたいだった。そういう点で農家のお父っつあんたちともざっくばらんに話しやすい話し方をした。だから、あまり困らないで話ができたんではないかな。それと高橋さんと俺とが一緒に動くというのはあまりないんだよね。だいたい大竹さんとか平形さんと一緒。

平形　大竹さん。

吉川　大竹さんの方が多かったのか。

田中　高橋実行委員長の時は、吉川さんは何をされていたのですか。

吉川　実行委員会ではあまりやっていないよね。

平形　『資料集』第一集、第二集[41]！

吉川　あっ、『資料集』作りだ。外へ出ないで自分のところでできるのは、コツコツやっていた。

平形　第一集が三ミリ方眼で、鈴木さんと吉川さんで作ったんですよね。全部手書きで、ガリ版刷りで、百部刷ったら原紙が破けちゃって（笑）。最初のうちの『資料集』と『いしぶみ』は、鈴木淑弘[42]さんか吉川さんが印刷を担当した。

吉川　実行委員会ができた当時は、僕は経済部振興課の課長補佐だった。まだ習志野台出張所に出る前だったから本庁にいて結構仕事が多かった。それと自治体問題研究所や、それにかかわる労働組合をおりた後のことで、対外的な活動には出られなかった。高橋さんが亡くなった後、男手がなくなったから、それで「とりあえず、吉川さんに」ということでなったんだよね（笑）。
平形　違う、違う（笑）。みんな「もう、吉川さんしかいない」ということでなった。
吉川　自分から「これやるよ」っていうことはあんまりない。流れで、他にいなければ「じゃあ、しようがねえな」っていうことだよね。だから、いつも逃げ腰なんですよ。逃げ腰だけれども、一応決まっちゃった以上は、「やるしかねぇな」っていうね。
小薗　そうなると、先頭に立っちゃう（笑）。
吉川　そうね。結果はそう（笑）。やる以上はちゃんとやらないとなっていうね、やりっぱなしじゃなくて、一つ一つまとめてるっていう、資料作りでね。
平形　一つ一つまとめるというのはとっても大変なことなんだけれども、それを実に見事にまとめてくださる。

（文字起こし担当　宮川英一）

3　西沢文子氏(43)（三山歴史サークル）

（二〇〇八年八月二一日　習志野市JR津田沼駅前喫茶店にて）
話し手　西沢文子氏（一九三四年生まれ）
（聞き取り　稲垣裕章、小薗崇明、田中正敬、宮川英一）

(1)　実行委員会とのかかわり（聞き取り調査とスライドの制作・上映に関して）

田中　西沢さんは、「千葉県における関東大震災と朝鮮人犠牲者追悼・調査実行委員会」(44)で報告をされたんですよね？
西沢　その前に実行委員会の結成集会に大竹米子さん(45)に誘われて川崎（英美）さんと参加したことで、「聞き取りとはそういうふうにするんだなあ」ということがわかりました。それと、大竹さんと四中(46)（習志野市立第四中学校）の生徒たちの聞き取りにもすごい刺激を受けました。
　また、三山読書サークルの会員である越川さんが、アルバイト先の建築屋に来ていた司法書士のおじいさん（会沢泰氏）が習志野の陸軍騎兵連隊にいたと聞いたので、「じゃあ、話を聞いてみようよ」ということになって、越川さんの家にお呼びしました。
田中　『資料編第二集』(47)では三山歴史サークルのメンバーが聞き取りをしたっていう書き方をしてありますが……。
西沢　はい、そうです。みんな興味を持っちゃって。あのような生々しい話だとは予想できなかったです。

田中　そのことは『いわれなく殺された人びと』(48)に「びっくりした」と書いてありますが、それは内容に対してなのか、あるいは予想していなかったからなのでしょうか？

西沢　最初に軍隊のことを話されて、黙って聞いていましたが、「震災の時にどうしていましたか？」って思いきって言ったことから大震災の話が始まりました。

小薗　その時の雰囲気は、最初の方はテンポよく話したけれども、震災の話になると話さなくなってしまいましたか？

西沢　それが、物静かな言い方でした。でも生々しい言葉を聞いて、これはものすごいことを聞いてしまうのかもしれない、後であの話は忘れてくれと言われるかもしれないと思いはじめて。録音させてもらい、ガリ版で印刷しました。実行委員会の報告ではこれは読んでいいのかと思いながら読んでいました。(49)

田中　すぐ四月の実行委員会で報告されたんですよね？

西沢　委員会の空気に巻き込まれたというか、自負心もあったけど、私たちのやっていることは間違っているんじゃないかとも思いました。

田中　西沢さんと川崎さんのお二人が代表して参加を？

西沢　いいえ、個人的に。慰霊祭などには、三山歴史サークルや子ども劇場の人も誘って行くようにしていました。

田中　会沢さんにお聞きになったのは八人でしたよね？

西沢　山田さん、渡辺さん、川崎さんと私の四人が三山歴史サークルとのかけもち組で、越川さん、中島さんなど三山読書サークルのメンバーが四人の計八人でした。とくに、スライドの作成(50)が一番張り切っている時でした。

田中　あれはほとんど一ヵ月で仕上げたんですよね？

西沢　八月の中頃から半月くらいで仕上げました。

田中　それで九月二日にぶっつけ本番で発表したんですね？

西沢　大急ぎで台本を作り、構成は全員で話し合いましたが、指導したのは大竹さんでした。習志野収容所跡などの写真も大竹さんが持っていらっしゃいました。

田中　なぜスライドという形に？(51)

西沢　三山の七年祭りの取材をした時、四中の文化祭でスライドを見せたことを思い出したからです。

田中　スライドってもちろんありましたが、普通は写真を大きくしたり、パネルにする方向で考えるでしょう？

西沢　私の家に映写機とスクリーンがあったので、手近にあるものでという感じだったと思います。

小薗　そういうところも、いわゆる主婦の発想ですか？

西沢　そうですね。八畳の居間に五人で、部屋中をひっくり返して作業をして……。大竹さんは日の当たる所へ被写体を持っていって写真を写しているとかね。

田中　『いわれなく殺された人びと』に、スライドを観た感想が震災ではなくて原爆や太平洋戦争にいっちゃうと書かれていて……。つまり、自分たちの被害の問題に話が移ってしまったことに対して。(52) がっかりされたんですか？

西沢　そうですね。私にとって高津の朝鮮人の虐殺問題は、聞いてもすぐには理解できないほどのすごい事件でした。つまり、加害者としての日本人について考え、気づいてほしいということだったと思います。

田中　どちらかというと保守的な感じなんですね。

西沢　地域の人にはわかりますが、大部分の人にとっては東京の下町一帯が焼けたという印象で一致するらしく、それっきり興味が続かないというか……。以前奈良における歴教協の全国集会で、吉川清(53)さんがこの問題について話をされましたが反響は薄かったので、残念でしかたなかったです。この問題ってあまり注目してもらえないような気がして……。

田中　スライドの内容は日本が加害者で朝鮮人が被害者になっているのに、被害者としての日本人っていう反応で返ってきてしまうのががっかりしたと読めたので。

西沢　当時はそこまで考えが整理できませんでしたが、このことは専門家を除いたらどれくらいの人が考えるのかと……。その中身を具体的に表現したのが高津の慰霊祭なので、地域の方々は身近な問題だと捉えていらっしゃると思います。

小薗　西沢さんは震災の問題を戦争や空襲に結び付けられることと、戦争や空襲というのは、八月になると毎年広く扱われるのに、震災はそういう長期的な取り組みがないという、二つのことに違和感を感じたのではないですか？

西沢　そうですね。

(2)　慰霊碑の建立に関して

西沢　新川のほとりで、高津の方々が「施餓鬼供養」をされたのですが、私が一番最初に行ったのはこの時でした。それで、なによりも行事そのものがものすごく印象的だったんです。お盆とかそういうものだったんでしょうけど……。

田中　この施餓鬼供養は朝鮮人だけではないですよね？

西沢　水死者や横死者とか。でも、朝鮮人が入っていたということで、大竹さんがいろいろ話してくださいました。今はその行事があの地域では無くなってしまったでしょう？　たぶん私が行った頃で終わってしまったと思います。

田中　でも新しい施餓鬼の塔を建てていますね。

西沢　そうですね。それと、遺骨を掘りあてて慰霊碑を建てるという時に、碑文をちゃんと入れるのがなかなか大変だったので、結局入れられませんでしたが……。その時に特別委員会(54)の方々と和やかにお話しをしたのですが、六十前後の人たちになると考え方も軟らかくて、ほんとうは書きたいけれど石碑に残るから村の人や長老に知られたらどうなるかとか、感動的な本音を聞かせてくださいました。また、一緒に茨城県の笠間へ石材を観に行ったりもしました。そして高津の集会所で特別委員会の方々と、実行委員とが話をしました。その際に特別委員会の代表として骨を折ってくださったのが市議会議員だった江野沢さん(55)でした。江野沢さんは立場上、あまり軍隊のことは言いたくないようでした。

田中　一九八三年に、地区の方々と合同で慰霊祭をされ(56)、ほぼ同時期に碑に何を書こうかっていうことになったと思いますが……。

西沢　それは、九八年に骨を掘り出して九九年に碑を建てるまでの間ですね。その間に随分何回も話し合いをしました。正しく入れるべきだと考える人もいましたが……。

田中　地元の方も協力的にやってらっしゃいましたよね？

西沢　ええ、そうですね。ほんとうに立派です。

田中　西沢さんご自身も地域の地区の方とお話された(57)と思いますが、だいぶ気を遣われたりとか……。

西沢　そうですね。吉川さん、大竹さん、平形千恵子さん(58)や歴教協（歴史教育者協議会）の先生が入ってらっしゃるから、そこを壊しちゃいけないと。でも、食事をした時に個人的な話もできたので、若い世代になってくるとだんだんわかり合えそうな気がして……。

田中　地区の方も以前から供養は続けていたんですよね？

西沢　それがなければ何事も進まなかったと思います。また、吉川さんと大竹さんの勇気と、入り方の上手さが忍耐と誠実に繋がって、この日を迎えられたのだと思います。また、お寺さんの存在も大きかったです。地道に話し合ってお互いの真意を近づけてゆく、その過程に立ち会えたことを幸せに思っています。

(3)　会沢泰氏への聞き取り調査に関する詳細

田中　会沢さんは二週間石神井に何をしに行ったのですか？

西沢　当番兵と一緒に連隊の応援に行ったということでした。治安維持が主な任務だったと言っていました。

田中　あと、警視庁の巡査が話に出てきますが、間違いなく日本人だと。でも「やっちゃった」っていうことでしたが……。

西沢　柔道をやってるのにロクなのはいない、殺されてしまってかわいそうだけれど、良い男だったと。でも、それ以上は聞きませんでした。

田中　日本人はこの人だけですか？

西沢　他には大久保駅の踏切でという話を聞きましたが、会沢さんの言う巡査かどうかはわかりません。

田中　他のところでも？

西沢　大久保の駅だったかしら。確かなのは、野田の話(59)です。

田中　収容所の中で選別や思想調査をした後に殺されてしまうことが、『いわれなく殺された人びと』を見るとわかるんですが、どういうふうにおっしゃっていましたか？

西沢　震災から三週間ぐらいということでした。大久保の調教師の気性が荒くて切ってみたくてしょうがない連中だったという内容で、軍隊の中については具体的には聞いていません。その後もう一回会って聞いたけれど、全く別の話になってしまって……。収容者からおかしいようなのを引っぱり出してきたけれど、自分は傍観しただけだという……。そういう形でしか聞けませんでした。

田中　会沢さんは、いわゆる全体を把握できるようなところにいたということなんでしょうか？　他のところでもやっているに違いないっていう言い方で終わっているので。

西沢　知っていてもそこまでは話さなかったと思います。NHKも、大久保のところで殺されたことを取材されただけなので。

田中　後になると聞きたいことがたくさん出てきて、難しいですね。

西沢　そうですね。あの時こうしておけばよかったと思うんですが、無知だったので聞けなくて。

（文字起こし担当　稲垣裕章）

注

（1）鈴木孝昌［二〇一二］八六～八七頁。
（2）同右、一二八頁。
（3）吉川清氏に関する記録は、宮川英一［二〇一二］一〇五～一〇六頁。
（4）本書三二一頁の注1を参照。
（5）高橋益雄氏は実行委員会の初代実行委員長であり、地域住民と実行委員会のパイプ役を務めた。高橋益雄氏については、第二部第5章を参照。
（6）大竹米子氏は実行委員会の中心メンバーの一人であり、一九七六年大和田新田での事件を知り調査を始めた。第二部第5章を参照。
（7）高橋定五郎氏は船橋の朝鮮人虐殺について証言している。高橋氏の証言の詳細は、『いわれなく殺された人びと』二四六～二五〇頁を参照。
（8）石井良一氏については、第二部第5章を参照。
（9）布施辰治は、大正中期から数多くの労働・農民・水平・無産運動被告の弁護、救援活動、人権擁護運動に活躍した弁護士（日外アソシエーツ編集［一九九〇］、三七五～三七六頁）。布施辰治は朝鮮人虐殺の調査にも関わっている。詳しくは、高史明・大石進・李熒娘・李圭洙共著［二〇〇八］三〇～三六頁を参照。
（10）日朝協会は、日本と朝鮮両民族の理解と友好を深め、相互の繁栄と平和に貢献することを目的として、一九五五年に結成された（日朝協会ホームページ http://www.niccho-kyokai.jp/top.html　二〇一一年九月アクセス）の日朝協会の紹介文より）。
（11）一九六三年に日朝協会千葉県連でおこなわれた朝鮮人犠牲者の調査のこと。
（12）一九九三年におこなわれた関東大震災七〇周年記念集会のこと。この集会については、第二部第4章を参照。
（13）絹田幸恵氏は、荒川の虐殺について調査をおこなった

「関東大震災時に虐殺された朝鮮人の遺骨を発掘し追悼する会」で中心的な役割を担った。関東大震災時に虐殺された朝鮮人の遺骨を発掘し追悼する会［一九九二］を参照。

(14) ここでは、山田氏の業績のうち、朝鮮人虐殺に直接関わる主要な研究として、山田昭次［二〇〇三］、同［二〇〇四a］、同［二〇一一］を挙げておく。

(15) 山田昭次［二〇〇五］の第三部「在日韓国人良心囚徐兄弟の救援中に出会った人々（徐兄弟の母・呉己順――在日朝鮮人女性の人間的遺産――徐兄弟の救援中に韓国で出会った印象深い人々）」を参照。

(16) 福田村事件（福田・田中村事件）は、一九二三年九月六日、千葉県東葛飾郡福田村三ツ堀において、香川県の売薬行商人の一行一五名が朝鮮人とされ、福田、田中村の自警団によって殺害された事件。詳しくは、石井雍大［二〇〇四］七二～九三頁を参照。

(17) 実行委員会が発行している会報『いしぶみ』のこと。詳しくは、第二部第5章を参照。

(18) 石田貞氏は埼玉で関東大震災における朝鮮人虐殺を研究してきた。朝鮮人虐殺に関わる成果として、関東大震災五〇周年朝鮮人犠牲者調査・追悼事業実行委員会（日朝協会埼玉県連合会内）［一九七四］、およびその増補版、関東大震災六十周年朝鮮人犠牲者調査追悼事業実行委員会編［一九八七］がある。

(19) 高橋磌一氏は船橋で朝鮮人虐殺についても講演をおこなっている。その講演については、千葉県における関東大震災と朝鮮人犠牲者追悼・調査実行委員会、千葉県歴史教育者協議会、千葉県自治体問題研究所船橋支部共編［一九七九］を参照。

(20) 金原左門氏の朝鮮人虐殺に関わる主要な研究として、金原左門［一九八二］、同［一九九三］、などを挙げておく。

(21) 今井清一氏の朝鮮人虐殺に関わる研究は多数あるが、最近の業績として今井清一［二〇〇七］、今井清一監修、仁木ふみ子編［二〇〇八］を挙げておく。

(22) 松尾章一氏は、今井氏同様に朝鮮人虐殺に関する研究は多数あるが、近年の業績として、松尾章一監修［一九九七］、松尾章一［二〇〇三b］が挙げられる。

(23) このスライドについては、第二部第5章を参照。

(24) 姜徳相氏の朝鮮人虐殺についての業績は多いが、その代表的なものとして、姜徳相・琴秉洞編・解説［一九六三］、姜徳相［二〇〇三b］、同［二〇〇八］などが挙げられる。

(25) 中鴻湜氏は自身の習志野収容所での体験を証言している。中鴻湜氏の証言については『いわれなく殺された人びと』二二九～二三六頁を参照。

(26) 朝鮮大学校教授。

(27) 曺仁承氏は荒川土手で殺されかかり、その後習志野収容所へ送られた経験を持つ。詳しくは、『いわれなく殺された人びと』二一～二七頁、を参照。

(28) 尹東煥氏は、発掘した遺骨の焼骨の際に立ち会った。尹東煥氏の当時のコメントなど、詳細は、第二部第6章、第三部第8章を参照。
(29) 琴秉洞氏の朝鮮人虐殺を中心とした研究業績として、姜徳相・琴秉洞編・解説［一九六三］、琴秉洞編・解説［一九八九］、同［一九九一］、同［一九九六a］、同［一九九六b］、琴秉洞［二〇〇八］を挙げておく。
(30) 萱田下の朝鮮人虐殺について証言した君塚国治氏のこと。証言は、千葉県における関東大震災と朝鮮人犠牲者追悼・調査実行委員会準備会、歴史教育者協議会船橋支部、千葉県自治体問題研究所船橋支所共編［一九七八］七〇〜七四頁、および『いわれなく殺された人びと』二二四〜二二八頁を参照。
(31) 平形千惠子［二〇〇七］を参照。
(32) 丸山の二人の朝鮮人を守った証言については、『いわれなく殺された人びと』五六〜七一頁を参照。
(33) 高橋益雄氏については本書第二部第5章1(1)および宮川英一［二〇一一］一五五頁、註二六を参照。
(34) 吉川氏の映画上映活動について、宮川英一［二〇一一］一一九〜一二〇頁を参照。
(35) 青年懇談会については、同右、一一四頁を参照。
(36) 一九七七年一一月二六日、小松七郎著『千葉県民主運動史・戦前編』（千葉県自治会問題研究所、一九七七年）の出版記念会のこと。
(37) 石井良一氏は、一九七八年の実行委員会結成当初からのメンバーのひとりである。本書第二部第5章1(1)。
(38) 蛸八郎右衛門氏は船橋市議会議員を三期、千葉県議会議員を四期つとめた。詳しくは、戦後船橋と市職労の五〇年編さん委員会編［一九九七］四五五〜四五六頁。
(39) 津賀俊氏は、一九五五年四月、船橋市で初の日本共産党市議会議員となる。
(40) 尹東煥氏については、本書第二部第6章を参照。
(41) 『資料集』については、本書第二部第5章一四六頁を参照。
(42) 鈴木氏も実行委員会結成当初のメンバー。本書一四二頁。
(43) 一九三四（昭和九）年生まれの西沢文子（ふみこ）氏は疎開時から高校卒業までを兵庫県篠山で過ごす。その後、一二名の会員をもって一九七四（昭和四九）年に三山歴史サークル（当時は三山女性史サークル）が発足し、現在でもその中心となって活動されている。詳細は稲垣裕章［二〇〇九］を参照。
(44) 一九七八年七月二二日の第二回実行委員会において、三山サークルは「旧習志野騎兵連隊体験者からの聞き取りの報告」をおこなっている。これを機に、西沢氏と川崎氏が実行委員会の事務局メンバーとして参加している。
(45) 大竹米子氏に関しては、本書第5章を参照。
(46) 詳細は本書第5章を参照。
(47) 編者と正式な書名は、本書、主要参考文献の千葉県における関東大震災と朝鮮人犠牲者追悼・調査実行委員会、千葉県歴史教育者協議会、千葉県自治体問題研究所船橋支所共編［一九七九］を参照。

(48) 千葉県における関東大震災と朝鮮人犠牲者追悼・調査実行委員会編［一九八三］。

(49) 西沢氏は、その時の心境を以下のように回想している。「その話（会沢氏への聞き取り）をテープ起こしして、次の「実行委員会」で私は、こんなことを発表していいのかとどきどきしながら、読んでいると、会場のどよめきが感じられて恐ろしくなったのを覚えている」（「三山サークルのあゆみ」二〇〇八年八月一七日、西沢氏作成）。

(50) スライド制作と上映に関しては、西沢文子［一九八三］、平形千恵子・大竹米子［一九八三］、一八〜二五頁、平形千惠子［一九八三］、六〇〜六七頁および本書第5章を参照。

(51) 正式には、「下総三山の七年祭り」。船橋市の二宮神社に、千葉市・船橋市・習志野市・八千代市にある八つの神社の神輿が参拝して丑年および未年に開催され、千葉県の無形民俗文化財に指定されている。詳細は、船橋市ホームページ（URL: http: //www. city.funabashi.chiba.jp/kurashi/study/0005/p00851.html）、八千代市ホームページ（URL: http://www.city.yachiyo.chiba.jp/profile/bunkazai/bunk01-2.html）を参照（どちらも二〇一一年六月アクセス）。

(52) このことは、西沢文子［一九八三］、七二頁と、西沢文子「スライド『埋もれかけた記憶を』の制作を担当して」（前掲、千葉県における関東大震災と朝鮮人犠牲者追悼・調査実行委員会編［一九八三］二一〇〜二一一頁）に書かれている。

(53) 吉川清氏に関しては、本書第7章2を参照。

(54) 八千代市高津地区の住民が、地域の慶弔を扱うために結成した委員会である。高津比咩神社が最寄りにあることから「七年祭り」（注51）を担当し、慰霊碑の建立にも尽力した。（以上は平形千惠子氏のご教示および、平形千惠子［二〇〇四b］による。）

(55) 江野沢隆之氏は、八千代市高津区特別委員会の委員長として一九九九年に建立された慰霊碑にその名が刻まれている。なお、前掲、千葉県における関東大震災と朝鮮人犠牲者追悼・調査実行委員会編［一九八三］一四六、一七三頁も参照されたい。

(56) 本書第5章を参照。

(57) 西沢氏は一九八三年九月一日に船橋市営馬込霊園でおこなわれた関東大震災六〇周年の追悼式において追悼の言葉を述べるなど精力的に活動し、地域住民との関わりを築いていった。

(58) 平形千惠子氏に関しては本書第7章1を参照。

(59) この地域で起こった事件に関しては、千葉県における関東大震災と朝鮮人犠牲者追悼・調査実行委員会編［一九八三］、一三一〜一六三頁を参照。

第8章　船橋における慰霊碑建立と追悼式について

聞き書き記録について

本章の馬込霊園の関係者の記録は、船橋にある一九四七年の「関東大震災犠牲者同胞慰霊碑」建立当時から毎年九月一日におこなわれている追悼式に参加している崔日坤氏と、その追悼式で中心的な役割を担っていた在日本朝鮮人聯合会千葉県西部支部委員長（聞き取り当時）の康春和氏への聞き取りをまとめたものである。一九二四年、船橋市の火葬場のそばに船橋仏教連合会により法界無縁塔が建てられた[1]。しかしこの碑には、朝鮮人虐殺に関わるものであることを示す碑文は刻まれなかった。戦前には、日本政府による妨害を受けつつも在日朝鮮人による犠牲者への追悼が継続し、それが戦後の追悼につながった[2]。敗戦後の一九四七年に地域の朝鮮人を中心として「関東大震災犠牲同胞慰霊碑」が新たに建立された（同地は一九六三年七月に旭硝子工場建設の予定地となり現在の船橋市営馬込霊園に移設）。崔氏は、戦後、碑が建立された頃より追悼式に参加してきた方である。なお同碑には三・一独立運動の日付が建立日として刻まれているが、それは「朝鮮人虐殺に象徴された植民地支配の苛酷さを表していると同時に、これに対する主体的な抵抗としての民族独立運動を記念してもいた」ためである[3]。本記録からは、以上のような戦後六〇年以上継続している在日朝鮮人の千葉県における追悼行事や慰霊碑建立の経緯を知ることができる。　（宮川英二）

（二〇〇八年一一月一二日　在日本朝鮮人総聯合会千葉県西部支部事務所にて）

話し手
崔日坤《チェイルゴン》氏（商事会社会長、一九三二年生まれ）
康春和《カンチュナ》氏（当時、朝鮮総連千葉県西部支部委員長、一九五〇年生まれ）

（聞き取り　小薗崇明・田中正敬・宮川英二）

崔　北本町一丁目あたりの旭硝子工場跡に火葬場があった。私が一四～五歳で、私より一〇歳以上の先輩たちが（一九四七年に）慰霊碑を作った。そして、六三年に船橋市が市内の墓を現在の馬込霊園に移転させる時に、慰霊碑も移転し[4]、埋葬してあったお骨も全部移動しました。

田中　碑が建てられたときのことは覚えていますか？

崔　私は立ち会わなかった。船橋では長老のくちの人たちが実行委員になっていて、いま生きている人はいません。

田中　みなさん一世でいらした？

崔　当然そうですよね。

康　馬込霊園に移転した当時、現在の慰霊碑の場所は一番端っこで、裏側が山とか未開拓地だったと。

崔　あそこはみんな山だった。船橋市で全部移転費用から責任持つのでしょうがないということで承諾しました。それが今は中心地になっちゃった。兄弟で石屋さんを連れてきて、私らの手でもって整地しました。

田中　「法界無縁塔」[5]はどちらにあったんですか?

崔　あれはもともと一緒にあったんです。

康　一九九八年、全国朝鮮人強制連行の集いが千葉であり、西部支部の李炳河《リビョンハ》[6]委員長が李基浩《リギホ》、林守根《リムスグン》さんらに集まっていただいて、経緯についてまとめた文章、『解放、民族の尊厳を取り戻すために』[7]があります（以下引用）。

……当時犠牲同胞の遺骨は火葬場敷地内にある池地に埋葬されたと思いそこに追悼碑を建てましたが虐殺直後、遺体は別の場所に捨てられていたのです。

同胞はこの事実をだれも知りませんでした。

（中略）

この（馬込霊園への移設の）時、慰霊碑の下に遺骨が埋葬されていない事を知った同胞達はおどろいて必死に埋葬場所を探し求めました。

その時、トビ職をしていたある日本の方が一緒になって遺骨を探してくれましたが、探しきれずにいるところをもしかしたらと、八〇才を超えた父にたずねてくれたのです。トビ職の父は長年仏壇の中に保管していた地図を出しここを掘って見ろと教えてくれたのです。

資料によると遺体は最初に近くの火葬場敷地内に埋めたが調査が有ることを知り、後で掘り返しガソリンで遺体を焼き、骨を付近の田んぼに埋め変えたとのことです。

田中　「資料によると」と書いてありますが[8]、それまで遺骨は火葬場の近くに埋められていると考えていたのですね。

康　当時、林さんの奥さんがそういう事情をいろいろ話してくれたと聞いています。

田中　追悼で名前を聞く尹東煥《ユンドンファン》さん[9]はどういう方ですか?

康　教育部長をされた方で、尹さんのお父さんが……

崔　在日本朝鮮人連盟の尹槿《クン》[10]。

田中　尹東煥さんは直接碑の問題に関わっていたんですか?

康　尹東煥氏はたぶん関わっていないと思います。

田中　慰霊碑は千葉県の同胞の援助で建てたとありますが。

崔　当時の日本では我々在日がかなりの数で日本国内に散らばっていたから、地域の問題でその都度中央が金銭の援助までしていませんでした。僕は一四～五歳の時だから（正確なことは知らない[11]）。

田中　周りに関東大震災をご存じの方はいましたか?

康　八千代に一人おばあちゃんがいて、七歳の時に荒川土手で朝鮮人が焼き殺されている姿を見たそうです。それを大人に話したら「そんなこと絶対に言っちゃいけない」と。殺された死体が山積みにされていたそうです。

田中　慰霊祭には同胞以外に日本人はいましたか？

崔　日本の方も参加していました。当時は実行委員会のような組織はなかったから、個人的な交流のあった人だけだったと思います。

田中　同胞は団体の単位で参加していたのですか。

崔　朝鮮学校の高学年の人たちは一部参加したが、連盟時代は民団という組織がなかったから船橋にいる在日朝鮮人はほとんど参加していました[12]。

康　今は年により違うが、一〇〇人から一五〇人ぐらい。

崔　もう一世の人はほとんどいません。私も二世だが、一世に近い考え方で、一世と言ってもごまかせるが（笑）。

田中　昔の慰霊祭と今とはちょっと違いますか。

崔　北本町の時は食事やお清めができる場所じゃなかった。火葬場も小さくカマが二つしかなくて、その脇にこれが建っていた。慰霊祭が終わるとそこで解散でした。

康　食事したりするのは、今の馬込に移ってから？

崔　そうですよ。

康　最初、馬込では千葉の朝鮮学校からテントをトラックで運搬した。大変なので葬儀屋さんにお願いしたら、「ぜひやります」とのことで、今までやっています。

田中　碑を建てた当時や馬込霊園への移葬の体験談は？

崔　ちょっと難しい。子供たちはわからないでしょうし。

康　文東先《ムンドンソン》氏のアジュモニなんかどうでしょうね。

崔　当時の委員長の奥さんが、そういうことを（知ることはない）、家庭で苦労話はしていないと思う。

田中　高津の観音寺の慰霊祭にはいらっしゃってますか？

崔　高津観音寺は日本人が主にやってらっしゃるんで、西部支部で参加している人は比較的新しいと思います。

田中　お住まいはずっと船橋ですか？

崔　戦前から船橋の北本町のすぐそばにいます。ゴルフ練習場の一角に昔は在日朝鮮人がまとまって住んでいた。日本建鐵が飛行機を作っていて、戦況が悪くなりじかに飛ばそうというので道は父親たちが作った。朝鮮人は百世帯じゃきかなかったと思う。中国人寮は五つあってみんな徴用でひっぱられてきたが、終戦で帰った。朝鮮人は、口には出さないけど徴用で来た人もいるだろうし、大林組っていう下請けで来た人もいました。

田中　同じように寮みたいなものがあったんですか？

崔　寮というか飯場ですね。杉板で囲っただけで、屋根はトタンもしくは杉の皮のバラックだった。

田中　康春和さんが慰霊祭に参加されたのは？

康　一九七〇年代中盤以降ですね。

田中　高津観音寺にはいつから行くようになりましたか？

康　一五、六年前（八四年）に実行委員会ができて、八千代でもあったということを知って（以後）。

崔　馬込霊園では、慰霊碑に花を捧げた日本人女性がいた。八〇過ぎてるんじゃないかな。三咲だって言っていたが、何か知ってると思う。二人見ましたよ、僕は。

康　お墓に行くと花なんか置いている方もいますよ。

宮川　崔さんのお父さんはどちらにいらっしゃったんですか。

崔　朝鮮から亀戸、埼玉に来て。朝鮮人は飯場を転々という仕事しかなかったから。埼玉県朝霞の自衛隊のキャンプ地の道は父親たちが作った。こちらに移ったのが、私が海神小学校へ三年に編入した戦前、三〜四年前か。

宮川　お父さんは朝鮮のどちらからいらっしゃったんですか。

崔　慶尚北道の慶山面ですね。私も自分のルーツを捜すのにね、数年前行った。

宮川　農業をやってらっしゃったんですね？

崔　そうです。

田中　他の碑では（虐殺の実態や加害者・被害者について）書けないというところがあるようですが、ここの碑ははっきり書いていますね。

康　事実関係を書いたのはこの碑だけなんですよね。

田中　今後の追悼行事をどうつなごうとお考えですか。

康　一世が亡くなられて、二世、三世、四世に引き継ぐ上でも、毎年必ず千葉の朝鮮学校の中学校の一、二、三年生が参加します。日本の方にも事実は事実として認識していただいて。船橋市、習志野市、市川市には献花を、鎌ヶ谷市、八千代市には弔電をお願いしています。日本の各団体とか市会議員の先生、住民の人たちが参加しています。総連を中心にして、毎年同胞たちと日本の方々が、こういうことを忘れてはいけないと。過去があって未来がある。「未来志向」で過去は関係ないとはならない。自分たちも学びながら、二度と繰り返してはいけないと思います。

現実的に、拉致事件の問題に関連して、新宿の商工会への強制捜査が起きて、全国的に広がっています。一九五〇年の朝鮮戦争の前から朝鮮人に対する弾圧が起きた状況と現在とは、もちろん時代は違うが、本質的には変わりないと思います。もちろん拉致は悪い、これはやってはいけない、反省しなきゃいけない、解決しなきゃいけないけれど、だからといって過去の問題を無しにはできない。だから平壌宣言にのっとって、こういう問題も直視することが自分たちの使命だと思います。

小薗　高津観音寺の碑は実行委員会と高津観音寺と八千代の住民が一緒に建てた碑ですが、馬込霊園の碑は在日朝鮮人という被害者が建てた碑ですよね。馬込霊園では加害者に近い人の参加があったんですか？

康　日本の方には来ていただいているが、体験したとかはあまり聞いていません。また、日本の方もあまりそういうことは（私たちに）言わないと思うんですよね。

注

（1）山田昭次［二〇一〇］二二五頁を参照。
（2）碑を建てた経緯については、田中正敬［二〇一〇］および田中［二〇一一］を参照。
（3）引用部分は、田中正敬［二〇一一］一一〇頁。
（4）前掲「関東大震災と追悼のいとなみ」には、「追悼碑が火葬場近くにあり、また旭ガラス工場の建設予定地にあることなどから、一九六三年、追悼碑移転運動が、文東先・林守根・徐龍起ら七人の有志を中心に展開された」（一八五頁）との記載があり、崔日坤氏の記憶とはニュアンスが異なっている。
（5）「法界無縁塔」については、第一部第1章1を参照。朝鮮人はこの碑の前で戦前より犠牲となった同胞の追悼を続けてきた。詳しくは、山田昭次［二〇一一］および田中正敬［二〇一一］を参照。
（6）林守根氏、李基浩氏とも、馬込霊園に追悼碑が移る際に建てられた移葬碑に、林氏は移葬実行委員長として、李氏は委員として名が刻まれている。
（7）李炳河氏執筆。一九九八年の朝鮮人強制連行真相調査団の集会での報告、後に改稿の上、文剛《ムンガン》氏との共著で「関東大震災と追悼のいとなみ」（朝鮮人強制連行真相調査団『朝鮮人強制連行の記録――関東編一』柏書房、二〇〇二年、所収）。
（8）右の指摘のもとになっている「資料」が何かは不明だが、渡辺良雄「関東大震災の追憶」（前掲『いわれなく殺された人びと』所収、二六一頁）にも以下の記述が見える。
「（船橋で殺された）五三人の屍体は、附近の火葬場の側に一緒に埋めたが、その後、朝鮮の相愛会の人達が来て、調査するとのことで屍体を焼却して散乱してしまった」。
（9）尹東煥について、詳しくは第二部第6章を参照。
（10）生没年不詳、一説には一八九七年生まれとも。咸鏡南道永興郡出身。戦前は槿花女学校などで教員を務め、一九三〇年代初めに渡日。東京朝鮮基督教青年会の総幹事などを務める。解放後は朝連の委員長となった。一九五〇年ごろに朝鮮民主主義人民共和国に帰国（呉圭祥［二〇〇九］、および国際高麗学会全日本支部『在日コリアン辞典』編集委員会編『在日コリアン辞典』明石書店、二〇一〇年、より）。
（11）崔日坤氏は碑の建立について「中央の指示」があったと述べており、また裏面の碑文の署名が在日本朝鮮人連盟中央総本部委員長になっているので、中央組織は碑の建立に関わりを持ったと思われる。他方、碑の前面には「在日本朝鮮人聯盟千葉縣本部」と記されており、また李炳河氏は『解放、民族の尊厳を取り戻すために』の中で、「千葉県でも犠牲がきわめて多かった当地船橋ではこの血の教訓を後世まで残さなければならないと在日本朝鮮人連盟千葉県船橋支部（朝鮮総聯西部支部の前身）と船橋を中心とした西部地域同胞達が力を合わせ犠牲同胞のための追悼碑建立運動を力強く繰り広げ当時大虐殺が敢行された船橋市本町二丁目にある火葬場（現在の旭ガラス工場跡地付近）に三・一人民蜂起二八周年を記念して一九四七年三月一日に追悼碑を建てた」とまとめている。右のように、碑の建立の経緯については現時点で不明な部分があるが、おそらくは李炳河氏が指摘するように船橋周辺に在住していた在日朝鮮人が中心となって中央組織と連携を取りながら碑の建立を進めたのだと考えられる。

(12) 在日本大韓民国民団は一九四六年一〇月に結成されている。

(文字起こし担当　田中正敬)

あとがき

本書の最初に述べたとおり、本書は大学院生と教員が共同で現在の千葉県船橋市・習志野市・八千代市での朝鮮人虐殺を調査し、犠牲者を追悼してきた人びとにお話しをうかがうとともに、その活動を私たちの目で記録し感じたことを活字にしたものである。

私にとっての本書の構想の動機は三つある。一つは、一九九三年の震災七〇周年記念集会に関わったことだった。その時すでに、震災の体験者から話を伺うことは著しく困難になっていた。直接の体験者をほぼ知らない世代である私が事件について知るためには、調査者から地域や体験者の様子を聞くしかないと思ったのである。第二に、最初のフィールドワークに参加して、平穏な村が虐殺の舞台となり日本の朝鮮植民地支配に結びつけられ、その事件が世代の交代を経てなお加害・被害の立場にたつ人びとを規定するという事実の重さを実感したことがある。しかも、調査者の精緻な取り組みにもかかわらず、軍隊がなぜ朝鮮人を殺し殺させたかが不明であり、いまだに犠牲者の名前もわからず帰郷を待つ遺族に事実を知らせることもできていない。第三に、調査者自身の調査・追悼にかける思いを記録し学び、そのことを通じてこの問題を継承することも、相対的に若い世代である私たちの重要な役割ではないかと考えた。

私たちが学んだことは多々ある。詳しくは本書を見ていただきたいが、震災時の朝鮮人虐殺を地域のミクロな視点から捉え返すことや、これを含めた地域のタテ軸の歴史を見通すことがこの事件の理解を深めるために重要だという認識は、私たちに共通していると思う。

タブーであった軍隊や地域住民の虐殺が明らかとなったのは、地域住民でもある調査者が加害者、犠牲者それぞれの側に立つ人びとの間に立って調査を進めたからであった。その本格的な調査は戦後五〇年以上経って始まった。そのことに地域での事件の重さと、事件を隠蔽した政府の責任を感じる。また、朝鮮人犠牲者を生み出した排外主義を、私たちはいまだに克服できてはいない。

今後の課題について述べたい。第一には前述した継承の問題である。共同研究の過程で私たちはＩＣレコーダやビデオを持ち歩いて調査者の話を記録し、時には家まで伺ってさまざまな資料を拝見した。そして、山と積まれた膨大なファイルや録音テープ、写真などの類に圧倒された。プライバシーに関わるものが含まれた諸資料、あるいは地域の追悼をどのように継承していくかが吃緊の課題である。第二には充分に地域住民に話を伺う機会を作らなかったことである。すでに地域住民も世代が交代して当時のことを直接知る人はいない。しかし、震災の記憶は受け継がれており、それに触れることには苦痛が伴う。そうした住民に無理に話をうかがうだけの根拠や説得力を持っていない私たちは、結局遠慮してしまった。他方、船橋で追悼を続けてきた在日朝鮮人に話をうかがう機会を得られたことは、私たちにとって大きな成果であったが、戦後の追悼を担う中心となった方はすでに亡くなっておられ、記録としては至らない点があった。もっと早く気がつかなければならなかったが、犠牲者の側から捉えるという視点が弱い私自身の限界が現れたものと思っている。

本書は、『専修史学』に掲載した共同研究の論考をもとにしている。ただし、本書の紙幅と対象とする読者の違いから内容に大幅に手を入れ、また残念ながら収録できなかったインタビューもある。とりわけ、実行委員会の大竹米子氏にはお話を伺ったにもかかわらず、本書には諸事情により収録できなかった。今後、他の資料等とともに『専修史学』に掲載したいと思っている。読者にはぜひ、『専修史学』を併せてご覧いただければと思う。すでに刊行された『専修史学』所収の論考は以下の通りである。

第四五号、二〇〇八年一一月

・小笠原強「千葉県における関東大震災と現代――共同研究の概要と目的」

・小薗崇明「調査者とともにたどる関東大震災朝鮮人虐殺事件の地域①――高津・大和田新田・萱田を歩く」

第四六号、二〇〇九年三月

・田中正敬「千葉県における関東大震災と朝鮮人犠牲者追悼・調査実行委員会の活動――『いわれなく殺された人びと――関東大震災と朝鮮人』刊行まで」

・ノ・ジュウン「関東大震災朝鮮人虐殺研究の二つの流れについて――アカデミックなアプローチと運動的アプローチ」

第四七号、二〇〇九年一一月

・稲垣裕章「朝鮮人虐殺の究明・追悼への取り組み――三山歴史サークルの西沢文子氏への聞き取り記録」

第四八号、二〇一〇年三月

・田中正敬「船橋における関東大震災朝鮮人虐殺と在日朝鮮人による追悼運動について――船橋における追悼碑建立と追悼式についての聞き取り」

第四九号、二〇一〇年一一月

・小薗崇明「調査者とともにたどる関東大震災朝鮮人虐殺事件の地域②――「軍郷」習志野を歩く」

・小笠原強「調査者とともにたどる関東大震災朝鮮人虐殺事件の地域③――船橋市営馬込霊園・船橋無線塔記念碑をあるく」

第五〇号、二〇一一年三月

・宮川英一「千葉県における関東大震災と朝鮮人犠牲者追悼・調査実行委員会委員長　吉川清氏へのインタビュー記録」

第五一号、二〇一一年一一月

・小薗崇明「千葉県における関東大震災と朝鮮人犠牲者追悼・調査実行委員会の活動2――遺骨の発掘と慰霊碑建立」

第五二号、二〇一二年三月

・鈴木孝昌「千葉県における関東大震災と朝鮮人犠牲者追悼・調査実行委員会委員　平形千恵子氏へのインタビュー記録」

・田中正敬「「千葉県における関東大震災と朝鮮人犠牲者追悼・調査実行委員会」の活動について――高津・大和田新田・萱田フィールドワーク後の聞き書き」

この共同研究は言うまでもなく、実行委員会のみなさんの御協力を得て進められた。大竹米子さんと平形千恵子さんにはくまなく地域を案内していただき、また私たちの原稿をチェックしていただいた。吉川清さんと西沢文子さんにも、お忙しい中インタビューに応じていただき、資料の提供を始めとしてさまざまなご配慮をいただいた。船橋市営馬込霊園の「関東大震災犠牲同胞慰霊碑」の前で追悼行事を続けてこられた崔日坤さんと康春和さんには、戦時期や戦後の在日朝鮮人の厳しい道のりを含めた貴重なお話をうかがうことができた。また、本書に収録はできなかったが、高津観音寺のご住職の関光禪さんには「関東大震災朝鮮人犠牲者慰霊の碑」建立の経緯などを丁寧に解説していただいた。『専修史学』を発行している専修大学歴史学会には、私たちの論考の掲載と単行本化を許可していただいた。日本経済評論社の栗原哲也社長と新井由紀子さんには、関東大震災八〇周年記念集会の記録である『世界史としての関東大震災』に続いて再びお世話になり、単行本化にあたり素人集団の私たちに的確なアドバイスをいただいた。本書は右の方々を含む多くの人びとの御理解・御協力なしには出版できなかった。共同研究者一同心より感謝申し上げる。

二〇一二年七月

田中　正敬

主要参考文献

〔編集者名五十音順。朝鮮人の人名も、便宜的に日本語漢字音で読み、五十音順に配列した。また、書誌の数字表記は、原書がアラビア数字の場合は漢数字に置き換えた。〕

青柿善一郎［一九六三］「大震災と抗議運動」（『労働運動史研究』第三七号）
安生津開拓者の会編［二〇〇五］『拓想　習志野原開拓六〇周年記念特別号「東習志野の昔は」と問われて』
秋山清［一九六三］「大震災と大杉栄の回想」（『労働運動史研究』第三七号）
石井雍大［二〇〇四］「千葉県福田・田中村事件研究の歩み――混乱の中で殺された日本人」（関東大震災八〇周年記念行事実行委員会編［二〇〇四］所収）
稲垣裕章［二〇〇九］「朝鮮人虐殺の究明・追悼への取り組み――三山歴史サークルの西沢文子氏への聞き取り記録」（『専修史学』第四七号）
井上清［一九八三］「民本主義と帝国主義」（『季刊　三千里』第三六号）
今井清一［一九六三］「大震災下の諸事件の位置づけ」（『労働運動史研究』第三七号）
今井清一［二〇〇三］「震災下虐殺の背景」（『中帰連』第二六号）
今井清一［二〇〇七］『横浜の関東大震災』（有隣堂）
今井清一監修、仁木ふみ子編［二〇〇八］『史料集　関東大震災下の中国人虐殺事件』（明石書店）
江口渙［一九六三］「関東大震災と社会主義者・朝鮮人の大虐殺」（関東大震災・亀戸事件四〇周年犠牲者追悼実行委員会編『関東大震災と亀戸事件』刀江書院）
榎本武光［一九九三］「現在の防災体制の問題点」（『歴史地理教育』第五〇六号）
逢坂英明［一九九四］「実行委員会の記録」（関東大震災七〇周年記念行事実行委員会編［一九九四］所収）
大越愛子・井桁碧［二〇〇三］「「国家暴力」とジェンダー」（『情況』第三期、第四巻八号）

大竹米子［一九七八a］「クラブ活動で朝鮮人虐殺事件を調査発表して」（千葉民族教育を守る会［一九七八］所収）
大竹米子［一九七八b］「大和田における朝鮮人虐殺事件」（第一一回千葉県歴史教育研究集会レポート、二月一一日）
大竹米子［一九七八c］「「関東大震災と朝鮮人犠牲者追悼・調査実行委員会」結成の意義」（千葉県歴教協『なかま』第一一八号）
大竹米子［一九八三］「朝鮮人虐殺事件の掘りおこしから」（「中学校教育実践選書」編集委員会『中学校教育実践選書　三四　クラブ活動のすすめ方』あゆみ出版）
大竹米子［一九八九］「活動のかなめに」（高橋益雄追悼記念文集編集委員会編、出版発起人代表・前田昭雄［一九八九］、所収）
大竹米子・平形千恵子［一九七八］「関東大震災における千葉県での朝鮮人虐殺――民衆はなぜ虐殺にかりたてられたか」（歴教協第三〇回大会第一分科会　地域の掘りおこし）
大野一夫［一九八〇］「子どもがわかる授業と地域の掘りおこし――千葉県歴史教育者協議会の活動を整理して」（『歴史地理教育』第三〇一号）
小笠原強［二〇一〇］「調査者とともにたどる関東大震災朝鮮人虐殺事件の地域（三）船橋市営馬込霊園・船橋無線塔記念碑をあるく」（『専修史学』第四九号）
小笠原強［二〇〇八］「千葉県における関東大震災と現代――共同研究の概要と目的」（『専修史学』第四五号）
小川博司［一九七三］「関東大震災と中国人労働者虐殺事件」（『歴史評論』第二八一号）
梶村秀樹［一九六三］「日韓会談と「日本人の気持」」（『歴史評論』第一五七号）
加藤卓造［一九六三a］「日朝協会の記念事業」（『労働運動史研究』第三七号）
加藤卓造［一九六三b］「関東大震災の教訓――日朝協会の調査・研究活動」（『歴史評論』第一五七号）
関東大震災五〇周年朝鮮人犠牲者調査・追悼事業実行委員会（日朝協会埼玉県連合会内）［一九七四］『かくされていた歴史――関東大震災と埼玉の朝鮮人虐殺事件』
関東大震災五〇周年朝鮮人犠牲者追悼行事実行委員会・調査委員会編［一九七五］『歴史の真実――関東大震災と朝鮮人虐殺』（現代史出版会）
関東大震災時に虐殺された朝鮮人の遺骨を発掘し追悼する会編［一九九二］『風よ鳳仙花の歌をはこべ　関東大震災・朝鮮人虐殺から70年』（教育史料出版会）
関東大震災七〇周年記念行事実行委員会編［一九九四］『この歴史永遠に忘れず　関東大震災七〇周年記念集会の記録』（日本経済評論社）

関東大震災八〇周年記念行事実行委員会編［二〇〇四］『世界史としての関東大震災――アジア・国家・民衆』（日本経済評論社）
関東大震災八五周年シンポジウム実行委員会編［二〇〇八］『震災・戒厳令・虐殺　関東大震災八五周年朝鮮人犠牲者追悼シンポジウム事件の真相糾明と被害者の名誉回復を求めて』（三一書房）
関東大震災六十周年朝鮮人犠牲者調査追悼事業実行委員会編［一九八七］『増補保存版かくされていた歴史――関東大震災と埼玉の朝鮮人虐殺事件』（日朝協会埼玉県連合会）
関東大震災人民虐殺亀戸事件四〇周年追悼大集会実行委員会準備会［一九六三］「関東大震災人民虐殺亀戸事件四〇周年追悼大集会について」（『労働運動史研究』第三七号）
金原左門［一九八二］「関東大震災と県民・県政」（神奈川県企画調査部県史編集室編『神奈川県史　通史編五　近代・現代二　政治・行政二』神奈川県）
金原左門［一九九三］「関東大震災と現代」（『歴史評論』第五二一号）
「企画展示　関東大震災時の朝鮮人虐殺と国家・民衆」実行委員会・在日韓人歴史資料館共編［二〇一〇］『在日韓人歴史資料館第七回企画展「関東大震災時の朝鮮人虐殺と国家・民衆」史料と解説』
北習志野開拓五〇周年記念誌編集委員会編［一九九四］『砂塵を越えて――北習志野開拓五〇周年記念誌』（習友会）
北習志野開拓五〇周年記念写真集編集委員編［一九九五］『ならしの――北習志野開拓五〇周年記念写真集』（習友会）
姜徳相［一九六三ａ］「大震災下の朝鮮人被害者数の調査」（『労働運動史研究』第三七号）
姜徳相［一九六三ｂ］「つくりだされた流言――関東大震災における朝鮮人虐殺について」（『歴史評論』第一五七号）
姜徳相［一九七三］「関東大震災下「朝鮮人暴動流言」について」（『歴史評論』第二八一号）
姜徳相［一九七五］『関東大震災』（中央公論社）
姜徳相［一九八〇］「関東大震災――もう一つの虐殺――習志野騎兵連隊における朝鮮人虐殺」（『季刊　三千里』第二三号）
姜徳相［一九八三］「関東大震災六〇年に思う」（『季刊　三千里』第三六号）
姜徳相［二〇〇三ａ］「関東大震災八〇年を迎えて　関東大震災朝鮮人虐殺の証言」（『季刊　Sai』第四八号）
姜徳相［二〇〇三ｂ］『新版　関東大震災・虐殺の記憶』（青丘文化社）
姜徳相［二〇〇四］「関東大震災八〇周年を迎えてあらためて考えること」（『朝鮮史研究会論文集』第四二号）
姜徳相［二〇〇八］「虐殺　再考、戒厳令なかりせば」（関東大震災八五周年シンポジウム実行委員会編［二〇〇八］所収）
姜徳相・琴秉洞編・解説［一九六三］『現代史資料六　関東大震災と朝鮮人』（みすず書房）

姜徳相、琴秉洞［一九六四］「松尾尊兊氏『関東大震災と朝鮮人』書評についての若干の感想」（『みすず』第五九号）
琴秉洞編・解説［一九八九］『関東大震災朝鮮人虐殺問題関係史料Ⅰ　朝鮮人虐殺関連児童証言史料』（緑蔭書房）
琴秉洞編・解説［一九九一］『関東大震災朝鮮人虐殺問題関係史料Ⅱ　朝鮮人虐殺関連官庁史料』（緑蔭書房）
琴秉洞編・解説［一九九六ａ］『関東大震災朝鮮人虐殺問題関係史料Ⅲ　朝鮮人虐殺に関する知識人の反応（一・二）』（全二巻、緑陰書房）
琴秉洞編・解説［一九九六ｂ］『関東大震災朝鮮人虐殺問題関係史料Ⅳ　朝鮮人虐殺に関する植民地朝鮮の反応』（緑蔭書房）
琴秉洞［二〇〇八］「大震災時の朝鮮人虐殺に対する日本側と朝鮮人の反応」（関東大震災八五周年シンポジウム実行委員会編［二〇〇八］所収）
金容権［一九八三］「子どもたちの震災体験」（『季刊　三千里』第三六号）
倉持順一［二〇〇四］「相愛会の活動と在日朝鮮人管理――関東大震災後の「内鮮融和」・社会事業と関連して」（『法政大学大学院紀要』第五三号）
権碩鳳［一九六三］「在日朝鮮公民の祖国への往来の実現について」（『歴史評論』第一五七号）
河上民雄［一九六三］「大杉栄について」（『労働運動史研究』第三七号）
高史明・大石進・李熒娘・李圭洙共著［二〇〇八］『布施辰治と朝鮮』（高麗博物館）
高峻石［一九七九］「関東大震災時の朝鮮国内世論」（『アジアの胎動』第三巻一号）
国際高麗学会全日本支部『在日コリアン辞典』編集委員会編［二〇一〇］『在日コリアン辞典』（明石書店）
呉圭祥［二〇〇九］『ドキュメント在日朝鮮人連盟　一九四五―一九四九』（岩波書店）
小薗崇明［二〇〇八］「調査者とともにたどる関東大震災朝鮮人虐殺事件の地域（一）高津・大和田新田・萱田を歩く」（『専修史学』第四五号）
小薗崇明［二〇一〇］「調査者とともにたどる関東大震災朝鮮人虐殺事件の地域（二）「軍郷」習志野を歩く」（『専修史学』第四九号）
小松七郎［一九七七］『千葉県民主運動史（戦前編）』（千葉県自治体問題研究所）
小松七郎［一九七八］「関東大震災における船橋での朝鮮人虐殺とその直後のできごと」（千葉県における関東大震災と朝鮮人犠牲者追悼・調査実行委員会準備会ほか［一九七八］所収）
小松隆二［一九六三］「関東大震災主要文献」（『労働運動史研究』第三七号）
斎藤秀夫［一九九三］「関東大震災史研究が問いかけるもの」（『歴史地理教育』第五〇六号）
坂井俊樹［一九九三］「虐殺された朝鮮人の追悼と社会事業の展開　横浜での李誠七、村尾履吉を中心として」（『歴史評論』第五二一号）

坂本昇［一九九三］「関東大震災と亀戸事件」（『歴史地理教育』第五〇六号）
坂本昇［二〇〇四］「関東大震災史研究運動の成果と展望」（関東大震災八〇周年記念行事実行委員会編［二〇〇四］所収）
塩田庄兵衛［一九六三a］「はじめに（特集／関東大震災四〇周年）」（『労働運動史研究』第三七号）
塩田庄兵衛［一九六三b］「関東大震災と亀戸事件」（『歴史評論』第一五八号）
清水恵助［一九九三］「液状化はなぜ起こるのか」（『歴史地理教育』第五〇六号）
将司正之輔［一九八三］「小金牧から習志野原に」（『房総の牧』創刊号）
鈴木淑弘［一九七一―一九七二］「無線塔と関東大震災（一）〜（六）」（『船橋市史談会会報』第二八〜三三号、後に、千葉県における関東大震災と朝鮮人犠牲者追悼・調査実行委員会準備会ほか［一九七八］所収）
戦後船橋と市職労の五〇年編さん委員会編［一九九七］『戦後船橋と市職労の五〇年　上』（自治労船橋市役所職員労働組合）
千田夏光［一九九三］「戒厳令はどのように出されたのか」（『歴史地理教育』第五〇六号）
高崎宗司［一九八三］「関東大震災・朝鮮での反響」（『季刊　三千里』第三六号）
高橋磌一［一九七五］「犠牲者一人ひとりが明らかにされるまで」（関東大震災五〇周年朝鮮人犠牲者追悼行事実行委員会・調査委員会編［一九七五］所収）
高橋達［一九七五］「研究集会の歩みと君津集会」（主催　千葉県歴史教育者協議会、後援　千葉県高等学校教職員組合・千葉県民間教育研究団体連絡協議会『第八回　千葉県歴史教育研究集会　千葉に根ざし県民とともにあゆむ歴史教育の創造』君津市鹿野山センター・大塚屋旅館、一九七五年二月八〜九日、集会時のパンフレット）
高橋益雄追悼記念文集編集委員会編、出版発起人代表・前田昭雄［一九八九］『高橋益雄先生　追悼記念文集』
高柳俊男［一九八三］「朝鮮人虐殺についての研究と文献」（『季刊　三千里』第三六号）
田﨑公司［一九九三］「関東大震災七〇周年記念集会参加記」（『歴史学研究』第六五三号）
田中正敬［二〇〇四］「近年の関東大震災史研究の動向と課題――現在までの十年間を対象に」（関東大震災八〇周年記念行事実行委員会編［二〇〇四］所収）
田中正敬［二〇〇五］「関東大震災と朝鮮人の反応――その意識を考察する手がかりとして」（専修大学人文科学研究所『人文科学年報』第三五号）
田中正敬［二〇〇九］「千葉県における関東大震災と朝鮮人犠牲者追悼・調査実行委員会の活動――『いわれなく殺された人びと――関東大震災と朝鮮人』刊行まで」（『専修史学』第四六号）

田中正敬［二〇一〇］「船橋における関東大震災朝鮮人虐殺と在日朝鮮人による追悼運動について――船橋における追悼碑建立と追悼式についての聞き取り」（『専修史学』第四八号）
田中正敬［二〇一一］「関東大震災時の朝鮮人虐殺とその犠牲者をめぐって」（専修大学人文科学研究所編『移動と定住の文化誌――人はなぜ移動するのか』彩流社）
田原洋［一九八二］『関東大震災と王希天事件　もうひとつの虐殺秘史』（三一書房）
千葉県平和委員会・習志野平和委員会編、旧軍事施設解体時の調査報告書［一九九五］『陸軍習志野学校』
千葉県史料研究財団編［二〇〇六］『千葉県の歴史　通史編　近現代二（県史シリーズ7）』（千葉県）。
千葉県人権啓発センター編発［二〇〇六］『月刊　スティグマ』（二〇〇六年一一月号）。
千葉県における関東大震災と朝鮮人犠牲者追悼・調査実行委員会編［一九七八-二〇一一］『いしぶみ』創刊号～第四一号
千葉県における関東大震災と朝鮮人犠牲者追悼・調査実行委員会編［一九八三］『いわれなく殺された人びと――関東大震災と朝鮮人』（青木書店）
千葉県における関東大震災と朝鮮人犠牲者追悼・調査実行委員会・委員長編集・作成［二〇〇九］『関東大震災八五周年千葉県における関東大震災と朝鮮人犠牲者追悼・調査実行委員会資料集・増補改訂版』
千葉県における関東大震災と朝鮮人犠牲者追悼・調査実行委員会準備会、歴史教育者協議会船橋支部、千葉県自治体問題研究所船橋支所共編［一九七八］『関東大震災と朝鮮人　船橋市とその周辺で――自治研版　船橋の歴史　資料編第一集』（千葉県自治体問題研究所船橋支所設立準備会）
千葉県における関東大震災と朝鮮人犠牲者追悼・調査実行委員会、千葉県歴史教育者協議会、千葉県自治体問題研究所船橋支部共編［一九七九］『関東大震災と朝鮮人　習志野騎兵連隊とその周辺――資料編第二集』
千葉県福田村事件真相調査会編［二〇〇一］『福田村事件の真相』
千葉県福田村事件真相調査会編［二〇〇二］『福田村事件の真相　第二集』
千葉県福田村事件真相調査会編［二〇〇三］『福田村事件の真相　第三集』
千葉県歴史教育者協議会編［二〇〇四］『学校が兵舎になったとき　千葉から見た戦争　一九三一～四五』新装版（青木書店、旧版は一九九六年刊行）。
千葉民族教育を守る会［一九七八］『こぶし　十周年記念誌』
戸沢仁三郎［一九六三］「純労働者組合と大震災」（『労働運動史研究』第三七号）

永井大介［一九八三］「防災訓練と第二の「関東大震災」」（『季刊　三千里』第三六号）
長友脩［一九七八］「第五章　近代・現代」（八千代市編さん委員会編著『八千代市の歴史』八千代市）
長友脩［一九七九］『関東大震災と千葉県における朝鮮人虐殺をどう教えたか――生徒の発表授業をとおして』（日教組第二八次日高教第二五次教育研究全国集会報告書）
習志野市教育委員会編［一九九五］『習志野市史（第一巻通史編）』（習志野市役所）
習志野市教育委員会編［二〇〇一］『ドイツ兵士の見たニッポン　習志野俘虜収容所一九一五～一九二〇』（丸善）
習志野第四中学校郷土史研究会「大和田の朝鮮人虐殺の事実を探る！」（千葉県における関東大震災と朝鮮人犠牲者追悼・調査実行委員会準備会ほか編［一九七八］所収）
習志野原開拓史編纂委員会［一九八七］『習志野原開拓史』（習志野原開拓史刊行会）
習志野原開拓六〇周年記念誌委員会編［二〇〇七］『砂塵を越えてⅡ――習志野原開拓六〇周年記念誌』（習友会）
成田龍一［一九九六］「関東大震災のメタヒストリーのために――報道・哀話・美談」（『思想』第八六六号、後に、同『近代都市空間の文化経験』岩波書店、二〇〇三年所収）
南巌［一九六三］「南葛労働会と亀戸事件」（『労働運動史研究』第三七号）
仁木ふみ子［一九九一］『関東大震災中国人大虐殺』（岩波ブックレット　二一七）
仁木ふみ子［一九九三ａ］「中国人労働者はなぜ殺されたのか」（『歴史地理教育』第五〇六号）
仁木ふみ子［一九九三ｂ］『震災下の中国人虐殺――中国人労働者と王希天はなぜ殺されたか』（青木書店）
仁木ふみ子［二〇〇三］「関東大震災における中国人虐殺」（『中帰連』第二六号）
西崎雅夫［二〇一一］『関東大震災時　朝鮮人虐殺事件東京下町フィールドワーク資料』（私家本）
西崎雅夫［二〇一二］『関東大震災時　朝鮮人虐殺事件東京下町フィールドワーク資料（下町以外編）』（私家本）
西沢文子［一九八〇］「学ぶことは主婦の仕事である――地域で歴史の勉強会をつづけて」（『歴史地理教育』第三一五号）
西沢文子［一九八三］「『埋もれかけた記憶を――関東大震災と朝鮮人虐殺』のスライド制作を担当して」（千葉県歴教協『子どもが楽しくわかる社会科』第一四号）
日朝協会朝鮮人犠牲者問題特別委員会［一九六三］『本庄・船橋調査報告』
日外アソシエーツ株式会社編［一九九〇］『市民・社会運動人名事典』（日外アソシエーツ）
日本弁護士連合会［二〇〇三］「日弁連調査報告書（抜粋）」（『中帰連』第二六号）

二村一夫［一九七三］「亀戸事件小論」（『歴史評論』第二八一号）
ノ・ジュウン［二〇〇七］「関東大震災朝鮮人虐殺と日本の在日朝鮮人政策――日本政府と朝鮮総督府の「震災処理」過程を中心に」（『在日朝鮮人史研究』第三七号）
ノ・ジュウン［二〇〇九］「関東大震災朝鮮人虐殺研究の二つの流れについて――アカデミックなアプローチと運動的アプローチ」（『専修史学』第四六号）
裵昭［一九八八］『写真報告　関東大震災朝鮮人虐殺』（影書房）
羽仁五郎［一九六三］「関東大震災朝鮮人虐殺事件四〇周年を迎えるにあたって」（『歴史評論』第一五七号）
平形千恵子［一九七四］「町の歴史――船橋市丸山町」（『船橋学園紀要』第四号）
平形千恵子［一九七五］「関東大震災と船橋市における朝鮮人虐殺」（千葉県歴教協編『房総の民衆の歴史と現実――現地見学案内』）
平形千恵子［一九七八a］「町の歴史――船橋市丸山町」（千葉県における関東大震災と朝鮮人犠牲者追悼・調査実行委員会準備会ほか編［一九七八］所収、平形［一九七四］の再収録）
平形千恵子［一九七八b］「「千葉県における関東大震災と朝鮮人犠牲者追悼・調査実行委員会」の設立をめぐって」（歴史教育者協議会『歴史教育月報』一九七八年九月号）
平形千恵子［一九八三］「お母さんたちのスライドづくりと高校生の感想――関東大震災と朝鮮人虐殺」（『歴史地理教育』第三五六号）
平形千恵子［一九八四］「『いわれなく殺された人びと』の出版をめぐって」（『歴史科学と教育』三）
平形千恵子［一九八九］「追悼、調査の仕事を通して」（前田昭雄出版発起人代表『高橋益雄先生追悼記念文集』）
平形千恵子［一九九三a］「千葉県での掘り起こしの提起するもの――軍隊の役割を中心に」（関東大震災七〇周年記念行事実行委員会編『関東大震災・学習会の記録（――日本史教材研究部会報告集第三集）』同会）
平形千恵子［一九九三b］「地域からみた関東大震災と軍隊」（『歴史地理教育』第五〇六号）
平形千恵子［二〇〇〇］「関東大震災朝鮮人犠牲者の遺骨発掘と慰霊碑の建立」（『歴史地理教育』第六〇四号）
平形千恵子［二〇〇四a］「船橋コース　馬の血を抜いた中山競馬場から「ニイタカヤマノボレ」の海軍無線塔跡へ」（千葉県歴史教育者協議会編『千葉県の戦争遺跡をあるく』国書刊行会）
平形千恵子［二〇〇四b］「朝鮮人犠牲者の遺骨掘り起こしと慰霊碑の建立」（関東大震災八〇周年記念行事実行委員会編『世界史としての関東大震災――アジア・国家・民衆』日本経済評論社）
平形千恵子［二〇〇七］「地域の憲法学習を考える」（歴史教育者協議会編『歴史地理教育』第七一四号）

平形千恵子・大竹米子［一九八三］「地域の掘りおこしと民衆の歴史意識――関東大震災と朝鮮人虐殺」（『歴史地理教育』第三五六号）
平形千恵子・大竹米子［一九八五］「地域の掘りおこしと民衆の歴史意識――関東大震災と朝鮮人虐殺」（『歴史地理教育』第三八〇号）
平林巌［一九五四］『習志野開拓史』（習志野開拓農業協同組合）
藤井陽一郎［一九七三］「関東大震災と科学者」（『歴史評論』第二八一号）
藤沼栄四郎［一九六三］「亀戸事件の犠牲者」（『労働運動史研究』第三七号）
船橋日朝協会［一九六八］『日朝通信』（第三号）
松尾章一［一九九三ａ］「関東大震災の歴史研究の成果と課題」（『法政大学多摩論集』第九号）
松尾章一［一九九三ｂ］「関東大震災研究・史料探索ガイド」（『歴史地理教育』第五〇六号）
松尾章一［一九九三ｃ］「関東大震災研究の成果と課題」（関東大震災七〇周年記念行事実行委員会編『関東大震災・学習会の記録（――日本史教材研究部会報告集第三集）』同会）
松尾章一［一九九三ｄ］「朝鮮人虐殺と軍隊」（『歴史評論』第五二一号）
松尾章一［一九九七］「関東大震災史研究の成果と課題」（松尾章一監修、大竹米子・平形千恵子編集［一九九七］所収）
松尾章一［二〇〇三ａ］「日本歴史上の最大の汚点――関東大震災時の朝鮮人・中国人虐殺事件」（『情況』第三期、第四巻八号）
松尾章一［二〇〇三ｂ］『関東大震災と戒厳令』（吉川弘文館）
松尾章一監修・大竹米子・平形千恵子編集［一九九七］『関東大震災　政府陸海軍関係史料第Ⅰ巻　政府・戒厳令関係史料』（日本経済評論社）
松尾章一監修・田﨑公司・坂本昇編集［一九九七］『関東大震災　政府陸海軍関係史料第Ⅱ巻　陸軍関係史料』（日本経済評論社）
松尾章一監修・田中正敬・逢坂英明編集［一九九七］『関東大震災　政府陸海軍関係史料第Ⅲ巻　海軍関係史料』（日本経済評論社）
松尾尊兊［一九六四ａ］「［書評］現代史資料『関東大震災と朝鮮人』」（『みすず』第五七号）
松尾尊兊［一九六四ｂ］「関東大震災下の朝鮮人暴動流言に関する二、三の問題」（『朝鮮研究』第三三号）
松尾尊兊［二〇〇三］「新史料発掘　関東大震災と憲兵隊　解説――憲兵曹長林兵一郎旧蔵文書について」（『論座』第一〇二号）
松尾尊兊［二〇〇四］「関東大震災と憲兵隊――憲兵曹長林兵一郎旧蔵文書について」（関東大震災八〇周年記念行事実行委員会編［二〇〇四］所収）
松尾洋［一九六三］「関東大震災事件日誌」（『労働運動史研究』第三七号）
丸浜昭［一九九三］「自治体史のなかの朝鮮人殺害事件――東京を事例として」（『歴史評論』第五二一号）
丸本健次［二〇〇五］「関東大震災に対する植民地朝鮮での反応（第四回研究会）」（『アジア民衆史研究』第一〇集）

三浦進［一九九三］「殺された、また殺されそうになった日本人」（『歴史地理教育』（第五〇六号）

湊七良［一九六三］「その日の江東地区」（『労働運動史研究』第三七号）

宮川寅雄［一九八三］「関東大震災の殺人」（『季刊　三千里』第三六号）

宮川英一［二〇一一］「千葉県における関東大震災と朝鮮人犠牲者追悼・調査実行委員会委員長吉川清氏へのインタビュー記録」（『専修史学』第五〇号）

宮武剛［一九八六］『将軍の遺言　遠藤三郎日記』（毎日新聞社）

三山歴史サークル・三山読書サークル［一九七九］『軍都習志野の聞きとり』（第一二回千葉県歴史教育研究集会第五分科会第二分散会報告――地域のほりおこしで何をどうほりおこすか、二月十一日）

宮本正明［二〇〇六］「朝鮮総督府関係史料にみる関東大震災」（『アリラン通信』第三六号）

室崎益輝［一九七三］「関東大震災と都市計画」（『歴史評論』第二八一号）

望月雅士［一九九三］「関東大震災研究をめぐる諸論点――虐殺事件と復興論」（『歴史評論』第五二一号）

森脇孝広［二〇〇四］「〔科学運動通信〕関東大震災八〇周年記念集会参加記」（『歴史評論』第六四七号）

八千代市立郷土博物館［二〇〇六］「平成十八年度第一回企画展　習志野原～明治天皇から終戦まで」（パンフレット）

矢野恭子［一九九三］「東京下町での調査と追悼から――震災下の朝鮮人虐殺事件にとりくんで」（『歴史地理教育』第五〇六号）

山田昭次［一九八三a］「関東大震災と朝鮮人虐殺――民衆運動と研究の方法論前進のために」（『季刊　三千里』第三六号）

山田昭次［一九八三b］「東京下町の朝鮮人虐殺事件掘りおこし運動――「朝鮮人の遺骨を発掘し慰霊する会」の調査報告」（『歴史地理教育』第三五六号）

山田昭次［一九九三］「関東大震災時の朝鮮人虐殺責任のゆくえ」（『歴史評論』第五二一号）

山田昭次［二〇〇三］『関東大震災時の朝鮮人虐殺――その国家責任と民衆責任』（創史社）

山田昭次［二〇〇四a］『関東大震災朝鮮人虐殺問題関係史料Ⅴ　朝鮮人虐殺関連新聞報道史料（一～四、別巻）』（緑蔭書房）

山田昭次［二〇〇四b］「講演　関東大震災と現代――震災時の朝鮮人殺害事件と国家責任・民衆責任」（関東大震災八〇周年記念行事実行委員会編［二〇〇四］所収）

山田昭次［二〇〇五］『植民地支配・戦争・戦後の責任――朝鮮・中国への視点の模索』（創史社）

山田昭次［二〇一〇a］「今日における関東大震災時朝鮮人虐殺の国家責任と民衆責任」（『思想』第一〇二九号）

山田昭次［二〇一〇b］「戦前における在日朝鮮人による関東大震災時被虐殺朝鮮人追悼・抗議運動年表」（『在日朝鮮人史研究』第四〇号）

山田昭次［二〇一一］『関東大震災時の朝鮮人虐殺とその後――虐殺の国家責任と民衆責任』（創史社）
横田豊［一九九三］「王正廷のもうひとつの「大アジア主義」」（『歴史評論』第五二一号）
吉岡吉典［一九六三］「関東大震災時の虐殺事件に学ぶ二つの立場」（『歴史評論』第一五七号）
吉川清［一九七九］「関東大震災時の朝鮮人虐殺の真相を掘りおこす」（『住民と自治』一九七九年一一月号）
吉川清［一九八二］「わが青春の歩み――図書館と共に生きる」（千葉大学教育学部社会教育研究室『資料・房総の社会教育実践史［Ⅱ］』）
米倉勉［二〇〇四］「朝鮮人虐殺事件と「人権救済」」（関東大震災八〇周年記念行事実行委員会編［二〇〇四］所収）
李恩子［二〇〇三］「今私たちに問われていること――関東大震災時朝鮮人虐殺八〇周年」（『情況』第三期、第四巻第八号）
李眞姫［二〇〇三］「人権を考える窓口としての在日コリアンの歴史と空間――関東大震災の追悼碑、朝鮮学校、足立区を訪ねて」（『季刊 Sai』（第四八号）
李炳河・文剛（共著）［二〇〇二］「関東大震災と追悼のいとなみ」（朝鮮人強制連行真相調査団編著『朝鮮人強制連行の記録――関東編一』（柏書房）
歴史教育者協議会編［一九九七］『歴史教育五〇年のあゆみと課題』（未来社）
歴史教育者協議会船橋支部編［一九七六］『関東大震災と船橋における朝鮮人虐殺』

年表　千葉県における関東大震災と朝鮮人犠牲者追悼・調査実行委員会の活動　一九二三〜二〇〇九年

年	地域の動きと実行委員会に関わる出来事	新聞報道、震災関連研究・運動、歴教協大会など
1923	9・1 関東大震災、千葉県でも朝鮮人・中国人・日本人の虐殺 11・11 法典事件、追悼会の記事（『東京日日新聞』）	9・1 関東大震災。各地で朝鮮人・中国人・日本人の虐殺事件 10・21 虐殺事件についての新聞記事解禁、以後、自警団事件関連の裁判関係記事多い
24	— 船橋仏教会（西福寺）が「法界無縁塔」建立（現在、船橋市営馬込霊園内）、戦前に在日朝鮮人が碑の前で追悼会をおこなう。（詳細は不明）鎌ヶ谷でも「震災記念碑」を建立	
47	3・1 「関東大震災犠牲同胞慰霊碑」建立（在日本朝鮮人連盟、旭硝子工場付近→船橋市営馬込霊園内に移設） 9・1 在日朝鮮人を中心に毎年「関東大震災犠牲同胞慰霊碑」前で追悼式を実施	8 金秉稷『關東震災白色テロルの眞相』（朝鮮民主文化團體總聯盟）
49		9 吉河光貞『関東大震災の治安回顧』法務府特別審査局
53		10 歴教協第五回大会 高橋益雄が参加
54		— 歴教協千葉県支部結成（高橋益雄ほか）
58		9・1 日朝協会埼玉・熊谷支部（熊谷日朝親善協会）、市仏教会と共催で朝鮮人犠牲者慰霊祭を始める。
63	— 関東大震災四〇周年 — 日朝協会朝鮮人犠牲者問題特別委員会『本庄・船橋調査報告』（日朝協会・日本国民救援会による現地調査、武藤韻蔵と小松七郎の証言、高橋益雄・鶴岡正雄・片岡善司などが参加） 7・19 総連が船橋市と交渉の末、「関東大震災犠牲同胞慰霊碑」を現	4・25 「日朝協会関東大震災朝鮮人犠牲者調査慰霊特別委員会」を設けて調査、慰霊の活動 7 『労働運動史研究』第三七号で関東大震災四〇周年特集 8 朝鮮大学校編『関東大震災における朝鮮人虐殺の真相と実態』

年	地域の動きと実行委員会に関わる出来事	新聞報道、震災関連研究・運動、歴教協大会など
1963	在の馬込霊園に移葬、以後は同地で追悼式を開催 **8・23** 高津で観音寺の檀家の二人と住職が「関東大震災第三国人犠牲者諸霊位」と記した施餓鬼供養塔を建てて追悼（後に文言は「関東大震災外国人犠牲者諸霊位」、「関東大震災朝鮮人殉難者諸霊位」へ変更）	**9** 関東大震災・亀戸事件四十周年犠牲者追悼実行委員会編『関東大震災と亀戸事件』（刀江書院） **9** 松尾尊兊「関東大震災下の朝鮮人虐殺事件（上・下）」（『思想』第四七一号六三年九月、同第四七六号、六四年二月） **9・1** 日朝協会、関東大震災四〇周年朝鮮人犠牲者慰霊祭（日比谷公会堂） **10** 姜徳相・琴秉洞編『現代史資料 関東大震災と朝鮮人』（みすず書房）
64	**8** 群馬県で開催された歴教協第一六回大会で、大竹米子氏と平形千恵子氏との出会い	**8・1〜3** 歴教協第一六回大会 群馬 テーマ「現代の課題」、この年、都道府県に歴教協の結成を提起 **9・1** 神奈川・保土ヶ谷区の日朝協会支部「関東大震災殉難朝鮮人四一周年追善法要」を開催
65		**6・12** 第一次教科書裁判提訴 **7・31〜8・2** 第一七回大会 青森 テーマ「民族の課題と歴史教育」 **11・29** 文部省、朝鮮民族学校を各種学校として不認可
67		**8・2〜4** 歴教協第一九回大会 東京 テーマ「民族の課題」 **8・20** 千葉県歴教協結成大会（千葉県歴教協の再建、参加者三〇名、於船橋市教育会館）
68	— 日朝協会千葉県連『関東大震災四五周年記念 朝鮮人犠牲者資料——かつての道をくり返させないために 人道と、日朝友好増進のために』 **9** 船橋日朝協会『日朝通信』（第三号）。朝鮮人虐殺四五周年の特集	**1・14〜15** 千葉県歴教協第一回研究集会（一宮） **6・23** 第二次教科書裁判提訴 **7・10** 歴教協を含む五四歴史学会「『明治百年祭』に関する声明」

（前頁より）	で、船橋日朝協会が朝鮮人虐殺事件の調査結果をまとめる（高橋益雄氏参加、徳田安蔵氏よりの聞き取り）、小松七郎「関東大震災における船橋での朝鮮人虐殺事件」	**8・1～3** 歴教協第二〇回大会 奈良 テーマ「民族の課題――平和と愛国の歴史教育」 **10** 松村英男編『千葉百年』（毎日新聞社、『第一集』一般資料六に震災関連記述の一部を掲載）
69		**1・18～19** 千葉県歴教協第二回研究集会（千葉） **10・23** 歴教協明治百年祭反対集会
70	― 三山小PTA地域活動、『母と子』読書サークル「土曜会」（保護者と教師の地域教育懇談会）はじまる	**1・17～18** 千葉県歴教協第三回研究集会（佐原） **8・1～3** 歴教協第二二回大会 長野 テーマ「民族の課題」研究の重点「地域に根ざし人民のたたかいをささえる歴史教育」
71	**11** 船橋の海軍無線塔史との関わりから調査を継続した結果として、鈴木淑弘「無線塔と関東大震災一～六」（船橋史談会『船橋市史談会報』第二八～三三号、一九七一年一一月～七二年四月）	**2・6～7** 千葉県歴教協第四回研究集会（成田） ― 越中谷利一「一兵卒の震災手記」（『越中谷利一著作集』東海繊維経済新聞社、一九七一年） **7・30～8・2** 歴教協第二三回大会 札幌 テーマ「民族の課題」
72	― 習志野市立第四中学校「郷土史研究会」結成 **5** 大和田新田に住民有志が「無縁仏之墓」を建立	**1・15～16** 千葉県歴教協第五回研究集会（安房） **2** 清川尚道「大正歳時記」（船橋ロータリークラブ編『船橋ロータリークラブ創立一五周年記念誌』） **7・30～8・2** 歴教協第二四回大会 沖縄 テーマ「民族の課題」
73	― 関東大震災五〇周年 **4** はざま歴史サークル発足（飯山満小学校PTA母体）	**1・14～15** 千葉県歴教協第六回研究集会（銚子） **7・28** 日朝協会埼玉県連「関東大震災五〇周年実行委員会」を結成 **7・30～8・2** 歴教協第二五回大会 愛媛 テーマ「民族の課題」

年	地域の動きと実行委員会に関わる出来事	新聞報道、震災関連研究・運動、歴教協大会など
1973		**9** 日朝協会豊島支部『民族の棘――関東大震災と朝鮮人虐殺の記録』（船橋市丸山、徳田慶蔵証言を収録） **9・1** 日朝協会、東京の横網町公園に追悼碑を建立 **10**『歴史評論』第二八一号で関東大震災を特集
74	**2・19** 千葉県歴教協第七回歴史教育研究集会（於船橋）高橋レポート――このころ千葉県歴史教育者協議会市川支部の長友、船橋支部、習志野・八千代支部大竹と習志野第四中郷土史研究会による聞き取り調査 **8・3** 第二六回歴教協全国大会（兵庫大会）千葉県支部交流会での高橋の問題提起、これを受けて、二人の朝鮮人を助けた船橋市丸山の調査をはじめる（平形） **8・23** 金子誠一氏聞き取り（平形） **8・24** 徳田郁之助氏聞き取り（平形） **8・29** 徳田慶蔵氏聞き取り（平形） **8・30** 船橋市市役所統計課での調査（平形） **9・1** 高橋、石井、平形氏が馬込霊園の慰霊祭に参加 **9・7** 歴教協船橋支部総会で、研究テーマとして「船橋における朝鮮人虐殺の問題のほりおこし」を決定 **9・15** 運営委員会で子どもの朝鮮観、民族学校生への暴行事件が話題 **9** 平形千恵子「町の歴史――船橋市丸山」（『船橋学園紀要』四） **10・30** 船橋の朝鮮人虐殺について話をきく例会 **11・30** 船橋歴教協例会でのレポート「近代の日本と朝鮮――経済的な側面から」 **秋** 三山歴史サークル発足（会員一二名）、講師として大竹を招く	**2・10～11** 千葉県歴教協第七回研究集会（船橋） **8** 関東大震災五〇周年朝鮮人犠牲者調査・追悼事業実行委員会『かくされていた歴史――関東大震災と埼玉の朝鮮人虐殺事件』（王希天事件について、「一兵士の日記（久保野日記）」公表に石井良一氏尽力） **8・1～4** 歴教協第二六回大会 兵庫 テーマ「民族の課題」 **9・4**「震災時の虐殺を見た 元巡査が手記を公開 船橋、浦安など七〇人以上死ぬ 千葉青果社長の渡辺さん 五一年前悪夢刻々と」（『京葉市民新聞』）
75	**6・21** 第二七回歴教協千葉大会に朝鮮人虐殺の問題を提起することに	**2・8～9** 千葉県歴教協第八回研究集会（君津）

決定
6・22 徳田恵三氏への聞き取り（今村、高橋、木村、三橋ひさ子、平形）
6・25 上記の報告
7 平形千惠子「関東大震災と船橋市における朝鮮人虐殺」（千葉県歴教協編『房総の歴史と現実――現地見学案内』）
7・6 武藤よし氏への聞き取り（高橋、三橋広夫、三橋、平形）
7・9 例会で上記の報告
7・24 大塚良平氏聞き取り（平形、三橋）
7・26 例会で上記の報告
8・3 第二七回歴教協千葉大会 第三分科会 日本近現代で三橋ひさ子「船橋における朝鮮人虐殺と私たちの問題意識」報告
8・29 安藤一茂氏聞き取り（平形、今村）
9・1 船橋市営馬込霊園の関東大震災犠牲同胞追悼式に実行委員会より参加
11・9 船橋歴教協、関東大震災の船橋における朝鮮人虐殺問題のフィールドワーク（旧役場跡～避病院前～旭ガラス～市川市若宮地先～丸山自治会館～馬込霊園）

3・1 問題別教研（船教組主催）
7・31～8・4 第二七回大会 千葉 テーマ「民族の課題」
8・28「「王希天事件」真相に手掛り「大杉」「亀戸」と並ぶ虐殺 一兵士の日記公開」（『毎日新聞』、二九日に『赤旗』、九月二日に『千葉日報』で報道）
9 関東大震災五十周年朝鮮人犠牲者追悼行事実行委員会編『歴史の真実 関東大震災と朝鮮人虐殺』（現代史出版会）
9・1「行方不明の王希天氏 関東大震災 実は陸軍が虐殺 久保野さんの日記が証言 鎌ヶ谷市」（『かまがや民報』）
11 姜徳相『関東大震災』（中公新書）

76

― 渡辺良雄『関東大震災 大東亜戦争 千葉市戦災の記憶 渡邊良雄体験記』（私家版、一九七四年に公開）の寄贈
2 小林武徳「日本史のプリント学習――関東大震災と朝鮮人虐殺」
2・7 第九回千葉県歴史教育研究集会 木村誠「船橋における朝鮮人虐殺問題の教材化をめぐる諸問題」
7 三山読書サークル発足（会員一〇名）
7・13 船橋歴教協例会
7・26 船橋歴教協運営委員会で「まとめ冊子」の打ち合わせと内容検討
7 習志野市立第四中学校郷土史研究会の聞き取り調査（～七八年六

― 今井清一「大島町事件・王希天事件と日本政府の対応」（藤原彰・松尾尊兊編『論集 現代史』筑摩書房）
2・7～8 千葉県歴教協第九回研究集会（松戸）
3 内田金次郎「私の震災記録」（『佐倉地方文化財』第八号）

年	地域の動きと実行委員会に関わる出来事	新聞報道、震災関連研究・運動、歴教協大会など
1976	月） 7・29 阿部こう氏などへの聞き取り（大竹・郷土史研究会） 8 船橋歴教協編『関東大震災と朝鮮人虐殺』作成 9 習志野市立第四中学校郷土史研究会『大和田の朝鮮人虐殺の事実を探る！』（文化祭での報告） 9・1 馬込霊園慰霊祭出席	8・1〜4 歴教協第二八回大会 愛知 テーマ「職場・地域に根ざし子どもとともにつくる社会科」
77	2・26 朝鮮史研究会例会で報告（木村・平形） 8 小松七郎『千葉県民主運動史（戦前編）』（千葉県自治体問題研究所） 9・1 馬込霊園慰霊祭参加 秋 小松七郎『千葉県民主運動史 戦前編』（千葉県自治体問題研究所、一九七七年）出版記念会で、小松氏の体験談と平形氏による丸山の事例の紹介（自治研版『第一集』に所収）。吉川がパイプ役となり、『合同してこの事件の真相究明のための調査委員会をつくるよびかけ』が行なわれ「準備会」が重ねられた→実行委員会の結成へ 10 萱田の老人からの聞き取り（大竹ほか） 12 習志野第四中学校郷土史研究会『第五回文化祭発表のまとめ 大和田の朝鮮人虐殺の事実を探る！』 12・4 自治体問題研究所船橋支所（雨宮・吉川）「小松七郎著千葉県民主運動史（戦前編）出版記念〝船橋の歴史を語るつどい〟話題つきず 定例化を約束！」（『住民と自治船橋読者通信』四）	1・29〜30 千葉県歴教協第一〇回研究集会（千葉） 8・1〜4 第二九回大会 秋田県 テーマ「職場・地域に根ざす社会科と文化の継承・発展をめざして」 8・30「大震災から五四年 朝鮮人虐殺の調査今も 船橋市職員・教職員ら 資料と聞き取りで秘話発掘 ピケで守った農民ら」（『朝日新聞』）
78	— 八千代市編さん委員会編著『八千代市の歴史』（八千代市、関東大震災関連事項を長友脩が執筆） — 石川氏聞き取り（川鍋光弘、長友）。船橋B氏聞き取り（竹内久美子）。高野福太郎氏聞き取り（石井）	

1　小林武徳「関東大震災と朝鮮人の虐殺──高校三年生の授業実践」（日教組第二七次、日高教第二四次教育研究全国集会報告、沖縄教研集会）

2　千葉民族教育を守る会十周年記念誌『こぶし』（「片岡善司さんと語る」・大竹米子「クラブ活動で朝鮮人虐殺事件を調査発表して」・小松七郎「関東大震災における船橋での朝鮮人虐殺とその直後のできごと」高橋益雄「私の中の朝鮮」）

2・11　大竹米子「大和田における朝鮮人虐殺事件」（第一一回千葉県歴史教育研究集会レポート）

5・20　土屋照己氏聞き取り（鈴木）

6　石井良一氏より鎌ヶ谷の調査（当時の青年団関係者が存命であること、鎌ヶ谷の飯場の場所が確認できたこと）についての連絡

6　渡辺良雄氏より『大震災の追憶』を送付

6　自治研版『船橋の歴史資料編第一集　関東大震災と朝鮮人──船橋市とその周辺で』発行

6・6　大竹氏へ八千代市の某氏から八千代での虐殺に関する日記の提供

6・24　千葉県における関東大震災と朝鮮人犠牲者追悼・調査実行委員会の結成（七八年六月二四日、船橋市中央公民館第八集会室、出席者は三八名）。以後、月に一回、事務局会議を開催。

6・24　会誌『いしぶみ』創刊号発刊（実行委員会の結成までの経過、資料編第一集の完成など、所収）

7　篠原氏聞き取り（石井、平形）。石原輝夫氏聞き取り（石井、平形）。小川平吉氏聞き取り（石井・平形）

7・11　『いしぶみ』（第二号、『関東大震災の追憶』（渡辺良雄氏の証言）を所収）

7・18　会沢泰氏聞き取り（三山サークルの西沢、川崎、越川、山田、

2・11〜12　千葉県歴教協第一一回研究集会（東葛）

6・4　「関東大震災時の朝鮮人虐殺　八千代でもあった！　中学生サークルが調査　古老から聞き出す」（『千葉日報』）→この記事をきっかけに、高津における殺害について記された日記が提供された

6・13　「朝鮮人虐殺　資料集が完成　船橋市職員ら　近く犠牲者を慰霊」（『千葉日報』）

6・14　「関東大震災での虐殺問題が本に」（『毎日新聞』）

6・17　「関東大震災の史実求めて　実行委を結成へ　船橋の有志ら　朝鮮人虐殺めぐり」（『読売新聞』）

6・24　「関東大震災と朝鮮人　県内の実態冊子に　八十余人が犠牲　先生や中学生聞き書き　船橋が中心」（『朝日新聞千葉版』）

6・24　「関東大震災と朝鮮人　犠牲者の実態を記録　船橋市を中心に　中学生も聞き書き」（『朝日新聞』）

7・10　歴教協「高等学校学習指導要領案・社会科に関する要望書」を提出

7・31　「全容究明の必要を痛感　千葉県での関東大震災朝鮮人調査　高橋益雄」（『朝鮮時報』）

年	地域の動きと実行委員会に関わる出来事	新聞報道、震災関連研究・運動、歴教協大会など
1978	鈴木、西、渡辺、中島、他に七七・一二・一三、七八・八・九にも聞き取りをおこなう） **7・21** 瓜生武氏聞き取り（鈴木） **7・22** 三山サークル「旧習志野騎兵連隊体験者からの聞き取りの報告」（第二回実行委員会）。以後、同サークルの川崎・西沢氏が実行委員会のメンバーに **8** 大竹米子・平形千恵子「関東大震災における千葉県での朝鮮人虐殺——民衆はなぜ虐殺にかりたてられたか」（歴史教育者協議会第三〇回大会第一分科会地域の掘り起こし、での報告、『歴史地理教育』二八六、同年一二月に掲載） **8・1** 大竹米子「「関東大震災と朝鮮人犠牲者追悼・調査実行委員会」結成の意義」（千葉県歴史教育者協議会『なかま』一一八） **8・5** 高橋豊作氏聞き取り（鈴木） **8・10** 『いしぶみ』（第三号、震災琵琶歌「嗚呼焦土」、習志野騎兵連隊の体験の証言など、所収） **8・22** 海老原武夫氏聞き取り 当時一七歳（竹内久美子） **8・23** 申鴻湜氏聞き取り（姜徳相、大竹、平形「収容所からつれだされて」） **8・27** 曺仁承氏への聞き取り（聞き手は柳震太、大竹、平形） **9** 平形千恵子「「千葉県における関東大震災と朝鮮人犠牲者追悼・調査実行委員会」の設立をめぐって」（歴史教育者協議会『歴史教育月報』） **9・1** 船橋市営馬込霊園の慰霊祭に出席、高橋益雄氏が追悼の言葉を述べる **9・1** 関東大震災五五周年記念朝鮮人犠牲者追悼講演会、記念講演	**8・1〜4** 歴教協第三〇回大会 京都市 テーマ「地域に根ざし、日本の社会教育の創造と文化の継承・発展をめざして」

	高橋碩一「関東大震災と朝鮮人虐殺の真相」、筑前琵琶演奏 石崎旭匠「筑前琵琶歌 嗚呼焦土」、平形千恵子「調査中間報告」、ロビーで資料・写真など展示 **9・30**『いしぶみ』（第四号、追悼講演会報告、調査中間報告、流山・鎌ヶ谷の証言など、所収） **10・15** 早川氏きき取り（長友） **11** 三山読書サークル『習志野騎兵連隊の思い出 語り手 会沢泰氏』 **11・6** 飯泉氏聞き取り（「我孫子の八坂神社の境内で」、長友） **11・8** 長友脩「関東大震災と千葉県における朝鮮人虐殺をどう教えたか――生徒の発表授業をとおして」（一九七八年度千高教組教研集会社会科日本史分科会での報告） **11・14** 加瀬旭氏聞き取り（長友） **11・21** A氏聞き取り（長友） **12・3** 習八歴教協「フィールドワーク 朝鮮人犠牲者と軍都習志野」	
79	**1** 日教組第二八次日高教第二五次教研集会（茨城）報告 長友脩「関東大震災と千葉県における朝鮮人虐殺をどう教えたか――生徒の発表授業をとおして」 **1** 村崎勇「鎌ヶ谷歴史シリーズ 大正時代 関東大震災一 鎌ヶ谷中学校わきの震災記念碑」（『広報 かまがや』二八六） **1・20**『いしぶみ』（第五号、申鴻湜証言など所収） **1・25** Cさん夫妻への聞き取り（三山歴史サークル・読書サークル） **2・11** 三山歴史サークル・三山読書サークル「軍都習志野の聞きとり」、「関東大震災と千葉県における朝鮮人虐殺」など報告（第一二回千葉県歴史教育研究集会、第五分科会「地域のほりおこしで何をどうほりおこすか」）、同集会で『フィールドワーク 朝鮮人虐殺と軍都習志野』	**2・11〜12** 千葉県歴教協第一三回研究集会（成田）

1979年

地域の動きと実行委員会に関わる出来事

6 大竹米子「朝鮮人虐殺事件の掘り起こしと文化祭の取り組み」（『歴史地理教育』二九二）

7・23 R氏聞き取り（大竹・平形）

8 吉川清「実行委員会の活動について」（歴史教育者協議会第三一回大会）

8 長友脩「関東大震災と千葉県における朝鮮人虐殺をどう教えたか――生徒の発表授業をとおして」（歴史教育者協議会第三一回大会第一分科会）

8 西沢文子「ここはソビエートだ!」」、水野喜代子「関東大震災と朝鮮人虐殺」（はざま歴史サークル『お茶と歴史とおしゃべりと――歴史サークル六年のあゆみ』）

8・11『いしぶみ』（第六号、フィールドワーク「朝鮮人虐殺と軍都習志野」など所収）

8・23 高津で大施餓鬼供養（高津観音寺関光禪師「大施餓鬼為関東大震災朝鮮人殉死者諸精霊位」）

9 千葉県における関東大震災と朝鮮人犠牲者追悼調査実行委員会『関東大震災と朝鮮人――習志野騎兵連隊とその周辺（資料集第二集）』発行。

9 福田・田中村事件の日本人殺害遺族が上京、現地供養（大竹・鈴木・平形）、その後斉藤きよ氏の証言を得る（吉川・平形）

9・1 船橋市営馬込霊園の追悼式に参加、高橋益雄氏が追悼の言葉

9・1 関東大震災朝鮮人犠牲者追悼・講演と証言の夕べ、記念講演今井清一「関東大震災と王希天について」、証言 申鴻湜「関東大震災と習志野収容所の体験」

9・1 パンフレット『関東大震災と千葉県における朝鮮人虐殺――関

新聞報道、震災関連研究・運動、歴教協大会など

8・1〜4 歴教協第三一回大会 東京 テーマ「国民のねがいにこたえる歴史教育――地域に根ざし、すべての子どもがわかる授業」

8・31「関東大震災における軍隊の虐殺事件告発」（『ふなばし平和しんぶん』）

9・1 NHKでの調査活動の放映

9・1「震災時の朝鮮人虐殺／軍が農家に〝下請け〟させた／くれてやる来い!／習志野で調査 タブー越え証言次々」（『朝日新聞』一面）

9・6「千葉にみる 関東大震災時の朝鮮人虐殺 長友脩 町民に分け強制的に殺させる かたくなに口閉ざす証人」（『朝鮮時報』）

9・8「ひととき 暗い震災史の陰に市民の輪」（『朝日新聞』）

秋 三浦茂一「人権から見た歴史上の人物 篠田金助と徳田

東大震災の体験を若い世代に伝えるために』（千葉県における関東大震災と朝鮮人犠牲者追悼調査実行委員会）作成
9・15「関東大震災長泉寺犠牲者追悼講演会」（『千葉県歴教協ニュース なかま』）
11 吉川清「関東大震災時の朝鮮人虐殺の真相を掘りおこす」（『住民と自治』七九年一一月号）
11 今村隆文「隠された歴史を語る関東大震災慰霊碑」（千葉県歴史散歩編集委員会編『千葉県歴史散歩五〇コース』草土文化）
11・1『いしぶみ』（第七号、関光禅「あやまちを繰り返さないために」、資料集第二集の反響など、所収）

安蔵」（全国人権擁護委員連合会機関紙の『人権通信』に掲載、実行委員会にコピーを送付）

80

― 高根町F氏聞き取り
1 長友脩報告（日教組滋賀教研集会）
2 長友脩「関東大震災における朝鮮人虐殺」（『歴史地理教育』三〇二）
3 西沢文子「M小学校PTAのはなし」
7・17 浅海儀一氏聞き取り（石井・近藤昌子）
8・3 西沢文子「関東大震災と朝鮮人虐殺の真相を探る――地域で歴史の勉強会を続けて」（歴史教育者協議会第三二回大会第一八分科会、父母・市民の歴史学習）
8・3 平形千惠子・大竹米子「関東大震災の朝鮮人虐殺事件を通して――地域のほりおこしから日本近現代を考える」（歴史教育者協議会第三二回大会三 日本近現代史分科会レポート）
8・10『いしぶみ』（第八号、三浦茂一「人権から見た歴史上の人物 篠田金助と徳田安蔵」など、所収）
9・3 関東大震災五七周年 朝鮮人犠牲者追悼・講演と証言の夕べ、記念講演 金原左門「関東大震災の背後にひそむもの――三・一独立運動から関東大震災の朝鮮人虐殺事件へ」、証言 渡邊良雄「関東

2・10～11 千葉県歴教協第一四回研究集会（浦安）
8 姜徳相「関東大震災――もう一つの虐殺――習志野騎兵連隊における朝鮮人虐殺」『季刊 三千里』第二三号
8・2～5 歴教協第三二回大会 川崎 テーマ「地域に根ざし国民のねがいにこたえる歴史教育の創造」

年	地域の動きと実行委員会に関わる出来事	新聞報道、震災関連研究・運動、歴教協大会など
1980	大震災の追憶」 **10·28**『いしぶみ』（第九号、山口豊専「見た朝鮮人の虐殺を」など、所収） **11·9** 吉川清「千葉県における関東大震災時の朝鮮人虐殺の真相・ほりおこしの経験」（第一〇回地域・自治体問題全国研究大会報告） **12** 西沢文子「学ぶことは主婦の仕事である——地域で歴史の勉強会をつづけて」（『歴史地理教育』三一五）	
81	**1** 平形千恵子「実践記録・高校 女子高校生のすがたと歴史学習」（『歴史地理教育』三一六） **2·21** 高橋定五郎氏聞き取り（高橋・平形） **8**『社会教育研究全国集会』第二分科会（差別・人権問題と社会教育）での報告（吉川清?） **9·1**『いしぶみ』（第一〇号、高橋定五郎証言「無線の所長が殺してもいいと」など所収） **9·2** 関東大震災五八周年 朝鮮人犠牲者追悼、講演と調査報告の夕べ、記念講演 松尾章一「関東大震災における朝鮮人虐殺の歴史的背景」、調査報告 長友脩「かくされていた歴史」	**2·7~8** 千葉県歴教協第一五回研究集会（笹川） **8·1~4** 歴教協第三三回大会 釧路市 テーマ「国民のねがいにこたえる平和と愛国の歴史教育」
82	**4** 吉川清「わが青春の歩み——図書館と共に生きる」（千葉大学教育学部社会教育研究室『資料・房総の社会教育実践史［Ⅱ］』） **7** 三山歴史サークルがスライドの制作を開始 **8·10**『いしぶみ』（第一一号）「「俺は中沢の者だ!!」私の震災体験記 浅海儀一氏」	**4·8** 緊急声明「教科書裁判最高裁判決について」 **8** 田原洋『関東大震災と王希天事件——もうひとつの虐殺秘史』（三一書房） **8·1~4** 第三四回大会 新潟市 テーマ「国民のねがいにこたえる平和と愛国の歴史教育」、「最近の教科書検定問題に対する要望書」採択 **8·29**「「虐殺」の歴史を知ろう 船橋の主婦ら 関東大震災

9・2 講演とスライドの夕べ、記念講演 山田昭次「一九二〇年代の日本の思想状況と関東大震災、朝鮮人虐殺」、調査報告 絹田幸恵「今も遺骨は河川敷に――荒川河川敷に眠る数百体」スライド上映 三山歴史サークル「埋もれかけた記憶を――関東大震災と朝鮮人虐殺」

9・23 高津観音寺で高津区民一同の名で供養をおこない、大施餓鬼供養の角塔婆を建てる（関光禪師）。実行委員会から長友、平形、大竹が参加

時をスライドに」（『朝日新聞』）

8・29「関東大震災の際、多数の朝鮮人殺害 船橋で二日に追悼講演の夕」（『東京新聞』）他に『朝日新聞』でも紹介

8・31「語りつぐ関東大震災 朝鮮人虐殺一 救助 二人の引き渡し拒む 混乱の中冷静だった農民」（『朝日新聞』）

9・1「語りつぐ関東大震災 朝鮮人虐殺二 証言 三〇分足らずで五〇人も 撲殺……「万歳」叫ぶ自警団」（『朝日新聞』）

9・2「語りつぐ関東大震災 朝鮮人虐殺三 無線送信所 内務省が「暴動」を打電 流言を全国に広める役割」（『朝日新聞』）

9・2「申鴻湜 右傾化のなかの関東大震災五九年（上）虐殺あおったデマ 軍が市民に銃器貸す」（『朝鮮時報』）

9・2「あのような悲劇を二度と繰り返すな 船橋 朝鮮人犠牲者に慰霊祭」（『朝日新聞』）

9・3「語りつぐ関東大震災 朝鮮人虐殺四 鎮魂 祈り込め琵琶を演奏 当時をしのんで毎年参加」（『朝日新聞』）

9・4「語りつぐ関東大震災 朝鮮人虐殺五 教育 過去の悲劇知り衝撃 部活動で権力の概念学ぶ」（『朝日新聞』）

9・6「申鴻湜 右傾化のなかの関東大震災五九年（下）恥の行為に手を貸さないために 肝要なのは史実見つめること」（『朝鮮時報』）

9・6「真実を子どもらに 千葉・三山女性サークル 虐殺の事実スライド化」（『朝鮮時報』）

9・12「船橋で関東大震災朝鮮人犠牲者追悼の夕べ」（『ちば民報』）

年	地域の動きと実行委員会に関わる出来事	新聞報道、震災関連研究・運動、歴教協大会など
1982		11 「地震と虐殺」誌編集委員会編『地震と虐殺――一九八二年九月第一次試掘報告』関東大震災時に虐殺された朝鮮人の遺骨を発掘し慰霊する会
83	— 関東大震災六〇周年 1・29 川崎英美「関東大震災と朝鮮人虐殺のスライド作り」（第一六回千葉県歴史教育研究集会・地域の掘り起こし分科会・報告） 2・1 『いしぶみ』（第一二号、「資料 船橋小学校学校日誌」など、所収） 3 住宅開発による墓地移転で、萱田もみよ墓地の三体の遺骨を発掘、長福寺に「震災異国人犠牲者至心供養塔」建立して埋葬 4 大竹米子「朝鮮人虐殺事件の掘りおこしから」（『中学校教育実践選書三四 クラブ活動のすすめ方』あゆみ出版） 8 西沢文子「『埋もれかけた記憶を――関東大震災と朝鮮人虐殺』のスライド制作を担当して」（千葉県歴史教育者協議会『子どもがたのしくわかる社会科』一四） 歴教協第三五回大会で、香川歴教協の石井雍大に、野田の田中・福田村事件の日本人被害者についての調査を依頼 8・20 『いしぶみ』（第一三号、高橋益雄「『いわれなく殺された人びと』発刊に当って」、鄭正模「八道さんにかわって伝えたい」など、所収） 8・30 千葉県における追悼・調査実行委員会編『いわれなく殺された人びと』（青木書店）出版記念会 9 平形千恵子「お母さんたちのスライドづくりと高校生の感想――関東大震災と朝鮮人虐殺」（『歴史地理教育』三五六） 平形千恵子・大竹米子「地域の掘りおこしと民衆の歴史意識――関	8・1〜4 歴教協第三五回大会 熊本 テーマ「地域に根差し、いのちを尊び、平和をつくる歴史教育――いま、戦争と平和をどう学び、どう教えるか」、「中教審答申にもとづく教科書法案の作成についての意見書」採択 8・22 「関東大震災時の朝鮮人虐殺 市民団体が調査し出版」（『朝日新聞』夕刊） 「小松七郎 関東大震災 朝鮮人狩りを目撃して 繰り返すまい 公然の虐殺」（『朝鮮時報』） 船橋市役所職員組合機関紙で『いわれなく殺された人びと』紹介記事 8・23 「関東大震災の朝鮮人虐殺 貴重な証言・記録を出版 「千葉県における追悼・調査実行委員会」編 「いわれなく殺された人びと――関東大震災と朝鮮人」」（『赤旗』） 8・26 「『朝日』執拗な反民族報道 関東大震災時の朝鮮人虐殺 無理やり〝事実〟づくり 意図的な政治的思惑〝朝鮮〟を利用し画策」（『やまと新聞』） 8・28 「関東大震災 朝鮮人虐殺を本に いわれなく殺された人びと三〇日、船橋で出版記念会」（『千葉日報』） 8・29 「千葉で遺骨発掘 関東大震災時の朝鮮人犠牲者」（『朝鮮時報』） 8・30 「二度と繰り返さぬために「朝鮮人虐殺事件」の記録 市民グループ五年がかり」（『読売新聞』）

東大震災と朝鮮人虐殺」（『歴史地理教育』三五六）
9・1『いわれなく殺された人びと——関東大震災と朝鮮人』（青木書店）出版
船橋市営馬込霊園の関東大震災六〇周年の追悼式に参加、西沢文子「追悼の言葉」
9・10 高津「なぎの原」で観音寺・高津区住民と実行委員会が合同で、第一回「関東大震災朝鮮人犠牲者追悼慰霊祭」（以下、合同慰霊祭と略）を開催、観音寺本堂で懇談会、映画「隠された爪跡」上映、長友脩「旧大和田町（現八千代市）における虐殺数について」報告
9〜10 各地で『いわれなく殺された人びと』について報告（香取歴教協、市川学園社会科、千葉大歴史科学と教育サークルの合同の集まり、鎌ヶ谷の自然と文化財を守る会、高教組千葉県北支部の教研など）
秋 高校の文化祭にスライド「埋もれかけた記憶を」を貸し出し
12 歴教協関東ブロック研究集会「戦争と民衆」分科会で報告

8・31「関東大震災直後、軍から八千代の四地区へ 朝鮮人を〝払い下げ〟虐殺 目撃者の証言発掘 千葉県における追悼・調査実行委調査結果を刊行」（『毎日新聞』）
「関東大震災朝鮮人虐殺 住民、六〇年ぶり罪滅ぼし三遺体の慰霊碑 三月発掘 共同墓地に埋葬 八千代」（『朝日新聞』）
9 小宮哲雄『流山於ける朝鮮人虐殺の記録——関東大震災六〇周年によせて』
現代史の会編『ドキュメント関東大震災』（草風館）
九・一関東大震災朝鮮人虐殺事件を考える会編『抗はぬ朝鮮人に打ち落とす鳶口の血に夕陽照りにき——九・一関東大震災朝鮮人虐殺事件六〇周年に際して』
歴史教育者協議会『歴史地理教育』（三五六）で関東大震災特集
9・1「長友脩 掘りおこされていた遺骨 千葉県八千代市萱田の共同墓地改葬に思う」（『朝鮮時報』）
9・2「同胞虐殺の真相を本に 千葉の市民団体」（『東洋経済日報』）
9・9「千葉で出版記念会」（『朝鮮時報』）
9・11「いま問われる関東大震災の朝鮮人虐殺 郷土史家らの事実調査が一冊の本に」（『週刊読売』）
9・15「対談 関東大震災から何を学ぶか（上・下）出席者 申鴻湜 高橋益雄」（『朝鮮時報』）
9・15「千葉県下、日本市民たちの努力が結実 韓国人虐殺の真相を追求 出版された記録・証言集「いわれなく殺された人びと」」（『祖国統一新報』）

年	地域の動きと実行委員会に関わる出来事	新聞報道、震災関連研究・運動、歴教協大会など
1983		**9・18**「卒塔婆に鎮魂の合掌 震災時虐殺朝鮮人の慰霊祭行う 八千代市高津」（『朝日新聞』） **11**『季刊 三千里』（第三六号）で関東大震災特集
84	**1・19**『いしぶみ』（第一四号、『いわれなく殺された人びと』出版の特集など、所収） **5** 平形千恵子「『いわれなく殺された人びと』の出版をめぐって」（「歴史科学と教育」研究会『歴史科学と教育』三） **7** 平形千恵子「『いわれなく殺された人びと』と高校生」（千葉県教育文化研究センター『ちば教育と文化』一） **8** 大竹米子「関東大震災と朝鮮人」（歴教協第三六回大会・地域のほりおこし分科会・報告） **8・4** 曺仁承が亡くなる（曺は震災時、荒川河川敷および東京の寺島警察署の朝鮮人虐殺を目撃し、自身も命の危険にさらされたことを証言した） **8・23**『いしぶみ』（第一五号、『いわれなく殺された人びと』への批評・感想、鎌ヶ谷の震災記念碑碑文など、所収） **9・9** 高津なぎの原第二回合同慰霊祭（慰霊祭終了後観音寺本堂で参加者の懇談会） **11・3** 習志野八千代歴史教育者協議会・フィールドワーク「軍都 習志野を歩く」	**1・19** 第三次教科書裁判提訴 **2** 千葉県歴教協第一七回研究集会 **4** 中里裕司「新刊紹介『いわれなく殺された人びと』」千葉歴史学会編『千葉史学』（第四号） **8・1〜4** 歴教協第三六回大会 秩父 テーマ「地域に根ざし、いのちを尊び平和をつくる歴史教育――平和・軍縮の教育をどうすすめるか」、「地域の掘りおこし」分科会で、埼玉・香川・宮城・千葉から「関東大震災と朝鮮人虐殺」についてレポートが出て討論 **10・11** 遠藤三郎が亡くなる（遠藤は震災時野戦重砲兵第一連隊第三中隊長で、遠藤の当時の日記には王希天事件等、震災時の軍隊の虐殺について記されている）
85	**2** 千葉県我孫子市在住の秋谷半七のもとに実行委員会が聞き取り調査（八坂神社境内で三人の朝鮮人が虐殺されたことについての話） **3** 平形千恵子「穴を掘り首を切る――関東大震災と朝鮮人虐殺」（千葉県高等学校教育研究会歴史部会編『資料が語る千葉県の歴史六〇話』）	

3 大竹米子、平形千恵子「地域の掘り起こしと民衆の歴史意識」（『歴史地理教育』臨時増刊号三八〇）

3・7 韓国国際児童青少年演劇協会理事長の金義卿、民族劇研究所所長の沈雨晟が、劇団「風の子」神田成子の案内で高津観音寺となぎの原に来訪、五月に韓国から観音寺住職に慰霊の鐘の寄贈申し出

4・20 久保野茂次が亡くなる（久保野は震災時、第一師団野戦重砲兵（市川・国府台）第一連隊第六中隊に所属していた一等兵、虐殺事件、とくに王希天事件のことについて記した日記を公表した）

5 曺仁承の遺骨が平安南道の南浦近くに作られた墓に納められた

8・10『いしぶみ』（第一六号、鐘と鐘楼の寄進、久保野茂次逝去によせてなど、所収）

8・22 慰霊の鐘、鐘楼を釜山より送る（二二日横浜港に到着、二八日夕方観音寺到着、二九日荷ほどき、三〇～三一日組立）

9・1 高津・なぎの原で第三回合同慰霊祭および韓国から送られた普化鐘楼の落慶式

7・18「〝アボジ〟の遺骨、祖国に帰る 映画「隠された爪跡」の故曺仁承氏」（『朝鮮時報』）

8・2～5 歴教協第三七回大会 和歌山白浜 テーマ「地域に根ざし、いのちを尊び平和をつくる歴史教育」

9・15「『いわれなく殺された人びと』六二年前に千葉県でも朝鮮人虐殺事件」（『ちば民報』）

10・1『広報やちよ』に韓国から送られた鐘楼の記事

「韓国式の梵鐘と鐘楼」（『工芸学会通信』第四一号）

86

2 東京歴教協日本史教材部会で「いわれなく殺された人びと」についての報告

6 千葉高教組婦人部朝問研で報告

8 平形千恵子「軍隊の虐殺、民衆の虐殺――ファッシズムへの転換点として」（歴教協第三八回大会・近現代分科会・報告）

8・18『いしぶみ』（第一七号、慰霊祭の日程、福田村事件の調査報告など、所収）

9・7 高津・なぎの原で第四回合同慰霊祭（大和田新田無縁仏之墓、萱田下の長福寺の至心供養塔の前でも慰霊）

10・6～9 観音寺関光禅住職韓国佛跡参拝団に参加（「日本千葉県八千代市観音寺住職関光禅大和尚歓迎」の横断幕を掲げ歓迎）

4 宮武剛『将軍の遺言 遠藤三郎日記』（毎日新聞社）

8・1～4 歴教協第三八回大会 花巻 テーマ「地域に根ざし、世界の平和をきずく、歴史意識の形成――東北民衆の歴史と文化の創造に学ぶ」

10・14 福田村事件に関する藤沢喜之助の手記が『朝日新聞』により公開

年	地域の動きと実行委員会に関わる出来事	新聞報道、震災関連研究・運動、歴教協大会など
1987	**7** 高津・なぎの原における朝鮮人犠牲者の遺骨発掘と慰霊碑建立の計画をすすめるため、地元区長、高津観音寺住職、実行委員会ら「関東大震災朝鮮人犠牲者高津遺骨収集・慰霊碑建立実行委員会」（以下、遺骨収集・慰霊碑建立実行委員会と略）を結成（七月一二日実行委員会は第一回遺骨収集・慰霊碑建立実行委員会の議題を準備） **7・24** 第一回遺骨収集・慰霊碑建立実行委員会（高津区区長、観音寺住職、地元町会・東洋会会長、実行委員会が参加、会の名称、代表者に高橋益雄、遺骨の発掘は区の役員会の了承を得ておこなうこと、実務的な仕事は実行委員会がおこなう等々決定） **8・27** 福田村事件の調査追悼に、石井雍大（香川県歴教協）が千葉県野田市三ツ堀の円福寺に来訪 実行委員会も同行 **9・1** 『いしぶみ』（第一八号、遺骨発掘・慰霊碑建立について、佐原小学校訓導の日記など、所収） **9・6** 高津・なぎの原で第五回合同慰霊祭、同日第二回遺骨収集・慰霊碑建立実行委員会（役割分担、碑石の見積、講演と映画の企画、事件の本質を知ってもらうための企画を高津区民の要望に応じて行うこと、趣意書の草稿、慰霊碑建立募金口座の開設予定等の話合） **9・28** 第三回遺骨収集・慰霊碑建立実行委員会（九月二一日の高津区役員会について、碑を建てることに異議はないが、遺骨発掘の方法で一致せず、結論は出ず、当分の間見送りになったと観音寺住職から報告、それにより趣意書の配布なども見合わせ） **10・22** 第四回遺骨収集・慰霊碑建立実行委員会（一一月中旬か一二月上旬に高津区役員会と実行委員会との交流を申し入れるが後実現せず）	**7** 関東大震災六十周年朝鮮人犠牲者調査追悼事業実行委員会編・発『かくされていた歴史――関東大震災と埼玉の朝鮮人虐殺事件――増補保存版』 **7・31〜8・3** 歴教協第三九回大会 岡山 テーマ「地域に根ざし、世界の平和をきずく、歴史意識の形成――社会科教育四〇年と今日の課題」
88	**3・6** 高橋益雄（実行委員会初代代表）逝去（三月九日に江戸川台東	

年		
	自治会館で告別式、吉川が弔辞、後日新代表として吉川を選出） 3・23 福田村事件の犠牲者の遺族と犠牲者出身の町職員が事件の供養と調査のために千葉県野田市に来訪（実行委員会から大竹、平形が三月二六日に合流、帰途船橋の馬込霊園の慰霊碑に案内） 4・14『いしぶみ』（第一九号、「高橋益雄先生追悼号」、弔辞や追悼文など、所収） 8・25『いしぶみ』（第二〇号、関東大震災六五周年の慰霊祭案内、我孫子の虐殺の証言など、所収） 9・11 高津・なぎの原で第六回合同慰霊祭、同日第五回遺骨収集・慰霊碑建立実行委員会（前年第一回の打ち合わせのなか、発掘方法について委員会側が「科学的に掘る」ことを提起したことに地元側が反発して、この第五回以後会議が開かれず自然消滅）	8・1〜4 歴教協第四〇回大会 日比谷 テーマ「地域に根ざし、世界の平和をきずく、歴史意識の形成——四〇回の大会の蓄積から成果と課題を学ぶ」 9・1「関東大震災朝鮮人虐殺から六五周年」（『朝鮮時報』社説）
89	3・6『高橋益雄先生追悼記念文集』出版（出版発起人代表は前田昭雄、事務局は実行委員会） 4・2 平形千恵子「関東大震災と軍隊」（船橋歴史教育者協議会・報告） 4・8 千葉県船橋市内で高橋益雄を「しのぶ会」 7 平形千恵子「関東大震災は天皇制国家にどう利用されたか」（歴史教育者協議会編『日本歴史と天皇』大月書店） 9・9 高津・なぎの原で第七回合同慰霊祭（慰霊祭後遺骨発掘・慰霊碑建立の話し合いを実行委員会の要請に応えて高津区役員会との間で高津公民館でおこなわれたが合意を得られず）	5・9「朝鮮人差別と闘ったマスさん 船橋市立坪井中の故元教頭高橋益雄さん」（『朝日新聞』） 8・1〜3 歴教協第四一回大会 大阪 テーマ「地域に根ざし、平和と民主主義をきずく社会科」 9・9「関東大震災で犠牲の朝鮮人 八千代で追悼のつどい」（『赤旗』） 10〜『関東大震災朝鮮人虐殺問題関係史料』第Ⅰ〜Ⅴ巻（緑蔭書房）
90	9・8 高津・なぎの原で第八回合同慰霊祭 12 西沢文子「学ぶことは主婦の仕事である——地域で歴史の勉強会をつづけて」（歴史教育者協議会『歴史地理教育』三一五）	8・1〜3 歴教協第四二回大会 岐阜 テーマ「地域に根ざし、平和と民主主義をきずく社会科」 9・9「関東大震災時の弾圧・虐殺 朝鮮人犠牲者を追悼 千葉・八千代」（『赤旗』）

年	地域の動きと実行委員会に関わる出来事	新聞報道、震災関連研究・運動、歴教協大会など
1991	**9・8** 高津・なぎの原で第九回合同慰霊祭 **9・1** 長友脩「関東大震災と八千代」（『広報やちよ』ふるさと歴史シリーズ第五回） **この年** 普化鐘楼が「八千代ふるさと五〇景」に指定	**8・2〜4** 歴教協第四三回大会 鹿児島 テーマ「地域に根ざし、平和と民主主義をきずく社会科」 **9** 仁木ふみ子『関東大震災と中国人大虐殺』（岩波ブックレット）
92	**5・25** 平形千恵子「軍隊は殺させるために村に配った」（千葉県歴史教育者協議会編『千葉県の民衆の歴史五〇話』） **6** 君塚国治逝去（萱田下での下げ渡しの虐殺について証言した） **9・5** 高津・なぎの原で第一〇回合同慰霊祭 八千代市仏教会の観音寺、正覚院、長福寺の住職が導師、実行委員会代表の吉川清による弔辞、他・朝鮮総連代表、七〇周年記念行事実行委員長の松尾章一、大韓民国民団江戸川支部役員の金善玉による挨拶等 **10・17〜** 関東大震災七〇周年記念集会の事前学習会（七〇周年記念行事実行委員会主催、全九回）に実行委員会参加	**7** 関東大震災時に虐殺された朝鮮人の遺骨を発掘し追悼する会編『風よ 鳳仙花の歌をはこべ――関東大震災・朝鮮人虐殺から七〇年』（教育資料出版会） **8・2〜4** 歴教協第四四回大会 会津若松 テーマ「地域に根ざし、平和と民主主義をきずく歴史教育」 **9・1** 『広報やちよ』に関東大震災と八千代についての記事、観音寺の慰霊祭も紹介
93	― **関東大震災七〇周年** **1・15** 『いしぶみ』（第二一号、再刊一号、再刊のあいさつ、七〇周年記念行事実行委員会主催学習会のお知らせ、所収） **1・23** 平形千恵子「千葉での掘りおこしが提起するもの――軍隊の役割を中心に」（七〇周年記念行事実行委員会主催第四回事前学習会報告、会場・都立両国高校） **2・11** 西沢文子「私をきたえた歴史の勉強――朝鮮人虐殺聞きとり」（千葉市歴史教育者協議会「平和と教育を考える集会」報告） **6〜7** 高津・なぎの原の遺骨発掘で、熊崎守司市議の仲介で、仲村和平市長より「地元の体制が整えば協力する」旨の約束をとりつける **6・18** 大竹米子、西沢文子が八木ヶ谷妙子の案内で萱田上の虐殺現場	**2・11** 千葉市歴史教育者協議会「平和と教育を考える集会」 **7・18** 「王希天に息子がいた」（『毎日新聞』夕刊）

跡を歩く
7・30『いしぶみ』（第二二号、再刊二号、関東大震災七〇周年行事案内、八木ヶ谷の証言など、収録）
8 平形千恵子「地域からみた関東大震災と軍隊」（歴史教育者協議会『歴史地理教育』五〇六）
大竹米子「関東大震災七〇周年記念行事のとりくみからのレポート」（千葉県歴史教育者協議会誌『子どもがたのしくわかる社会科』第二四号）
8・19 八千代市長公室で仲村和平市長と高津区役員に対して実行委員会の遺骨発掘計画を説明、区側は納得し、正式決定のために役員会の了承を得る必要があるとのことで後日回答する旨を伝えるが、了承を得られずその後一年余無回答
8・29 八木ヶ谷妙子「関東大震災の直後朝鮮人虐殺を目撃した小学校四年生」（関東大震災七〇周年記念集会第一分科会犠牲者追悼・体験・証言・報告）
大竹米子「第一分科会をふりかえって　歴史の真実を今に」（同前）
9・5 高津・なぎの原で第一一回合同慰霊祭（高津観音寺本堂で懇談会「七〇年を振り返る」、フィールドワークで大和田新田の無縁仏之墓、長福寺の至心供養塔をまわる）
この年 関光禅（観音寺住職）「怨親平等＝観音寺鐘楼建立をめぐって」（八千代市立勝田台公民館講座・講演）

8『歴史地理教育』（五〇六）で関東大震災特集
仁木ふみ子『震災下の中国人虐殺――中国人労働者と王希天はなぜ殺されたか』（青木書店）
8・1～3 歴教協第四五回大会　京都　テーマ「地域に根ざし、平和と民主主義をきずく歴史教育」
8・28～30 関東大震災七〇周年記念集会（主催・関東大震災七〇周年記念行事実行委員会、会場・江東区総合区民センター）
9『歴史評論』（第五二一号）で関東大震災特集
9・11 渋谷山手教会にて、「王希天と中国人労働者を悼む会」（仁木ふみ子事務局長）

94

1・25 大竹米子「千葉県八千代地域の追悼・慰霊祭」他（『この歴史永遠に忘れず』）
8 西沢文子「生きた歴史学習――関東大震災と朝鮮人虐殺の調査活動に参加して」（歴教協第四六回大会・父母市民の歴史学習分科会・報告）

1・25 関東大震災七〇周年記念行事実行委員会『この歴史永遠に忘れず』（日本経済評論社）
8・2～5 歴教協第四六回大会　千葉　テーマ「歴史に学び、平和な未来をともに考えよう」

年	地域の動きと実行委員会に関わる出来事	新聞報道、震災関連研究・運動、歴教協大会など
1994	平形千恵子「関東大震災と朝鮮人虐殺——千葉県におけるとりくみ七〇周年実行委員会に参加して」（歴教協第四六回大会・地域のほりおこし分科会・報告） **8・5** 歴教協第四六回大会・現地見学「関東大震災の朝鮮人虐殺と軍隊の役割を考える」（船橋無線塔、馬込霊園、自衛隊習志野駐屯地・演習地、習志野霊園の日露独三軍の碑、騎兵学校校厩軍属の墓、長福寺、中台墓地、観音寺、習志野学校跡、鉄道連隊跡など）を案内 **8・22**『いしぶみ』（第二三号、再刊三号、慰霊祭の案内、フィールドワークの感想など、所収） **9・3** 高津・なぎの原で第一二回合同慰霊祭（この年からなぎの原での慰霊祭後のフィールドワークに大和田新田、萱田・長福寺のほかに中台墓地が追加） **9** 中国の長春で行なわれた王希天研究会設立総会に石井良一が参加	
95	**1・17** 阪神・淡路大震災 **2** 萱田上の中台墓地に八木ヶ谷妙子の証言を機に無縁供養塔が建立 **3** 国立歴史民俗博物館（千葉県佐倉市）の第五展示室「都市と大衆の時代」（大正時代）の関東大震災展示のなかで八木ヶ谷妙子の証言がビデオで常時放映開始 **8・16** 石井良一（実行委員会）逝去（石井は、震災時の軍隊の様子、王希天の虐殺が記されている久保野茂次の日記の公開に尽力） **9・9**『いしぶみ』（第二四号、関東大震災七二周年にあたって、無縁供養塔建立など、所収） 高津・なぎの原で第一三回合同慰霊祭（神戸韓国学園から追悼文が寄せられる、大沢一治八千代市長が参加）	**8・1～4** 歴教協第四七回大会 那覇 テーマ「戦後五〇年、沖縄で考える平和と民主主義——地域に根ざし、日本・世界を見すえて」 **9・1**「無縁供養塔を建立 関東大震災犠牲者を慰霊」（『広報やちよ』六六一） **10・11**「「なぎの原」の小さな慰霊祭」（ＫＢＳテレビ『世界は今』、プロデューサーは曺大鉉）

96	2・24 平形千恵子「韓国で紹介された「慰霊祭」」（第二九回千葉県歴史研究集会・報告） 9・7 『いしぶみ』（第二五号、慰霊祭の追悼の辞、KBSテレビの放送を翻訳したものなど、所収） 高津・なぎ野原で第一四回合同慰霊祭	7 藤田富士夫・大和田茂『評伝 平澤計七——亀戸事件で犠牲となった労働演劇・生協・労金の先駆者』（恒文社） 8・2〜4 歴教協第四八回大会 静岡 テーマ「地域に根ざし、平和と民主主義をきずく歴史教育・社会科教育」 9・9 「関東大震災の朝鮮人犠牲者 千葉・八千代 追悼慰霊祭開く」（『赤旗』南関東） 12〜翌3 松尾章一監修『関東大震災 政府陸海軍関係史料』全三巻（日本経済評論社、第一巻は平形千恵子・大竹米子編）
97	6・24 韓国ソウル放送SBSテレビの取材 8 実行委員会が大沢一治八千代市長を訪問（遺骨発掘と慰霊碑建立の協力要請、市長は地元の人の意向が固まればそれに沿って協力したいと述べるにとどまり、問題打開に触れず 9・6 『いしぶみ』（第二六号、韓国SBSテレビ放送内容、資料集紹介など、所収） 9・6 高津・なぎの原で第一五回合同慰霊祭 11・5 川崎英美（実行委員会・三山サークル）が亡くなる	1・20 「朝鮮人虐殺陸軍の関与示す資料・東京都公文書館で保管」（『毎日新聞』） 8・1〜3 歴教協第四九回大会 仙台 テーマ「憲法五〇年・地域に根ざし、国民主権を確立して、平和をきずく教育」 8・15 「関東大震災」（韓国ソウル放送SBSテレビ） 9・27 「関東大震災と朝鮮人虐殺」（『赤旗』朝の風）
98	3・7 区役員会と実行委員会との話し合いで江野沢隆之より慰霊祭までの遺骨発掘の合意を得る 6・1 多田博雄（長福寺住職）が亡くなる 9・1 船橋の馬込霊園慰霊祭で吉川実行委員会代表が弔辞を読む 9・5 高津・なぎの原で第一六回合同慰霊祭 9・24 高津・なぎの原にて遺骨発掘作業（午前八時の脱霊式後、作業開始一二時過ぎに遺骨を発掘、午後五時三〇分作業完了、洗浄後観音寺納骨堂へ仮安置） 10・1 関光禪（観音寺住職）と実行委員会で発掘した遺骨の焼骨につ	8・2〜4 歴教協第五〇回大会 東京 テーマ「地域に根ざし、国民の主権を確立して、平和をきずく社会科教育」 8 「神奈川のなかの朝鮮」編集委員会編『神奈川のなかの朝鮮』（明石書店） 9・2 「関東大震災直後、虐殺された朝鮮人 七五年前の無念しのび慰霊 船橋で一五〇人参列」（『朝日新聞』）

年	地域の動きと実行委員会に関わる出来事	新聞報道、震災関連研究・運動、歴教協大会など
1998	いて話し合い（警察署の検認を受けることを確認） **10・2** 関光禪（観音寺住職）と吉川清（実行委員会代表）が八千代警察署へなぎの原の遺骨発掘の説明に行く（監察医により遺骨が六体であると確認、同日午後火葬許可書交付を要請） **10・9～15** 八木ヶ谷妙子、中台墓地の墓土を朝鮮半島の大地に納めるために韓国（馬山）訪問 **10・12** なぎの原で発掘した遺骨を船橋斎場で火葬（実行委員会、高津区住民、在日本朝鮮人総聯合会、在日本大韓民国民団等の関係者が参加、火葬後の遺骨は骨壺へ入れ観音寺に安置） **12・24**『いしぶみ』（第二七号、七五周年の慰霊祭の様子、遺骨発掘、遺骨の火葬についてなど、所収）	
99	**春** 慰霊碑石材選定のために茨城県真壁に二度、採掘場・加工工程を見学（四・一六は高津区役員と実行委員会とで行く） **5・17～7・2** 実行委員会と高津区役員で慰霊碑の碑文をめぐって、くりかえし話し合い **7** 平形千恵子「関東大震災を利用したのは誰か」（歴史教育者協議会編『一〇〇問一〇〇答「日本の歴史五 近代」』） **8** 平形千恵子「地域の掘りおこしから近現代史をとらえる――関東大震災朝鮮人虐殺と毒ガスの陸軍習志野学校」（千葉県歴史教育者協議会編『子どもが主役になる社会科』第三〇号） **8・2** 吉川清「関東大震災朝鮮人犠牲者の発掘と慰霊碑建立」（歴教協第五一回大会・地域のほりおこし分科会・報告） 大竹米子「千葉県における関東大震災虐殺のほりおこし――これまでとこれから」（歴教協第五一回大会・平和と人権分科会・報告） **9・1** 船橋の馬込霊園慰霊祭で吉川清が弔辞を読む	**7・31～8・3** 歴教協第五一回大会 奈良 テーマ「地域に根ざし、平和と民主主義をきずく歴史教育・社会科教育」 **9・2**「虐殺の犠牲者を追悼 船橋で朝鮮総連支部・関東大震災から七六周年」（『朝日新聞』千葉版） **9・5**「もう一つの関東大震災」（『週刊朝日』） **9・7**「朝鮮人犠牲者の慰霊碑建立」（『朝日新聞』） **9・25**「歴史を見すえるには」（『船橋あさひ』）

	9・2 高津・観音寺で「関東大震災朝鮮人犠牲者慰霊の碑」建立工事 9・5 高津・観音寺で第一七回合同慰霊祭（「関東大震災朝鮮人犠牲者慰霊の碑」の除幕式、以後合同慰霊祭は観音寺の慰霊碑前でおこなわれるようになる） 11・5 『いしぶみ』（第二八号、慰霊碑建立と除幕式について、除幕式参加者の感想など、所収） 12・5 吉川清「追悼・調査運動の経験から今後の運動を考える」（茂原市で「日本コリア友好の会」設立総会・報告）	
2000	1 平形千恵子「関東大震災朝鮮人犠牲者の遺骨発掘と慰霊碑の建立」（歴史教育者協議会『歴史地理教育』六〇四） 2 大竹米子「関東大震災朝鮮人犠牲者の慰霊碑を建てて」（千葉県歴史教育者協議会第三三回大会・地域分科会・報告） 8 大竹米子「関東大震災朝鮮人犠牲者の慰霊碑を建てて」（千葉県歴史教育者協議会誌『子どもが主役になる社会科』三一号） 大竹米子「慰霊碑建立からみた住民の意識――関東大震災朝鮮人犠牲者発掘・建碑と民衆」（歴教協第五二回大会・日本近現代分科会・報告） 9・2 高津・観音寺で第一八回合同慰霊祭	4・2 「関東大震災朝鮮人犠牲者慰霊の碑建立」（『やちよ佛連』第二九号） 7・31～8・3 歴教協第五二回大会 長崎 テーマ「地域に根ざし、二一世紀を展望する歴史教育・社会科教育」 10 千葉県日本韓国・朝鮮関係史研究会『千葉のなかの朝鮮』（明石書店）
2001	9・8 高津・観音寺で第一九回合同慰霊祭 9・29 吉川清「慰霊碑建立の中で住民の意識はどう変化してきたか」（曹洞宗千葉県宗務所・平成一三年度現職研修会・報告）	3・1 千葉福田村事件真相調査会編・発『福田村事件の真相』 7・30～8・3 歴教協第五三回大会 横浜 テーマ「地域に根ざし、二一世紀を展望する歴史教育・社会科教育」 8 廣井脩『流言とデマの社会学』（文春新書） 9・1 「関東大震災から七八年・かくまってくれて感謝 孫同士で記念碑建立」（『毎日新聞』）

年	地域の動きと実行委員会に関わる出来事	新聞報道、震災関連研究・運動、歴教協大会など
2002	**9・1～** 関東大震災八〇周年記念集会の事前学習会（八〇周年記念行事実行委員会主催、全六回）に実行委員会参加 翌6・15 **9・14** 高津・観音寺で第二〇回合同慰霊祭	**1** 上山和雄編『帝都と軍隊――地域と民衆の視点から』（日本経済評論社） **3・3** 「福田村事件の真相」編集委員会編『福田村事件の真相 第二集』（千葉福田村事件真相調査会） **7・31～8・4** 歴教協第五四回大会 三重 テーマ「地域に根ざし、平和と民主主義の世界をきずく」 **9** 山岸秀『関東大震災と朝鮮人虐殺』（早稲田出版）
2003	― 関東大震災八〇周年 **7・25**『いしぶみ』（第二九号、関光禅「怨親平等」、仁木ふみ子「関東大震災と中国人犠牲者」など、所収） **8** 韓国の職人により高津・観音寺の普化鐘楼を塗り替え	**3** 「福田村事件の真相」編集委員会『福田村事件の真相 第三集』（千葉福田村事件真相調査会） **4** 成田龍一『近代都市空間の文化経験』（岩波書店） **6** 北原糸子・寺田匡宏編『歴史・災害・人間 上巻〈災害史・言論〉編』（歴史民俗博物館振興会） 西谷大・寺田匡宏編『歴史・災害・人間 下巻〈展示の文法〉編』（歴史民俗博物館振興会） **7** 小沢健志『写真で見る関東大震災』（ちくま文庫） **7・15～10・19** 関東大震災八〇周年企画「大震災と報道展」（日本新聞博物館） **7・26～9・7** 特別展「八〇年目の記憶」――関東大震災といま（神奈川県立歴史博物館） **8** 『季刊 Sai』（第四八号）で関東大震災特集 『情況』（第三期第四巻八号）で関東大震災特集 **7・30～8・3** 歴教協第五五回大会 高知 テーマ「地域に根ざし、平和と民主主義の世界をきずく教育」 **8・20～9・28**「関東大震災八〇年特別企画 ミニパネル展示〝描かれた朝鮮人虐殺〟（高麗博物館）

8・30　平形千恵子「関東大震災から八〇年」（『赤旗』）
8・31　平形千恵子「朝鮮人犠牲者の遺骨掘り起こしと慰霊碑の建立」（関東大震災八〇周年記念集会シンポジウム②・報告）
9・1　船橋の馬込霊園慰霊祭にて吉川清実行委員会代表が弔辞を読む

8・22「関東大震災時の朝鮮人虐殺　絵画資料集め展覧会　新宿の「高麗博物館」」（『朝日新聞』）
8・23「関東大震災の朝鮮人ら殺害　被害日本人だと実刑判決率高く　立教大学名誉教授」（『朝日新聞』）
8・25　日本弁護士連合会が小泉純一郎・内閣総理大臣に「関東大震災時における虐殺事件に関する人権救済」の勧告をおこなう
8・26「関東大震災朝鮮人虐殺「国の虚偽情報が誘発」日弁連、政府に謝罪勧告」（『朝日新聞』）
8・27　関東大震災朝鮮人虐殺八〇周年千葉県報告会（会場・千葉ツインタワービル　千葉商工会議所、講師・山田昭次）
8・30　朝鮮人ら虐殺巡り各地で集会を予定（『朝日新聞』）
8・30～31　関東大震災八〇周年記念集会（主催・関東大震災八〇周年記念行事実行委員会、会場・亀戸文化センター）
8・31「関東大震災直後の憲兵隊　朝鮮人収容所にスパイ潜入　社会主義者警戒の課を特設　内部資料を発見」（『朝日新聞』、同資料の原文は一〇月五日発売の『論座』一一月号に掲載）
「追悼、歴史の真実学ぶ　関東大震災八〇周年で集会　虐殺の国家責任問う」（『赤旗』）
9・1「朝鮮人殺害の事実報告　関東大震災八〇周年集会終わる」（『赤旗』）
姜徳相『関東大震災・虐殺の記憶』（青丘文化社）
松尾章一『関東大震災と戒厳令』（吉川弘文館）
山田昭次『関東大震災時の朝鮮人虐殺――その国家責任

年	地域の動きと実行委員会に関わる出来事	新聞報道、震災関連研究・運動、歴教協大会など
2003	**9・7** 高津・観音寺で第二一回合同慰霊祭（関東大震災八〇周年記念、大日方聴夫・日本大学教授・物理学・講演「若者たちとともに現代の生き方を考える――軍郷習志野周辺の近・現代史をめぐって」）	と民衆責任』（創史社） 『中帰連』（第二六号）で関東大震災特集 **9・2**「虐殺の歴史 繰り返さない 関東大震災犠牲者追悼」（『赤旗』） 「大震災から八〇年 犠牲者悼み法要 墨田の都慰霊堂」（『朝日新聞』） **9・8**「日本の排外的傾向を懸念 関東大震災から八〇周年」（『新潟日報』、同記事は共同通信者からの配信によるもので、同趣旨の記事が九・六『徳島新聞』、九・九『秋田さきがけ』、『日本海新聞』、九・一〇『山陽新聞』、九・一二『愛媛新聞』などに掲載）
2004	**8・29** 東京文京シビックセンター・スカイホールで関東大震災八〇周年記念集会閉会総会、同集会の総括集としてまとめた『世界史としての関東大震災――アジア・国家・民衆』の出版記念懇親会に実行委員会からも参加 **9** 平形千恵子「朝鮮人犠牲者の遺骨掘り起こしと慰霊碑の建立」（『世界史としての関東大震災』） **9・11** 高津・観音寺で第二二回合同慰霊祭 **9・15** 実行委員会が千葉市で開かれた日本高齢者大会・移動分科会「船橋・習志野の戦跡めぐり」のガイドに参加	**7・30〜8・3** 歴教協第五六回大会 天童 テーマ「地域に根ざし、平和と民主主義の世界をきずく教育」 **9・1** 関東大震災八〇周年記念行事実行委員会『世界史としての関東大震災――アジア・国家・民衆』（日本経済評論社） **10** 倉持順一「相愛会の活動と在日朝鮮人管理――関東大震災後の「内鮮融和」・社会事業と関連して」（『法政大学大学院紀要』第五三号） **12** 鈴木淳『関東大震災――消防・医療・ボランティアから検証する』（ちくま新書）
2005		**3** 田中正敬「関東大震災と朝鮮人の反応――その意識を考察する手がかりとして」（専修大学人文科学研究所『人文科学年報』第三五号）

	7・15『いしぶみ』（第三〇・三一号併合、江野沢隆之「八〇周年慰霊祭にて」など、所収） 9・4 高津・観音寺で第二三回合同慰霊祭	5 丸本健次「関東大震災に対する植民地朝鮮での反応」（アジア民衆史研究会『アジア民衆史研究』第一〇号） 7・29〜8・2 歴教協第五七回大会 広島 テーマ「地域に根ざし、核兵器も戦争もない世界をきずく教育」 9・1「関東大震災から八二年 八千代でも慰霊祭が取り組まれています」（『船橋革新懇ニュース』）
2006	9・1 船橋の馬込霊園慰霊祭にて実行委員会の平形千恵子が弔辞を読む 9・9 高津・観音寺で第二四回合同慰霊祭 9・16 平形千恵子「関東大震災と船橋」（船橋市郷土資料館・地域史講座「語り継ぐ船橋の現代史――大正から昭和へ」講演） 11・15『いしぶみ』（第三二号、慰霊碑めぐりの感想、船橋・荒川河川敷の追悼式の感想など、所収）	3 宮本正明「朝鮮総督府関係史料にみる関東大震災」（『アリラン通信』第三六号） 7・28〜8・1 歴教協第五八回大会 埼玉 テーマ「地域に根ざし、平和と民主主義の未来を展望する教育」 9・13「関東大震災 朝鮮人犠牲者を追悼 千葉・八千代市高津山観音寺 調査の市民ら参列」（『赤旗』） 10 琴秉洞『日本人の朝鮮観――その光と影』（明石書店）
2007	1・27 専修大学の学生・教員・卒業生が八千代市の関東大震災に関連する慰霊碑を見学、実行委員会が案内 3・31 平形千恵子「語りつぐ船橋の現代史――大正から昭和へ」（船橋市郷土資料館『資料館だより』第八九号） 5・12 千葉県生協労働組合連合会が観音寺の慰霊碑を見学、実行委員会が案内 5・29 佐倉年金者組合が観音寺の慰霊碑を見学、実行委員会が案内 8・10『いしぶみ』（第三三号、資料紹介「船橋警察署長の「待命書」」など、所収） 9・8 高津・観音寺で第二五回合同慰霊祭（高津区特別委員会代表者が江野沢隆之から岩井健三へ代わる） 9・17 専修大学の学生・教員が習志野・船橋市の関東大震災に関連する慰霊碑を見学、実行委員会が案内	6・25「もうひとつの関東大震災」（全日本年金者組合千葉県佐倉支部機関紙『年金かわら版佐倉』第一〇二号） 8・3〜7 歴教協第五九回大会 神戸 テーマ「地域に根ざし、平和と民主主義の未来を展望する教育」 9・3 関東大震災八四周忌 在日朝鮮人虐殺の真相究明と名誉回復のための特別行事（主催・アヒムナ（韓国の市民団体）、会場・韓国ソウルの国会議員会館）

年	地域の動きと実行委員会に関わる出来事	新聞報道、震災関連研究・運動、歴教協大会など
2007	**10・20**『いしぶみ』（第三四号、慰霊祭について、平形千惠子「「待命書」について」など、所収） **11・17** アジアハウス、アヒムナ関係者を実行委員会が観音寺、中台墓地へ案内 **12** 平形千惠子「関東大震災朝鮮人犠牲者慰霊の碑」（歴史教育者協議会編『石碑と銅像で読む近代日本の戦争』高文研） **この年** 大竹米子「関東大震災の虐殺事件で習志野の軍隊は何をしたか――有事法制化を討議するうえで」（習志野・八千代市内のいくつかの集いで報告）	**9** 今井清一『横浜の関東大震災』（雄隣堂） **10** ノ・ジュウン「関東大震災朝鮮人虐殺と日本の在日朝鮮人政策――日本政府と朝鮮総督府の「震災処理」過程を中心に」（『在日朝鮮人史研究』第三七号） **11・17**「関東大震災における朝鮮人虐殺の真相究明と名誉回復を求める日韓在日市民の会」（一九二三市民の会）発足
2008	― **関東大震災八五周年** **4・12** 専修大学の学生・教員が事務局に来訪、資料整理に協力、船橋市丸山慈眼院（おこもり堂）跡見学 **6・21** 平形千惠子「千葉県朝鮮人犠牲者の遺骨掘り起こしと慰霊碑の建立」（一九二三市民の会・報告） **6・29** 実行委員会・高津区・観音寺住職が観音寺本堂で第二六回合同慰霊祭の打ち合わせ **8・12** 韓国からの一行（徐教授と学生）を実行委員会が船橋と八千代の震災関連の史跡へ案内 **9・1** 船橋の馬込霊園慰霊祭で実行委員会代表の吉川清が弔辞を読む 『関東大震災八五周年 千葉県における関東大震災と朝鮮人犠牲者追悼・調査実行委員会 資料集』出版 **9・7** 高津・観音寺で第二六回合同慰霊祭 **9・12**「平和のための戦争展・ちば」で実行委員会が展示 **9・13**「在日韓人歴史資料館」の見学会が観音寺の碑を見学、実行委員会が案内	**6** 岩本正光『日本国民にとっての朝鮮問題』（学習の友社） **8・1～5** 歴教協第六〇回大会 東京 テーマ「歴史に学び、平和な世界を」 **8・9** 関東大震災八五周年シンポジウム（会場：在日韓国ＹＭＣＡ） **8** 関東大震災八五周年シンポジウム実行委員会編『震災・戒厳令・虐殺 関東大震災八五周年朝鮮人犠牲者追悼シンポジウム――事件の真相究明と被害者の名誉回復を求めて』（三一書房） **10** 今井清一監修・仁木ふみ子編『関東大震災下の中国人虐殺事件――史料集』（明石書店） **11** 小笠原強「千葉県における関東大震災と現代――共同研究の概要と目的」、小薗崇明「調査者とともにたどる

	10·25『いしぶみ』（第三五号、「関東大震災八五周年特集」、「山田昭次さんのお話」など、所収）	関東大震災朝鮮人虐殺事件の地域①——高津・大和田新田・萱田を歩く」（専修大学『専修史学』第四五号）
2009	**3·5** 八千代市史編纂委員会に対して二〇〇八年三月一五日発行の『八千代市の歴史』通史編・下巻の関東大震災関係の記述の訂正を申し出る **4·10**『関東大震災八五周年 千葉県における関東大震災と朝鮮人犠牲者追悼・調査実行委員会 資料集 増補改訂版』出版 **9·6** 高津・観音寺で第二七回合同慰霊祭（八木ヶ谷妙子参加）	**3** 田中正敬「千葉県における関東大震災と朝鮮人犠牲者追悼・調査実行委員会の活動——『いわれなく殺された人びと——関東大震災と朝鮮人』刊行まで」、ノ・ジュウン「関東大震災朝鮮人虐殺研究の二つの流れについて——アカデミックなアプローチと運動的アプローチ」（専修大学『専修史学』第四六号） **7·31〜8·4** 歴教協第六一回大会 北海道 テーマ「現在を見つめ、平和な未来を」 **11** 藤井忠俊『在郷軍人会——良平良民から赤紙・玉砕へ』（岩波書店） 稲垣裕章「朝鮮人虐殺の究明・追悼への取り組み——三山歴史サークルの西沢文子氏への聞き取り記録」（専修大学『専修史学』第四七号）

備考

（1）本年表一九二三～八二年については田中正敬がこれを担当し、千葉県における関東大震災と朝鮮人犠牲者追悼・調査実行委員会編『いわれなく殺された人びと』（青木書店、一九八三年九月）、歴史教育者協議会編『歴史教育五〇年のあゆみと課題』（未来社、一九九七年）等を参考に作成し、さらに実行委員会のメンバーによるデータの補充や修正等をおこなった。なお、文責は田中にある。

（2）本年表一九八三～二〇〇九年は小薗崇明が担当。一九八三、八四年の部分は田中正敬「千葉県における関東大震災と朝鮮人犠牲者追悼・調査実行委員会の活動——『いわれなく殺された人びと——関東大震災と朝鮮人』刊行まで」『専修史学』第四六号（二〇〇九年三月）より引用・加筆、その他は実行委員会会報『いしぶみ』、実行委員会編『関東大震災八五周年 千葉県における関東大震災と朝鮮人犠牲者追悼・調査実行委員会 資料集 増補改訂版』等を利用し作成。なお、文責は小薗にある。

（3）年表中、名字だけを記している人名のフルネームは、以下の通り。
石井：石井良一氏／今村：今村隆文氏／大竹：大竹米子氏／川崎：川崎英美氏／木村：木村誠氏／鈴木：鈴木淑弘氏／高橋：高橋益雄氏／長友：長友脩氏／西沢：西沢文子氏／平形：平形千恵子氏／三橋：三橋ひさ子氏／吉川：吉川清氏

執筆者紹介

小笠原強（おがさわら つよし） 語られない「現実」を執筆、第１部第１章担当

専修大学大学院文学研究科博士後期課程単位取得満期退学

主要業績：「汪精衛政権行政院からみた政権の実態について――機構・人事面から」（『専修史学』第38号、2005年）、「汪精衛政権の水利政策――安徽省淮河堤修復工事を事例として」（『中国研究月報』第61巻10号、2007年10月）、『周仏海日記』にみる対日和平論の変遷（『専修史学』第48号、2010年３月）

小薗崇明（こぞの たかあき） 第１部フィールドワークについて、第２部第６章を執筆、第１部第２章、第３章担当

専修大学大学院文学研究科修士課程修了　現在、専修大学大学院文学研究科博士後期課程在籍

主要業績：「関東大震災下に虐殺されたろう者――近代日本における音声言語のポリティクス」（『東京社会福祉史研究』第６号、2012年）、など

ノ・ジュウン 第２部第４章を執筆

東京大学大学院地域文化研究科修士課程修了　現在、東京大学大学院学際情報学府博士後期課程在籍

主要業績：「関東大震災朝鮮人虐殺と日本の在日朝鮮人政策――日本政府と朝鮮総督府の「震災処理」過程を中心に」（『在日朝鮮人史研究』第37号、2007年10月）、「関東大地震と朝鮮総督府の在日朝鮮人政策――総督府の「震災処理」過程を中心に」（『韓日民族問題研究』第12巻、2007年、ソウル）、など

宮川英一（みやがわ ひでかず） 第３部第７章・第８章聞き書き記録についてを執筆、第７章２、主要参考文献担当

専修大学大学院文学研究科修士課程修了

現在、専修大学大学院文学研究科博士後期課程に在籍し、専修大学社会知性開発研究センターにRAとして所属

主要業績：「奉天における朝鮮人の国籍をめぐる問題　一九二七年末の瀋陽県・新民県の事例分析」（『専修史学』第47号、2009年11月）、「『近きに在りて』総目録　第１号～第60号（1981-2011年）」（『近きに在りて――近現代中国をめぐる討論のひろば』第60号、2011年11月）

鈴木孝昌（すずき たかまさ） 第３部第７章１担当

専修大学文学部卒業、現在、専修大学大学院文学研究科修士課程に在籍

稲垣裕章（いながき ひろゆき） 第３部第７章３担当

専修大学文学部人文学科歴史学専攻卒業

現在、玉川大学通信教育部在籍

編者紹介

田中正敬（たなか まさたか） 第1部補記、第3部第7章1、8章担当、第2部第5章、おわりにを執筆

一橋大学大学院社会学研究科博士後期課程修了　現在、専修大学文学部教授

主要業績：「近年の関東大震災史研究の動向と課題——現在までの10年間を対象に」（関東大震災80周年記念行事実行委員会編『世界史としての関東大震災——アジア・国家・民衆』日本経済評論社、2004年）、「関東大震災時の朝鮮人虐殺とその犠牲者をめぐって」（専修大学人文科学研究所編『移動と定住の文化誌——人はなぜ移動するのか』彩流社、2011年）、など

地域に学ぶ関東大震災
——千葉県における朝鮮人虐殺 その解明・追悼はいかになされたか

2012年8月1日　第1刷発行　定価（本体2800円＋税）

編　者　田中正敬・専修大学関東大震災史研究会
発行者　栗原哲也

発行所　株式会社 日本経済評論社
〒101-0051 東京都千代田区神田神保町3-2
電話 03-3230-1661 FAX 03-3265-2993
URL：http://www.nikkeihyo.co.jp
印刷＊藤原印刷・製本＊誠製本
装幀＊渡辺美知子

乱丁落丁本はお取替えいたします。　Printed in Japan

ISBN978-4-8188-2222-1